JN083766

📦 形態規定 | 都市計画法に基づいた用途地域ごとに，道[...]絶対高さ制限などで，建築物の各部の高さ[...]

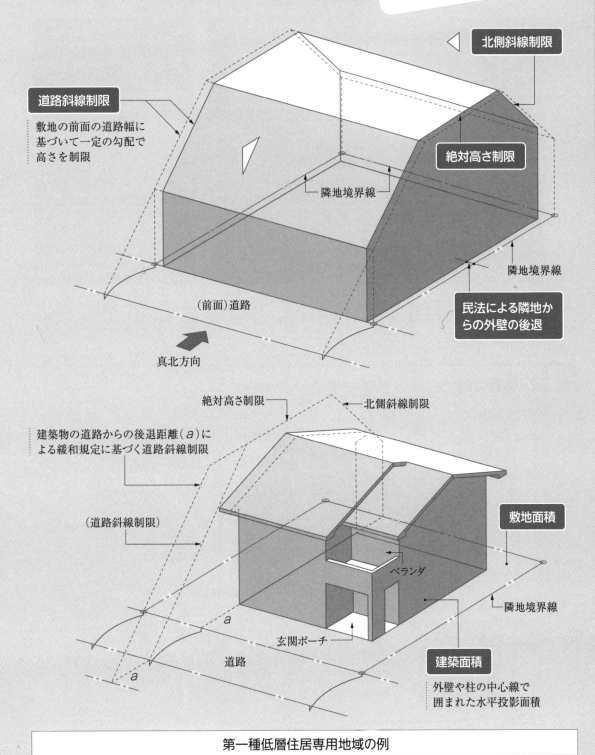

北側斜線制限

道路斜線制限
敷地の前面の道路幅に基づいて一定の勾配で高さを制限

絶対高さ制限

隣地境界線

隣地境界線

民法による隣地からの外壁の後退

（前面）道路

真北方向

絶対高さ制限　　　北側斜線制限

建築物の道路からの後退距離（a）による緩和規定に基づく道路斜線制限

（道路斜線制限）

敷地面積

ベランダ

a

隣地境界線

玄関ポーチ

道路

a

建築面積
外壁や柱の中心線で囲まれた水平投影面積

第一種低層住居専用地域の例

内装による燃焼の差 （令128条の3の2～129条）

可燃材 ベニア9mm厚で内装した場合

点火後3分

点火後6分

点火後9分

準不燃材 せっこうボード9mm厚で内装した場合

点火後3分

点火後6分

点火後9分

写真のように内装を燃えにくくすることで，ある程度大きな火源が発生しても，天井には燃えひろがらず，フラッシュオーバーが起こりにくい。

＊Factory Mutual（米国試験機関）のコーナーテストに準じて行った実験

防火構造の例 （法2条八号，平成12年建設省告示1359号）

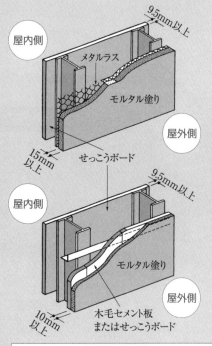

下地不燃材料

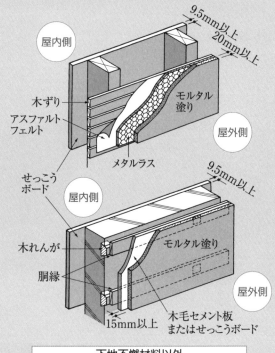

下地不燃材料以外

First Stage シリーズ

建築法規概論

■

四訂版

五條　渉・有田智一・石﨑和志・萩原一郎　［監修］

実教出版

目次　Contents

(本書は，高等学校用教科書「工業377建築法規」(令和5年発行)を底本として制作したものです。)

「建築法規」を
学ぶにあたって

1 ●—— 建築と法規

　建築は，使う人にとって，安全かつ健康に支障なく，必要な機能を備えたものでなければならない。また，建築物をつくり，使用し，除却する過程において，近隣の人の生活や環境を害するような影響をできるだけ避けることが求められる。

　よい建築を実現するためには，建築にかかわる建築主・居住者・設計者・建設業者，自治体などの多くの人々（図1）の役割や責任を明確にしておくことがたいせつである。

　これらのニーズに対応するために，さまざまな法規があり，建築に専門家としてかかわる人は，こうした法規の目的や内容をじゅうぶんに理解し，建築物の建築・使用・除却が適切に進められるよう役割を果たす必要がある。

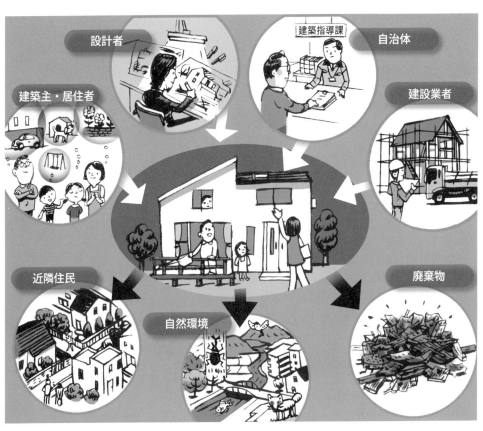

図1　建築にかかわる人々など

1. 建築物がつくられ，使われ，除却される過程

　一般に，建築物を建てようとする人（建築主）は，まず，建築に必要な
5 資金の準備（資金計画）をしながら，いろいろな希望（要望事項）を出して，建てたい建築物の構想（企画・計画）をまとめる（図2(a)）。

　次に，建築主は建築士に建築物の
10 設計を委ね，建築士は契約に基づいて設計を行い，設計図書を作成する（図2(b)）。設計を行うとき，建築士は，公正かつ誠実に業務を行い，建築物が関係する法規に適合するよ
15 うにすることを求められる。

　設計図書がつくられて，建築の計画が具体化すると，建築主は，その内容を示した申請書を役所などに提出して，審査を受け，計画が法規に
20 適合していることの確認（建築確認）を受ける（図2(c)，p.163参照）。

　建築確認が終了すると，建築主は建設業者を選定して工事契約を結ぶ。建設業者は道路の占用許可など工事
25 を実施するために必要な各種の手続き，専門別の工事業者や資材の手配などを行い，工事に着手する。工事は，工事に携わる人々の安全を確保し，周囲の環境を悪化させないよう
30 に進められる（図2(d)）。

　建築主から工事監理を委任された建築士は，工事が設計図書どおりに

(a) 企画・計画

(b) 設計

(c) 確認申請

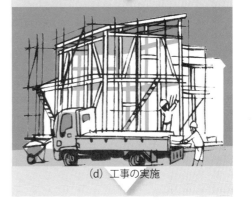

(d) 工事の実施

図2　建築物がつくられ，使われ，除却される過程①

進められるかどうかのチェックを行う。規模や用途などから見て重要な建築物は，役所などから工事中に検査を受ける。

工事が終了すると，建築物は役所などの完了検査を受け，さらに建築主の検査を受ける（図3(e)）。具合が悪いところがあれば，その修正が行われ，問題がなければ，建築主から建設業者などに工事代金が支払われて工事契約が終了し，建築主または所有者に，建築物が引き渡される。

所有者は，建築物をつねに法規に適合する状態に維持し，管理することが求められる（図3(f)）。所有者が使用していく中で，増改築したり，建築時とは異なった用途で使う場合もある。

建築物は，その役割を終えると，解体・除却される（図3(g)）。解体された資材はリサイクルや再利用され，廃棄物となるものは，決められた手順と場所で処分される。

このような建築の各過程が，適切に行われるようにするため，各種の法規が定められ，適用されている。

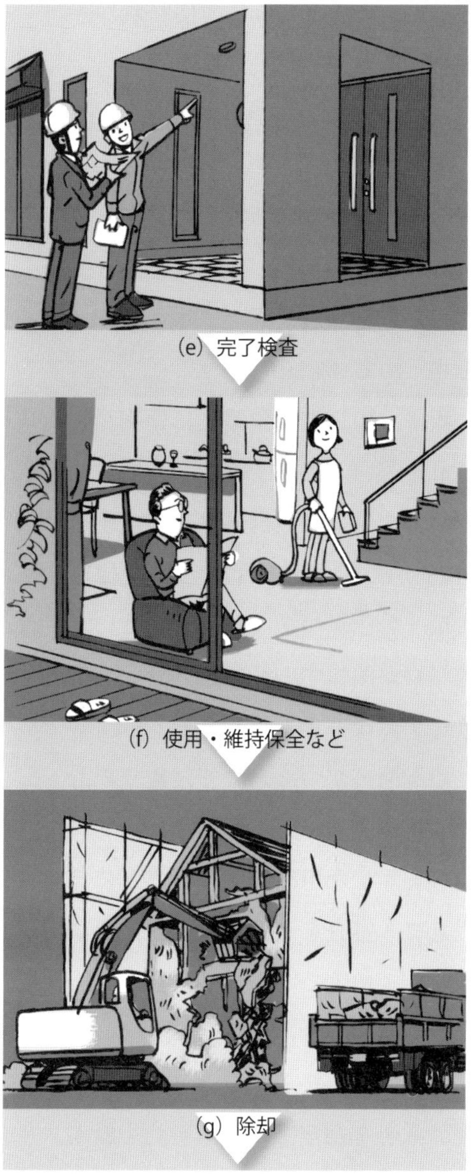

(e) 完了検査

(f) 使用・維持保全など

(g) 除却

図3　建築物がつくられ，使われ，除却される過程②

2. 建築にかかわる法規の二つのタイプ

建築にかかわる法規は，そのはたらきによって二つのタイプに分けられる。

第1のタイプは，建築物そのものや，工事の過程などが，人々の安全・健康や周囲への影響の与え方などに関して，どのようにあるべきかの基準を定め，その実現のための関係者のつとめを定めているものである。

第2のタイプは，専門家の業務や契約に関係するものである。建築物を建てるに

は，多くの資金と長い時間がかかり，関係する人も多数になるので，争いが生じやすい。そのため，仕事の内容や報酬などについて，具体的に定めた多数の契約を結んで仕事を進める必要があり，これらの契約のしかたや責任のありかたなどについては，民法などの契約に関係するルールを定めた法規がある。また，建築士などの
5 専門家や建設業者の資格や仕事のしかたを定めた法規もある。

3. 建築にかかわる専門家の倫理

建築主が目的を果たしやすいように，つくられる建築物の大きさやかたちを決めたり，材料や工事に必要な費用をできるだけ安くおさえることは，建築主の利益となる。一方，建築主の利益のみを追求して建築すると，近隣によくない影響を与え
10 たり，完成した建築物の性能により，建築を使う人や近隣の人の安全や衛生に支障を及ぼす可能性がある。

このため，建築主と契約し，報酬を受けて仕事を行う建築の専門家は，建築主の利益と，近隣への影響を最小限におさえるなどの社
15 会の利益の両方をめざすことが求められる。こうした場合，専門家は，より大きな社会全体の利益がそこなわれることがないように，
20 仕事を進める必要がある。

図4　建築にかかわる専門家の倫理

2 ●——— 建築法規の種類

建築はさまざまな分野に関係しているので，建築法規には多数の種類がある。建築に直接関係するおもな法規を表1に示す。

表1　建築法規の種類

①	建築基準法	建築物の性能，用途，設備に関係する法規(第1～4章参照)
②	都市計画法	都市計画の手段，決定手続き，制限に関係する法規(第3章参照)
③	消防法	消防活動，危険物，消防用設備に関係する法規(第2章参照)
④	建築士法	建築士の資格，業務に関係する法規(第5章参照)
⑤	建設業法	建設業の許可，業務に関係する法規(第5章参照)
⑥	その他	バリアフリー法，建築物省エネ法，耐震改修促進法，住宅品質確保法，宅地建物取引業法，建設リサイクル法，高齢者住まい法など(第5章参照)

3 ●———「建築法規」を学ぶにあたって

　建築法規およびその関連法である都市計画法などは，社会・経済状況の変化，技術の変化に対応する形で高い頻度で改正されている。具体的には，建築を取り巻く社会・経済環境が大きく変化して，建築・都市計画関係制度の見直しへの要請が強まる状況や，建築に関連する大きな事故・災害の発生，建築技術の進歩や国際的な環境の変化などが大きな要因となっている。建築法規について学ぶにあたっては，この点に注意する必要がある。

　こうした法規の改正の時期や内容を知る手段を例示しよう。

　建築法規などの改正の動向や概要については，各種の建築関連の業界紙や専門雑誌，毎年刊行される法令集などで知ることができ，その方が簡便であるが，より確実で迅速なのは，法規を所管する国土交通省などのホームページから情報を入手することである。

　法律は，国会に提案され，議決を経て成案となり，公布・施行される。国会に建築関連の法案が提出されている場合，国土交通省や国会(衆議院や参議院)のホームページには，その法案に関する「法改正の眼目」「趣旨」などの資料が示されている。その後，この法案が国会を通過して，正式の改正法となった時点で，官報で告知されるし，国土交通省などのホームページでもあらためて示されることになる。また，法律に基づく政省令，告示などは，その案について政府のホームページにおいて意見募集(パブリックコメント)の手続きがなされるため，その段階で内容を知ることができるし，決定後は法律と同様に官報への掲載，国土交通省のホームページでの情報提供などがなされる。

　これらのほか，都道府県や市役所，建築行政に関連する公的機関，指定確認検査機関などのホームページでも建築行政に関する情報が提供されている。

　本書四訂版では令和5年4月1日時点で施行されている法規に対応する内容で記述がなされている。建築法規を学び建築士を目指す者の心得として，上述のような方法により，最新の改正動向に注意してその内容を把握することが望まれる。

＊＊＊＊＊＊

　本書は，法規の原則，背景となる考え方，目的などを深く理解したうえで建築法規を学ぶという趣旨で編纂した。その趣旨を理解して，本書を活用されたい。

　また，本書の巻末に，建築基準法令の主要な改正の経緯について，4つの分野毎に，一覧できるよう年表形式で示した。さまざまな情況の変化に，建築法規がどのように変遷してきたかを把握することに役立てて欲しい。

第 1 章

建築法規
のあらまし

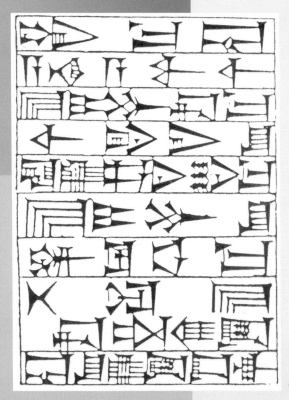

◎―ハンムラビ法典（紀元前18世紀）

Introduction

　左の図はくさび形文字で書かれたハンムラビ法典の一部である。建築に関係するルールが定められており，その内容は「もし，建築家が人のために家を建て，その工事が強固でなく，建てた家が倒壊し，家の主人を死にいたらしめたときは，建築家は死刑に処せられる」というものである。

　この章では，建築法規の起源，法規の体系，建築基準法の意義と構成，基本用語について学ぶ。

1節 建築法規の起源 ········ ●

建築法規には古い歴史がある。法規に関する考え方は，時代によって変化してきた。この節では，その歴史について学ぶ。

1 外国の例

❶ 文字に書き表された法律。

「ハンムラビ法典」（紀元前18世紀）は，たいへん古くから存在していた成文法❶であるが，その中に，すでに建築に関係するルールが定められていた（第1章中扉参照）。これは，現在の建築主と専門家の契約と，それにともなう責任のルールの源になっている。 ⁵

中世や近世においては，複雑化していく社会を統治するために，ときの権力者が統治の手段として定める法規が増加していった。このような建築法規として有名なものに，1666年のロンドン大火（図1）の2年後に，大火災を防止する目的で定められた**ロンドン建築法**がある。建築の防火は，多くの国にとって昔から重要な課題であり，これが英国の建築法規の起源の一つとなった。 ¹⁰

一方，中世になると，マグナ＝カルタ（1215年）のように，国王の横暴をおさえるための法規が生まれた。これは国民の代表が国民のために法規をつくる現代の法制度（近代市民法）へ移行する道を開き，のちの時代の法規に大きな影響を与えた。 ¹⁵

図1　ロンドン大火

2　日本の例

　日本では，奈良時代に，唐から「律令制」とともに「都城制」という都市計画がもたらされ，都市の構造が定められた。また，一般の人が楼閣❶を建築することを制限する法規があった。鎌倉時代には，道路に接していない敷地に建築することを禁止するなどの法規があり，このルールは，現在でも存在する。

❶　重層の建築物。

　さらに，江戸時代には，屋敷の規模や内部の造りなどに関する法規がつくられた。このほかに，大都市を大火災の危険から守るために，明暦の大火（図2）ののちには，道路の拡張を命じた御触書が出され，なおやまない多数の火災を契機に，わらぶき屋根の禁止，塗屋造の奨励など，防火目的の規制が定められた。しかし，防火の徹底は，当時の技術などでは困難

図2　江戸（明暦）の大火（「むさしあぶみ」より）

で，しばしば大火災にみまわれた。

　また，まちづくりに関しても，道路や排水路の提供，道路上の建築の制限などが定められていた。

　明治時代には，欧米にならった法制度が整えられることとなり，従来の法規は，直接的には受け継がれなかった。このうち，建築については，おもに市街地の防火や衛生を目的として，大都市がそれぞれ独自に法規を定めた。「防火路線及屋上制限に関する布達」（東京府）（1881（明治14）年），「滋賀県家屋建築規則」（1886（明治19）年）などがその例である。

　さらに，建築について統一的な法規を制定する要望が高まって，1919（大正8）年に，「都市計画法」とともに「市街地建築物法」が制定された。この法規は，それまでに各地で定められていた建築法規と，当時のドイツなどの法規を参考につくられたものであり，その後，関東大震災（図3）などの災害の経験や新しい技術を取り入れ，あるいは爆撃に対する防空などを目的として改正された。なお，法

規が実際に適用されたのは，当初は6大都市だけで，のちに各地の中心的な都市に適用が拡大された。

図3　関東大震災の被害

　第二次世界大戦の終結(1945年)後，従来，政府が独自の判断でルールを定めていた点を改め，個人の財産権(建築物)の制限は，必ず国民の代表である国会が定めた法律によらなければならないという民主的な考え方に基づき，市街地建築物法を基礎として，全国的に適用される総合的な建築法規として，**建築基準法**が制定された(1950(昭和25)年)。

　その後，建築の災害の防止を確実なものとするとともに，生活環境や都市環境を保護するために，建築技術の進歩の成果を取り入れ，社会の変化に対応して，建築基準法の内容は改正され，あるいは新しい内容が加えられて，現在にいたっている。

(a)　戦前の市街地

(b)　現在の市街地

図4　第二次世界大戦前の市街地と現在の市街地(東京　銀座)

2節 **建築法規の意義**

この節では，どのような基準や手続きに従って建築すると，よりよい結果が生まれるかを，建築物の特徴を通じて学ぶ。

1 建築の自由と守るべきルール

5　建築物やその敷地は，建築主にとっては自分の財産であるから，自分の望むように建築したいと考えるのは，自然なことである。建築物を建てる場合にも，個人の自由な意思は尊重されなければならない。しかし，一人ひとりが勝手に建築物を建てたり使ったりすると，たがいに迷惑をかけたり，地域の環境や社会全体に良くない影響が生じたりする。また，建築の技術や知識がたりないまま勝手に

10　建築すると危険な建築ができてしまうおそれもある。そこで，建築のしかたについての基準や手続きなどのルールを定め，これを守ることが，社会を構成している個人に求められる。

2 建築物の特徴

15　建築物は，自動車や電気製品，衣類などの品物と比較して，図1のような特徴をもっている。

建築物の重要な機能は，雨・露・暑さ・寒さや，地震などの自然災害，火災，犯罪などから，生命・健康・財産を守ることである。

1.　安全の確保

建築物に，期待した性能が備わっているかどうかを確かめることは，多くの費用と時間，特殊な知識や技術を必要とする場合が多い。

2.　確かめにくい性能

建築物は，その規模・構造・用途により，周辺の環境や利用者などに，さまざまな影響を及ぼす。

3.　他への影響

建築物は，その中で営まれる活動によって，電気・ガス・水道・下水道・鉄道や道路などの都市施設に負担をかける。

4.　都市施設への負担

図1　建築物の特徴

■1 安全の確保

将来，いつ起こるか予測できない危険に対処する方法は，人によって異なる。たとえば，大きな地震にも壊れない堅固な構造にし，火事にも燃えない建築物を建てようとする人がいる一方で，地震や火事などを心配せず，簡易な建築物で満足する人もいる。すなわち，一人ひとりが自由に建築すると，安全性の高いものから危険性の高いものまで，さまざまな水準の性能の建築物が混在する状況が生まれる。

この場合，燃えにくい安全な建築物を建てても，隣に燃えやすい建築物があれば，火災の危険性は低くならない。また，多数の人が利用する建築物は地震や火災に対して安全につくらないと，多数の利用者の生命を危険にさらすことになる。

このような危険な事態を避けるために，個人としては危険な建築物で満足できるとしても，隣人や多数の利用者の安全を守るために，一定水準以上の安全な建築物を建てることが求められるのである。建築物の安全性は，利用者などを守るもので，建築主だけを守るものではない。

■2 確かめにくい性能

建築物が危険な状態につくられていても，これを利用する人々は，どの程度危険なのかを知ることはできない。外見は立派なホテルで火災が発生し，あっという間に拡大して，多数の人の生命が失われた例がある（図2）。

実際に大きな地震や台風が襲来したときに，壊れないかどうかを事前に確かめることも，同様にむずかしい。また，室内空気汚染防止，音や熱の伝わりにくさなどの性能についても，特別な調査をしなければ確かめられない。このように建築物の性能は，確かめにくいものが多い。

図2　ホテル火災の例（東京　永田町）

性能が確かめられないと，性能が高められても，利用者は建築物の性能を評価することができない。逆に，設計者や施工者あるいは

監理者は，性能を切り下げることにより，コストを節減して利益を増加させることも可能になる。

　そのため建築物は，かくれた欠陥が放置されやすく，また，それが原因で建築物を利用する多数の人の生命や身体，健康をそこなう危険がある。

　不特定あるいは多数の人が集まる建築物や，病院や福祉施設のような保護を必要とする人々が集まって生活する建築物については，性能が確かめにくい特徴から生まれる危険性が，とくに重要な問題となる。

■ 3　他への影響

　建築物が周辺の環境や利用者などに及ぼす影響には，好ましいものと好ましくないものすなわち迷惑となるものとがある。一般に，「好ましい影響」を増やし，逆に「好ましくない影響」を減らすように，たがいに協調して建築することができれば，よりよい都市をつくることができる。

（a）好ましい影響　　スーパーマーケットやデパート（百貨店），劇場やディスコ，あるいはさまざまな商店やレストランが集まっていると，便利で楽しい都市になる。これは個々の建築物の人をよび寄せる力がたがいに影響し合って，「都市のにぎわい」をつくり出している点で，好ましい影響の例である（図3）。

図3　都市のにぎわい（東京　原宿）

（b）好ましくない影響　　建築物そのものや，その中で営まれる活動により生じる影響の中でも，深夜の騒音，自動車の出入り，日影，悪臭，あるいは自然環境の悪化は，好ましくない影響の典型的な例である。また，火災の発生しやすい構造や用途の建築物は，その周辺や利用者に，つねに火災の危険を及ぼしている。これも好ましくない影響の例である。

　一方，百貨店やカラオケボックスが静かな住宅地に建てられたの

では，同じ「にぎわい」が逆に好ましくない影響となる。このように同じ現象でも，生活の場面が異なると，好ましい面，好ましくない面が逆転することを知っておく必要がある。

そこで，多数の建築主が各自，自由に建築すると，さまざまな建築物が無秩序に影響を及ぼし合って，都市のにぎわいが生まれなかったり，便利さが生かされない一方で，安全がおびやかされ，環境が悪化することが起こる。

このようなことを防いで，よりよい生活環境をつくるには，さまざまな用途の建築物が周辺に与える影響のうち，「好ましい影響」を促進し，「好ましくない影響」を抑制するようにくふうした都市づくりの計画を立て，これに合わせて建築物を建てるようにすることが有効である。

図4　調和のある街並み

▎4　都市施設への負担

建築物の利用者は，生活や仕事などのために電気やガスなどのエネルギーを消費し，水を使い，下水道に汚水を流し，ごみを捨てる。また，通勤，通学，物資の輸送に，鉄道や道路などの交通施設を利用する。

エネルギーや上下水道施設，ごみ処理施設，交通に関係する施設（これらを都市施設という）の処理能力を考えると，建築物は，都市施設になんらかの負担をかけることがわかる。建築主は，通常，都市施設の能力全体を知らないため，これと調和するように，自己の建築物を建てることが少ない。そこで，鉄道や道路が混雑したり，水が不足したり，ごみがあふれたり，下水処理施設が不じゅうぶんなために河川を汚したり，市街地の中を流れる川があふれたりすることがある（図5）。

（a）市街地の道路の交通渋滞

（b）都市の洪水

図5　都市施設への負担の例

　都市施設と調和するように建築物を建てることは，よりよい都市をつくるために不可欠な条件である。

3　建築のルールの種類と効果

　建築法規の代表例である建築基準法は，第1条（目的）で，「**建築物の敷地，構造，設備及び用途に関する最低の基準を定めて，国民の生命，健康及び財産の保護を図り，もつて公共の福祉の増進に資することを目的とする**」と定めている。

　「公共の福祉」とは，抽象的で，ひじょうに広い意味をもったことばであるが，一人ひとりが自由な建築をすることよりも，大多数の人々にとってのよい生活環境を実現するほうがよりよいことを意味する。したがって，建築をする行為は，公共の福祉の実現のためにルールを守って行うことが求められる。

　一方，建築物を法規で必要以上に規制することは，多様で革新的な建築物を探求する自由を制限し，社会の発展をさまたげる場合もあるので，法規では最低限の基準を定めている。

　また，法規は一般的に，基準や手続きが確実に守られるように，政府の違反是正権や罰則なども定めており，関係する人々に強制的に適用される。法規はこの点で，道徳や慣習などのルールとは異なる。

1 個々の建築物についてのルール

「1. 安全の確保」や「2. 確かめにくい性能」（p. 14）で学んだ建築のあり方を実現し維持していくために，建築物の技術的基準を定めて，これを守るようにすることにより，はじめて安全な生活環境をつくることができる。

　とくに，不特定あるいは多数の人が利用する建築物について，被害を予防するようなルールを定めることは重要であり，このようなルールを守ることによってはじめて，だれもが安心して利用することのできる建築物が建てられることになる。

　これが，主として個々の建築物の技術的基準などを定めた建築基準法の**単体規定**とよばれるルールの意義と効果である（具体的には，第2章で学ぶ）。

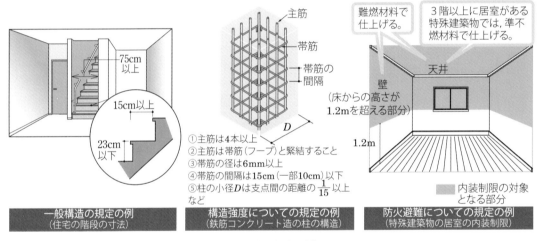

難燃材料で仕上げる。

3階以上に居室がある特殊建築物では，準不燃材料で仕上げる。

天井

壁（床からの高さが1.2mを超える部分）

1.2m

①主筋は4本以上
②主筋は帯筋（フープ）と緊結すること
③帯筋の径は6mm以上
④帯筋の間隔は15cm（一部10cm）以下
⑤柱の小径 D は支点間の距離の $\frac{1}{15}$ 以上など

75cm以上

15cm以上

23cm以下

主筋

帯筋

帯筋の間隔

D

■ 内装制限の対象となる部分

一般構造の規定の例（住宅の階段の寸法） ｜ 構造強度についての規定の例（鉄筋コンクリート造の柱の構造） ｜ 防火避難についての規定の例（特殊建築物の居室の内装制限）

図6　単体規定の例

2 建築物の集団についてのルール

「3. 他への影響」（p. 15）と「4. 都市施設への負担」（p. 16）で学んだあり方を実現し維持していくためには，まず，都市づくりの計画（これを都市計画という）を立てなければならない。

　これに従って，建築物が密集して建てられた場合の都市火災の危険性，建築物による日影などの悪影響を一定限度以下におさえるルール，あるいは地域ごとに建築できる建築物の用途を指定して，相互の影響を整理するルール，さまざまな都市施設と都市活動とが調和するように建築物の量を制限するルールなどを定め，守ることによって，よりよい生活環境をつくることができる。

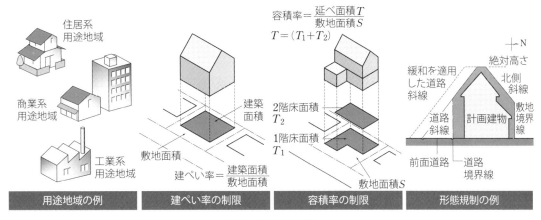

図7　集団規定の例

| 用途地域の例 | 建ぺい率の制限 | 容積率の制限 | 形態規制の例 |

容積率＝$\dfrac{\text{延べ面積} T}{\text{敷地面積} S}$

$T = (T_1 + T_2)$

建ぺい率＝$\dfrac{\text{建築面積}}{\text{敷地面積}}$

　これらが，主として建築基準法の**集団規定**とよばれるルールの意義と効果である（具体的には，第3章で学ぶ）。

■3　建築物の手続きに関するルール

建築物の設計や工事が，単体規定や集団規定などを守って行われるように，

建築確認，検査その他の手続きに関するルール，法規に違反している建築物に対するルールなどが定められている（具体的には第4章で学ぶ）。

■4　その他の建築に関するルール

「2. 確かめにくい性能」（p. 14）の項で学んだように，かくれた欠陥をなくす

ようにつとめることは，たいせつなことである。また，建築物は，多くの専門家や建設業者が関わってつくられる特徴をもっているため，これらの建築に関する人々の責任，資格，仕事のしかたなどについて，法規によってルールが定められている。

　さらに，人々の要求に応じて，良好な性能や必要な機能を備えた建築物の建築を促進することを目的として，特別なルールを定めた数多くの法規が制定されている（具体的には第5章で学ぶ）。

3 節 法規の体系と建築基準法の構成 ········●

この節では，法規の体系と，建築に関係する代表的な法規である「建築基準法」の構成を学ぶ。

1 法規の体系

1 憲法

日本は，国家の原理（国民主権，基本的人権の尊重，平和主義），国家の統治のしくみ（民主制，三権分立制）などを**憲法**で定めている。この憲法に基づいて，次に述べるように，法律・政令・省令・条例などが制定され，「憲法に反する法律や命令あるいは政府の行為などは無効である」と定めている。

2 法律

法律は，特定の目的を実現するための基本的な規定**❶**を，憲法に基づき，国会の議決を経て定めたものであり，建築基準法（昭和25年法律第201号）もこれに当たる。

❶ 法規の条文として定められたもの。

　法律を現実の社会に当てはめるためには，基本的な規定だけでは抽象的，一般的にすぎるため，現実に即して，具体的な規定を定めなければならない。そこで，国会（立法府）では基本的な内容のみを定め，実施に当たって必要とされる細かい具体的な内容は，国会の定めた法律の定めに従って，政府（行政府）が別の法規で定めることがある。とくに専門的，技術的な内容については，政府の専門部局に作成を**委任**する。

3 政令，省令

法律を実際に適用するのに必要な具体的な規定として，委任により内閣が定めるものを**政令**といい，政府を構成する各省府の大臣が定めるものを**省令**（府令）という。

　建築基準法は，主として建築技術を対象として基準を定めているので，技術の進歩発展による変化に対応するために，政令に委任されている範囲が大きい。そのため，政令において具体的な技術基準の大部分が定められており，省令では，主として手続きなどの規定が定められている。なお，施行令とよばれるものは政令，施行規則

とよばれるものは省令である。

■4　条例，規則

憲法に基づき，あるいは法律・政令の委任により，地方公共団体(都・道・府・県，市，町，村)の議会が定めることができる規定を条例という。さらに，地方公共団体の長が行政事務などに関して定めることができる規定を**規則**(特定の法の施行に関する規定を決めた規則を**施行細則**という場合もある)という。これらの条例や規則において，それぞれの地域の住民の意思や，各地域の特色に応じた内容が定められる。

■5　告示

政府が決定したことを，広く一般国民に知らせるための方法の一つとして**告示**がある。建築基準法に基づく告示には，政令などの意味内容をさらに具体的にするために，政令などの委任により国土交通大臣が定める技術的な基準が多い。この場合は，告示も法規の一部を構成する要素となる。

　法律・政令・省令(・告示)・条例・規則などを全体として「法規」とよび，多数の法令・規則などにより構成されている。一般的な法規の体系を図1に，建築基準法およびこれに基づく法規の体系を表1に示す。

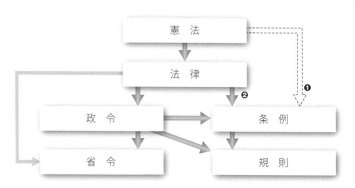

図1　一般的な法規の体系

表1　建築基準法およびこれに基づく法規の体系

区　分	定める機関	建築基準法およびこれに基づくおもな法令
法律	国会	建築基準法
政令	内閣	建築基準法施行令
省令	各省大臣	建築基準法施行規則
条例	地方公共団体の議会	<例>東京都建築安全条例 　　　大阪府建築基準法施行条例
規則 (施行細則)	地方公共団体の長	<例>東京都建築基準法施行細則 　　　大阪府建築基準法施行細則
告示	各省庁などの長	○○年国土交通省告示第○○号

❶　憲法は，1章を設けて地方自治を保証し，地域住民が，自分自身のために法規(条例)を制定できるように規定している(日本国憲法第8章94条)。例として，まちづくりに関する条例などがある。

❷　建築基準法に基づく条例には，単体規定(本書第2章参照)としては，災害危険区域に関するもの(法39条)，制限の付加や緩和を定めるもの(法40条，法41条)などが，集団規定(本書第3章参照)としては，日影規制に関するもの(法56条の2)，地区計画等の区域内の制限に関するもの(法68条の2)などがある。

なお，本書では，建築基準法・同施行令・同施行規則を，以下のように略記することとする。

建築基準法第○章	→ 　法○章
建築基準法第○条第○項第○号	→ 　法○条○項○号
同施行令第○条第○項第○号	→ 　令○条○項○号
同施行規則第○条	→ 　規則○条

　また同様に，各種の建築法規を以下のように略記することとする。

建築士法	→	士法	同施行令	→	士令
都市計画法	→	都計法	同施行令	→	都計令
消防法施行令	→	消防令			
建設業法	→	業法	同施行令	→	業令

2　建築基準法の構成

1　建築基準法の構成

　これから学ぶ建築基準法は，図2のような構成になっている。

　法1章は，目的，手続きなど，法律の全体に関係する内容を規定している。

　法2章と法3章は，建築物の具体的な技術基準を規定している。法2章は，建築物一つひとつについての基準を定めているので，**単体規定**とよぶ。法3章は，建築物が都市の中で集団になっている場合の基準を定めているので，**集団規定**とよぶ。

　また，法3章の2から法7章までは，特別な手続きなどを規定している。附則は，新しい法律が効力を発生する日などを定めている。

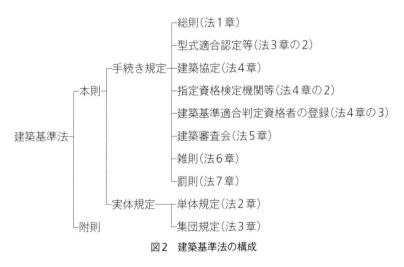

図2　建築基準法の構成

2 条文の構成

一つの法律，政令などは，一般に，多数の定めからなりたっている。異なる定めは「**条**」に分け，条には，それぞれ番号を振り，見出しをつける。法律の改正などで新しい定めがあとからつけ加えられたりする場合では，「○条の2」などといったような条番号のつけ方がされるが，これも独立した一つの条である。

一つの条の内容をいくつかに分けるときは，段落に分け，番号を振る。これを「**項**」という。この場合，第1項は番号表示を行わない。第2項以下を算用数字「2, 3, ……」で表す。条や項の中で，さらに内容を細かく分けるときは，箇条書きにして，番号を振る。これを「**号**」という。号には漢数字(一，二，…)を使用する。

例外を定める場合は，項や号として独立させないで，最後に「ただし，……」ではじまる段落を設ける。これを「**ただし書き**」とよび，「ただし書き」のまえの段落を「**本文**」とよぶ。図3に，条文の例を示す。

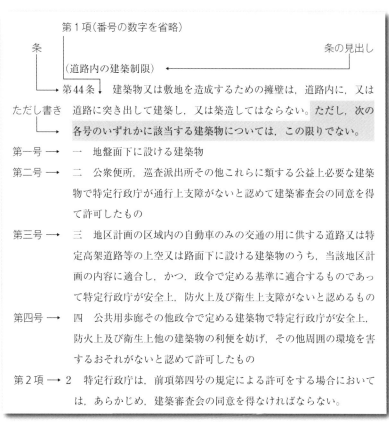

図3　条文の構成

4節 建築基準法の基本用語 ....●

法令の運用に関しては，だれもが正確に条文を理解することが重要である。この節では，法令一般に共通する基本的な用語と，建築基準法の基本的な用語を学ぶ。

1 法令用語

法令に使用される用語のうち，いくつかのことばは，とくに定義が明示されているわけではないが，特別の意味をもたされている。

1 以上／以下

数量的な内容（距離・面積・体積・時間・重さなど）を定める場合にしばしば使用されることばである。この「以」は，起算点を含むことを意味している。

【例】「床面積1 000 m² **以上**（または**以下**）の建築物」は，床面積がちょうど1 000 m²の建築物を含んでいる。

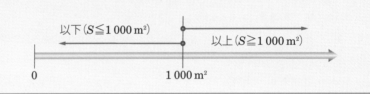

2 超える／未満

このことばは，上記の1と同様に数量的な内容を定める場合に使用されるが，これは逆に，起算点を含まない。

【例】「床面積1 000 m²を**超える**（または**未満**）の建築物」は，床面積がちょうど1 000 m²の建築物を含まない。

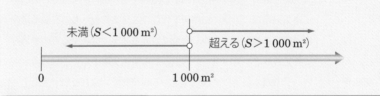

3 及び

複数の語句が同じ重要度で並列的に並ぶ場合に用いられる。三つ以上の語句が並ぶ場合には，最後の語句のまえだけに「及び」が用いられ，その他の語句の間には読点(，)が置かれる。

【例】建築物の敷地，構造，設備**及び**用途に関する最低の基準を定め（法1条より）

4 並びに

「及び」でつながれた語句のグループが二つ以上ある場合，それらを並列的につなぐには「並びに」が用いられる。「及び」は並列する語句を小さくくくり，「並びに」は大きくくくる。

【例】自重，積載荷重，積雪荷重，風圧，土圧**及び**水圧**並びに**地震その他の震動**及び**衝撃に対して安全な構造（法20条1項より）
【読み方】（自重，積載荷重，積雪荷重，風圧，土圧及び水圧）並びに（地震その他の震動及び衝撃）に対して安全な構造

5 又は

複数の語句が選択的に並ぶ場合に用いられる。三つ以上の語句が並ぶ場合には，最後の語句のまえだけに「又は」[1]が用いられ，その他の語句の間には読点が置かれる。

【例】壁，柱，床，はり，屋根**又は**階段（法2条五号より）

6 若しくは

「又は」でつながれた語句のグループが二つ以上ある場合，それらを選択的につなぐには，語句のつなぎ（小さなくくり）には「又は」に代えて「若しくは」を用い，グループのつなぎ（大きなくくり）には「又は」を用いる。

【例】門**若しくは**塀，観覧のための工作物**又は**地下**若しくは**高架の工作物内に設ける事務所（法2条一号より）
【読み方】{（門若しくは塀），観覧のための工作物} 又は {（地下若しくは高架）の工作物内に設ける事務所}

7 準用する

類似したルールを繰り返し記述する繁雑さを避けるための表現で，対象は異なるが，同じ趣旨のルールを適用することを意味する。条文を適用する場合には，対象とするものの「読み替え」を行う。

【例】第3条，第8条から第11条まで（中略）第15条の2並びに第18条第1項及び第25項の規定は，第64条に規定する工作物について**準用する。**（法88条3項より）

[1] 本書では，法文の引用では「及び」「又は」を用い，その他の文章では「および」「または」を用いる。

8 ただし…
この限りでない

ただし書きでよく用いられる表現で，ある条件のもとでは，定められたルールを適用しないという意味である。法の目的からみて過剰な制限にならないための規定である。

> 【例】高さ20mをこえる建築物には，有効に避雷設備を設けなければならない。ただし，周囲の状況によつて安全上支障がない場合においては，**この限りでない**。（法33条より）

2 建築基準法の用語

建築基準法では，その第2条および同法施行令第1条で，用語の定義を行っている。このほかにも，条文の中で，（　）書きあるいは「以下〇〇という。」で定義している重要な用語もある。

ここでは，建築基準法の用語の中でもとくに基本的な用語について説明する。

1 建築物
（法2条一号）

土地に定着する工作物❶のうち，次の①〜④を建築物といい，建築物に付属する建築設備も建築物に含むものとする。

① 屋根と柱または屋根と壁のある構造のものや，これに類する構造❷のもの。

② ①の建築物に付属する門や塀。

③ 観覧のための工作物（競技場・野球場などの観覧席）。

④ 地下または高架の工作物内に設けられた事務所・店舗・興行場や倉庫などの施設。

ただし，鉄道や路面電車の軌道の線路敷地内に設ける運転や保安のための施設❸，および跨線橋❹，プラットホームの上家や貯蔵槽❺などの施設は，建築物から除く。

❶ 人為的に地上や地中につくられた構造物。

❷ 自走式の簡易立体駐車場など。

❸ 信号所・踏切小屋・転てつ所など。
❹ 鉄道線路をまたぐ形でかけられた橋。
❺ 鉄道の運転などのために設けられるタンクなど。

① 屋根と柱または屋根と壁のある構造のものや，これに類する構造のもの

② ①の建築物に付属する門や塀

③ 観覧のための工作物（競技場・野球場などの観覧席）

④ 地下または高架工作物内に設けられた事務所・店舗・興行場や倉庫などの施設

図1　建築物

2 特殊建築物（法2条二号）

戸建住宅などの一般的な建築物と区別して，用途上，とくに安全性を高めなければならない，あるいは他への影響の大きな建築物をいう。特殊建築物は，その用途や規模に応じて，一般的な建築物よりも強く規制を受ける。特殊建築物を分類すると次のようになるが，規定によっては，対象となる建築物の範囲が異なるので注意する。

① **不特定または多数の人が利用する建築物**　劇場・観覧場・集会場・展示場・百貨店・市場・ダンスホール・遊技場・学校・体育館など。

② **多数の人が就寝を行う建築物**　病院・ホテル・旅館・共同住宅・寄宿舎・下宿など。

③ **危険物を取り扱う建築物**　工場，倉庫，自動車車庫，危険物の貯蔵場など。

④ **他への影響が，とくに大きい建築物**　と畜場・火葬場・汚物処理場など。

3 建築設備 (法2条三号)

建築物に設ける電気・ガス・給水・排水・換気・暖房・冷房・消火・排煙・汚物処理の各設備，または煙突，昇降機，避雷針をいう。

4 居室 (法2条四号)

居住・執務・作業・集会・娯楽などの目的のために継続的に使用する室は，安全および衛生上悪影響がないように，他と区別して居室とよばれ，強い規制を受ける。

5

❶ ここに示したのは一般的な例であり，使用の状況によってこれと異なる判断がなされる場合もある。

表1　居室と居室でない室❶

居室	居室でない室
居間，寝室，応接室，食堂，調理室，台所，書斎，事務室，会議室，教室，病室，診療室，ホテルの客室，劇場の客席など	玄関，廊下，階段，浴室，脱衣室，洗面所，便所，納戸，倉庫，リネン室，更衣室，無人の機械室など

5 主要構造部 (法2条五号)

壁・柱・床・はり・屋根・階段をいう。おもに防火的な見地から建築物の構造上重要でない部分(表2右列)は，主要構造部から除く。

10

表2　主要構造部と主要構造部でない部分

主要構造部	主要構造部でない部分
壁・柱・床・はり・屋根・階段	間仕切壁，間柱，附け柱，揚げ床，最下階の床，廻り舞台の床，小ばり，ひさし，局部的な小階段，屋外階段など

なお，主要構造部とまちがいやすい用語として，令1条三号の「構造耐力上主要な部分」がある。その例として基礎があり，基礎は防火上重要ではないので「主要構造部」ではないが，建築物の荷重を支える構造上重要な部分なので「構造耐力上主要な部分」に含まれる。

15

6 建築 (法2条十三号)

建築物を，新築・増築・改築または移転することをいう。

① 新築　新たに建築物を建てることをいう。

② 増築　すでにある建築物の床面積を増加させることをいう。同一敷地内に別棟として建築物を建てる場合も増築とみなすことがある。

20

❷ 移転については，同一敷地内への移転であるか，特定行政庁が認める場合に限り，既存不適格扱いが継続する。

③ 改築　建築物の全部あるいは一部を除去し，引き続き前の用途・規模・構造と著しく異ならないものを建てることをいう。

④ 移転　建築物の位置を移動❷させることをいう。

7 | 大規模の修繕 （法2条十四号）

建築物の主要構造部の1種類以上について行う過半の修繕をいう。なお，過半とは半分を超えることをいい，2種類以上にわたる修繕でも，そのいずれかが過半とならなければ大規模の修繕に該当しない。

8 | 大規模の模様替 （法2条十五号）

建築物の主要構造部の1種類以上について行う過半の模様替をいう。

3 面積算定

建築基準法には，次の5種類の面積の算定方法が定められている。安全性や環境に与える影響の大きさをはかる規模の尺度として定められている。

1 | 敷地面積

市計画区域❶内などの幅員4m未満の狭い道路に面する敷地については，道路の中心線から2m（道路の反対側にがけや川などがある場合は，その側の道路境界線から4m）の範囲は，敷地面積に算入することができない場合がある❷（図3）（法42条2項など）。

敷地面積は，敷地の水平投影面積（図2）による（令2条1項一号）。ただし，都

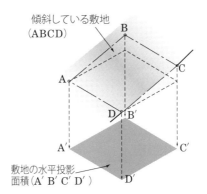

図2 敷地の水平投影面積

❶ p. 112 参照。

❷ 詳しくは p. 121 参照。

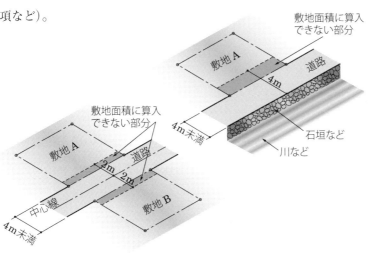

図3 幅員4m未満の道路と敷地面積

2 建築面積

建築面積は，外壁または柱の中心線で囲まれた部分の水平投影面積による。ただし，軒やひさしなどの先端から1m以内の部分は，建築面積に算入しない。また，地階は，地盤面からの突出部分が1mを超えて突出している部分のみを算入する（図4）（令2条1項二号）。

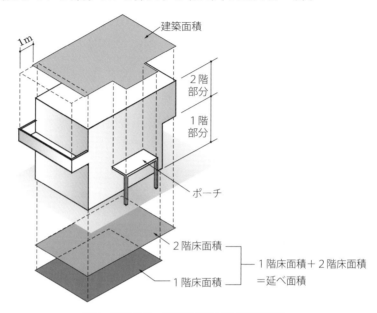

図4　建築面積，各階床面積と延べ面積の例

3 床面積

各階の床面積は，各階の壁，その他の区画の中心線で囲まれた部分の水平投影面積による（図4）（令2条1項三号）。ただし，たんなる屋外階段，ピロティ，ポーチ，吹きさらしの廊下などは，原則として床面積に算入しない。また，そのほかに詳しい算定方法が定められている。

4 延べ面積

延べ面積は，各階の床面積の合計による（令2条1項四号）。

ただし，容積率❶の算定の場合は，駐車場・備蓄倉庫などに使用する床面積は建築物全体の床面積の$\frac{1}{100}$〜$\frac{1}{5}$を限度として（令2条3項），地階の住宅部分の床面積は住宅部分全体の床面積の$\frac{1}{3}$を限度として（法52条3項），また，共同住宅の共用の廊下・階段の床面積は（法52条6項），それぞれ算入しない緩和規定がある❷。

❶ p. 126参照。

❷ p. 130参照。

例題1　図5のような建築物の敷地面積・建築面積および延べ面積を計算せよ。ただし，この建築物は都市計画区域内にあり，自動車車庫や自転車置場，地階の住宅部分はないものとする。

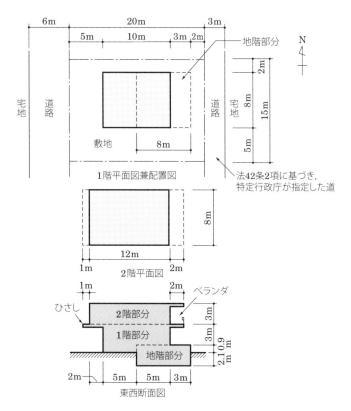

図5 例題1

解答… 敷地に面する東側道路は，都市計画区域内の幅員4m未満の法42条2項による指定道路であるので，道路中心線より2m以内の部分は敷地面積に算入できない。したがって，幅員3mの道路中心線(1.5m)の位置より2m以内にある幅0.5mの敷地部分は敷地面積に算入できない。そこで，敷地面積は，

$$15 \times \{20 - (2 - 3 \div 2)\} = 292.5\,\mathrm{m}^2$$

となる。建築面積を求めるのに，地階部分は地盤面より高さ1m以下の突出なので考慮しない。したがって，2階部分の外壁の中心線で囲まれた水平投影面積と，1mを超えてはね出したベランダの部分の面積(先端から1mを超える部分を建築面積に算入)より，建築面積を求めると，

$$8 \times \{12 + (2 - 1)\} = 104\,\mathrm{m}^2$$

となる。この場合の延べ面積は，容積率に関する緩和規定を考慮しなくてもよい。延べ面積は，各階床面積の合計であるので，地階・1階・2階の各床面積の和となる。したがって，延べ面積は，

$$(8 \times 8) + (8 \times 10) + (8 \times 12) = 240\,\mathrm{m}^2$$

となる。

| **5　築造面積** | 工作物の水平投影面積による（令2条1項五号）。 |

4　各部の高さ

　建築基準法には，安全性や環境に与える影響をはかる指標として，各部の高さの定義がある。

| **1　建築物の高さと地盤面** | 　一般に建築物の高さとは，地盤面から建築物の最高部までの高さ❶をいう（図 |

6）（令2条1項六号）。地盤面とは建築物が周囲の地面と接する位置の平均の高さにおける水平面をいい，その接する位置の高低差が3mを超える場合は，3m以内ごとの平均の高さにおける水平面をいう（令2条2項）。そのほか，条文により高さの算定方法が異なる場合がある❷。

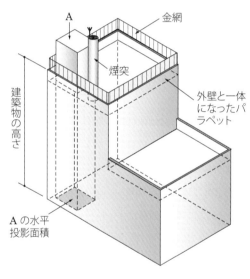

❶　むね飾り，防火壁の屋上突出部分などは，高さに算出しない（令2条1項六号ハ）。

❷　道路斜線制限については前面道路の中心からの高さとする（法56条1項一号）ほか，屋上塔屋部分の規模に応じた緩和がある（令2条1項六号）が，避雷針設置義務（法33条），北側斜線制限（法56条1項三号）などの場合は屋上塔屋部分についての緩和がない。

Aは階段室・昇降機室などで，水平投影面積が
建築面積$\times\dfrac{1}{8}$以下
のものは，高さ12mまで建築物の高さに算入しない（第一種・第二種低層住居専用地域内などでは，高さが5mまで不算入）。

図6　建築物の高さ

例題2　図7のように建築物が斜めの地盤$AB'C'D'$の上に建てられた場合，この建築物の接する平均地盤面は，A点より何mの高さになるか計算せよ。

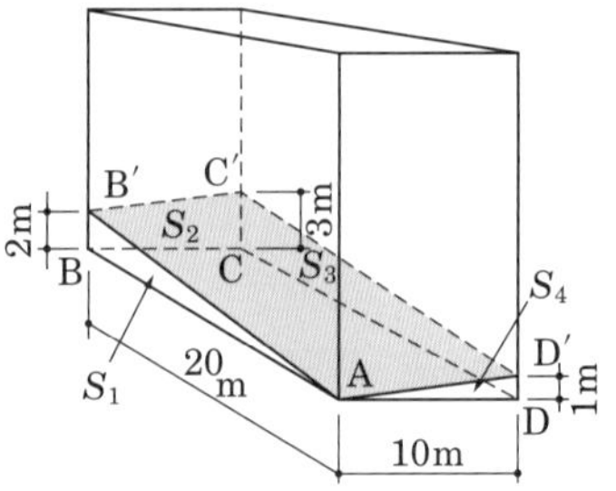

解答…　この地盤面の高低差はCC′の3mが最大であるので，このまま平均地盤面を求めればよい。

図7

まず，建築物が周囲の地面と接している面積 S を求める。

$S = S_1 + S_2 + S_3 + S_4$

$S_1 = 20 \times 2 \times \dfrac{1}{2} = 20\,\mathrm{m}^2$ $\qquad$ $S_2 = (2 + 3) \times 10 \times \dfrac{1}{2} = 25\,\mathrm{m}^2$

$S_3 = (3 + 1) \times 20 \times \dfrac{1}{2} = 40\,\mathrm{m}^2$ $\qquad$ $S_4 = 10 \times 1 \times \dfrac{1}{2} = 5\,\mathrm{m}^2$

したがって，

$S = 20 + 25 + 40 + 5 = 90\,\mathrm{m}^2$

面積 S を建築物の底面の周長の合計で割り，平均地盤高 H を求める。

$H = \dfrac{90}{20 + 10 + 20 + 10} = 1.5\,\mathrm{m}$

したがって，求める平均地盤面は，A 点より 1.5 m の高さになる。

▌2 軒の高さ

地盤面から建築物の小屋組，またはこれに代わる横架材を支持する壁，敷げた，または柱の上端までの高さをいう（図8）（令2条1項七号）。

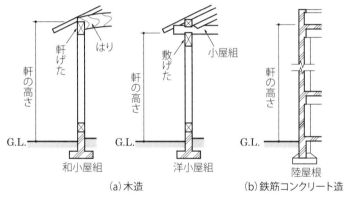

（a）木造 $\qquad$ （b）鉄筋コンクリート造

図8 軒の高さ

▌3 階数

建築物の階の数をいう。建築物の部分によって階の数が異なるときは，最大のものを階数とする。塔屋や地階の倉庫，機械室などで，その水平投影面積が建築面積の $\dfrac{1}{8}$ 以下のものは階数に算入しない[1]（図9）（令2条1項八号）。したがって，図9の建築物の階数は6である。

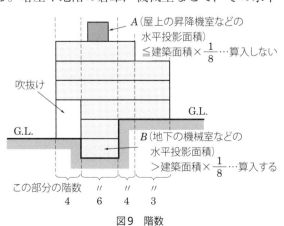

図9 階数

❶ 階数に算入しない塔屋や地階の倉庫，機械室なども，原則として，延べ面積には算入する。

性能規定

建築物とこれを構成する室・廊下・階段などの建築空間には，それぞれに使用目的があり，それにふさわしい環境を実現するための機能が備わっている必要がある。このとき，基礎・柱・壁・床・屋根などの建築物の各部分も，それぞれが割り当てられた機能を発揮しなければならない。それらの建築物や建築物各部の機能の水準（能力）をとらえ，あるいは具体的に測定する尺度を「**性能**」という。図10に示すように，建築物の性能には，さまざまな項目があり，建築物がどのような項目の性能を備えるか，個々の性能をどの程度の水準で確保するかについては，建築物の設計の段階で，建築主の要求や，設計者の判断により決められる。そして，公共の利益を目的として，建築物が最低限備えていなければならない性能を確保するために定められたのが，建築基準法の「**単体規定**」である。

図10　建築に求められる性能の例

　建築物が一定の性能を有するものとなるために，満たさなければならない基準には，「**仕様規定**」と「**性能規定**」の2種類がある。

　仕様規定は，建築物の各部分の寸法や形状，使用する材料などについてのルールを基準として定めるものであり，性能規定は，建築物やその部分が備えるべき性能を定めるものである。

　仕様規定は，適合しているかどうかの判断が容易であるという長所を有する一方で，その目的や効果があいまいなものもあり，つくり方を限定して技術の進歩をさまたげる欠点がある。

　一方の性能規定では，目的が明確になり，性能がじゅうぶんに達成されることが確かめられれば，つくり方は自由である。しかし，このような性能を実際の建築物が備えているかどうかは，「2.確かめにくい性能」（p.14）で述べたように，容易に確かめることができない。

　そのため，備えるべき性能を規定するだけではなく，適合性を確かめるための試験方法や計算方法，工事中の検査方法や，性能規定の要求に適合した標準的な設計内容をあらかじめ定めておけば，それにより適否を判断することができる。前者の，性能水準を確かめるための標準的な試験方法などは，性能の「**検証方法**」とよばれ，後者の，求められる性能を備えた設計内容を示した基準は，「**適合みなし規定**」とよばれる。

● **1.** 次の法令に該当する各建築法規の名称をあげ，それぞれの法令を定める機関を調べよ。

(a) 法律　　(b) 政令　　(c) 省令　　(d) 条例　　(e) 細則　　(f) 告示

● **2.** 次の法令用語を説明した文章を，（ア）〜（エ）より選べ。

(a) 及び，並びに　(b) 又は，若しくは　(c) 準用する　(d) この限りでない

[選択肢]

（ア）ある条件のもとでは，定められたルールを適用しない。

（イ）類似したルールを繰り返し記述する繁雑さを避けるための表現で，対象は異なるが，同じ趣旨のルールを適用すること。

（ウ）複数の語句が選択的に並ぶ場合や，それでつながれた語句のグループが二つ以上ある場合に用いられる。

（エ）複数の語句が同じ重要度で並列的に並ぶ場合や，それでつながれた語句のグループが二つ以上ある場合に用いられる。

● **3.** 建築基準法の目的を，法1条から調べよ。

● **4.** 単体規定の意味合いとその具体例を三つあげよ。

● **5.** 集団規定の意味合いとその具体例を三つあげよ。

● **6.** 次の建築基準法上の用語の説明で誤っている箇所に下線を引き，正しいものに書き換えなさい。

(a) 建築物とは，屋根と柱または床と壁のある構造のものや，これに類する構造のもの。

(b) 建築物には，門や塀はすべて含まれる。

(c) 建築物である観覧のための工作物には屋根が必要である。

(d) 地下または高架工作物内に設けられた事務所・店舗・興行場や倉庫は建築物に含まれない。

(e) 特殊建築物は，不特定多数の人が利用する銀行は含まれる。

(f) 特殊建築物は，不特定多数の人が利用する事務所は含まれる。

(g) 主要構造部には，最下階の床も含まれる。

(h) 主要構造部には，小ばりも含まれる。

(i) 構造耐力上主要な部分には，壁は含まれない。

(j) 大規模の修繕とは，構造耐力上主要な部分の1種以上について行う過半の修繕である。

● **7.** 次の文章で，建築基準法上誤っている場合は，その理由を述べよ。

(a) 容積率算定の場合，住宅の地階部分の床面積は，住宅部分全体の床面積の $\frac{1}{3}$ を限度として，延べ面積に算入しないことができる。

(b) 木造建築物の軒の高さは，土台下端から建築物の小屋組，またはこれに代わる横架材を支持する壁・敷げたまたは柱の上端までの高さをいう。

(c) 屋上の倉庫で，その水平投影面積が建築面積の $\frac{1}{8}$ 以下のものは階数に算入しないことができる。

● **8.**　図11のような建築物に関する次の記述のうち，建築基準法上，誤っているものはどれか。ただし，国土交通大臣が高い開放性を有すると認めて指定する構造の部分はないものとする。

（a）敷地面積は，$680\,\mathrm{m}^2$である。

（b）建築面積は，$260\,\mathrm{m}^2$である。

（c）延べ面積は，$530\,\mathrm{m}^2$である。

（d）高さは，$7\,\mathrm{m}$である。

（e）階数は，3である。

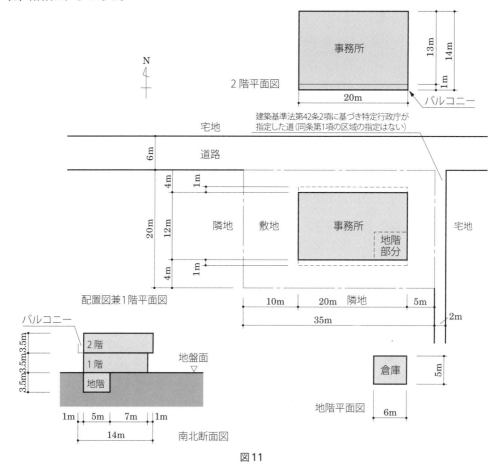

図11

第 2 章

個々の建築物に かかわる規定

◎─十勝沖地震の被害▲
大洋デパート火災▶

Introduction

　十勝沖地震（1968年）の際の柱のせん断破壊による被害などをきっかけに鉄筋コンクリート造の柱の帯筋の間隔などの構造強度規定が強化され，大洋デパート火災（1973年）などを契機に防火避難規定が強化された。個々の建築物にかかわる単体規定は，地震や台風，火災などの災害から建築物を守ったり，一定の居住環境や衛生を保ったりするための基準として定められる。

　単体規定は，「一般構造・建築設備」，「構造強度」，「防火と避難」に関する規定に大別され，この章では，これらについて学ぶ。

1 節 一般構造・建築設備についての規定 ··········●

この節では，一般構造・建築設備の規定について，個々の規定が主として何を目的としているかに着目し，「室内環境についての規定」，「衛生についての規定」および「日常安全についての規定」に分けて学ぶ。

1 室内環境についての規定

主として良好な室内環境を目的とした単体規定には，採光，換気，天井の高さに関するものがある。

❶ 居住，執務，作業，集会，娯楽などの目的のために継続的に使用する室をいう（p. 28参照）。

1 採光

住宅や学校などの**居室**❶で人々が生活するためには，最低限の自然採光を確保することが必要であり，そのため必要とされる窓などの開口部の面積が，居室の広さに比例して定められている。ただし，店舗・事務所，用途上やむをえない放送室・暗室などについては，必ずしも採光のための開口部をとらなくてもよい（法28条1項，令19条）。

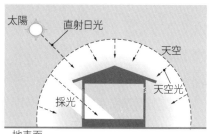

ここでいう居室の採光は，直射日光（日照）を意味するのではなく，天空光による自然採光である。したがって，窓などの向きはどの方角でもよい。

図1 採光

表1 居室の床面積に対する採光上有効な開口部の面積の割合

自然採光を必要とする建築物	居室の種類	採光有効面積／居室床面積
住　宅 学　校 病　院 診療所 寄宿舎 下　宿 児童福祉施設等（助産所・身体障害者社会参加支援施設・有料老人ホームなどを含む）	①幼稚園，小学校，中学校，義務教育学校，高等学校，中等教育学校または幼保連携型認定こども園の教室 ②保育所等の保育室	$\frac{1}{5}$ 以上
	③住宅・共同住宅の居住のための居室，病院・診療所の病室 ④寄宿舎の寝室，下宿の宿泊室 ⑤児童福祉施設等の寝室，訓練などに使用する居室	$\frac{1}{7}$ 以上
	⑥①に記した学校以外の学校（大学・高等専門学校・専修学校・各種学校など）の教室 ⑦病院，診療所，児童福祉施設等の入院患者・入所者の談話室など	$\frac{1}{10}$ 以上
	⑧地階の居室，用途上やむをえない居室，温湿度調整を必要とする作業室（大学・病院などの研究室）	制限なし

注　1）店舗・事務所・ホテル・遊技場などは，必ずしも採光用の窓をとらなくてもよい。
　　2）①〜⑤のうち，住宅・共同住宅の居住のための居室以外の居室は，大臣が基準を定めれば照明設備の設置などを行うことにより表の値を緩和できる（①②については，昭和55年建設省告示1800号により緩和できる）。

居室の床面積に対する採光上有効な開口部の面積の割合[1]は、居室の種類に応じて異なる（表1）（令19条）。ある居室の採光上有効な開口部の面積は、実際の開口部の面積に、開口部の明るさに応じた**採光補正係数**をかけて得た面積を、すべての開口部について合計したものである（令20条）[2]。採光補正係数を求めるには、まず、開口部ごとに**採光関係比率**を次のように計算する（図2）。

$$\text{●採光関係比率} = \cfrac{\begin{array}{c}\text{開口部の直上にある建築物の各部分から}\\\text{隣地境界線などまでの水平距離}(D)\end{array}}{\begin{array}{c}\text{開口部の直上にある建築物の各部分から}\\\text{開口部の中心までの垂直距離}(H)\end{array}} \qquad (1)$$

※ひさしやセットバックなどのため、$\dfrac{D}{H}$ が複数あるときは、その各部分で計算したものの最小値をとる。

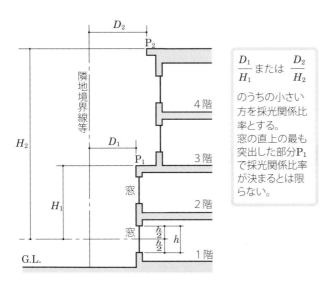

$\dfrac{D_1}{H_1}$ または $\dfrac{D_2}{H_2}$

のうちの小さい方を採光関係比率とする。窓の直上の最も突出した部分P₁で採光関係比率が決まるとは限らない。

図2　1階の窓の採光関係比率 $\left(\dfrac{D}{H}\right)$

なお、この水平距離は、窓などの開口部が同一敷地内の他の建築物に面する場合、または同一建築物の他の部分に面する場合は、それぞれ対向する部分までの水平距離とする。ただし、開口部が道[3]に面する場合は、道の反対側の境界線までの水平距離、公園または水面などに面する場合は、その幅の $\dfrac{1}{2}$ の位置までの水平距離とする。

次に、敷地に指定された用途地域[4]ごとに、表2に記した計算式と注の条件を使用して採光補正係数を求める（令20条2項）。

表2　採光補正係数

用途地域	計算式	限界条件 C
① 第一種低層住居専用地域 第二種低層住居専用地域 田園住居地域 第一種中高層住居専用地域 第二種中高層住居専用地域 第一種住居地域 第二種住居地域 準住居地域	$\dfrac{D}{H} \times 6 - 1.4$	7 m
② 準工業地域 工業地域 工業専用地域	$\dfrac{D}{H} \times 8 - 1$	5 m
③ 近隣商業地域 商業地域 指定のない区域	$\dfrac{D}{H} \times 10 - 1$	4 m

注　1）天窓の場合は，計算結果を3倍にする。
　　2）開口部の外側に幅90cm以上の縁側などがある場合は，計算結果を0.7倍する。
　　3）計算結果が3を超える場合は，採光補正係数は3とする。
　　4）開口部が道に面する場合で計算結果が1未満の場合は，採光補正係数は1とする。
　　5）開口部が道に面しない場合で，水平距離が限界条件 C 以上であり，かつ，計算結果が1未満の場合は，採光補正係数は1とする。
　　6）開口部が道に面しない場合で，水平距離が限界条件 C 未満であり，かつ，計算結果が負の場合は，採光補正係数は0とする（採光上無効な開口部）。

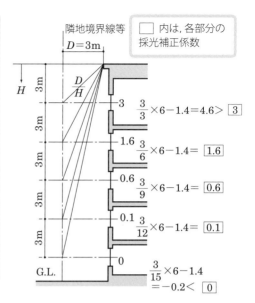

図3　採光補正係数の例
（① 住居系用途地域の場合）

例題1　図4のような第一種住居地域内にある住宅において，居住のための居室の採光上有効な窓の面積を求め，さらにこの採光窓をもつ居室の床面積の最大値を計算せよ。ただし，窓の幅は2.0mとする。

解答…　表2から採光補正係数を求める。

$$\frac{D}{H} \times 6 - 1.4$$

$$= \frac{0.8}{0.8 + \dfrac{1.6}{2}} \times 6 - 1.4 = 1.6$$

採光上有効な窓面積を A とすると，

$A = $ 窓の実面積 × 採光補正係数

　　$= 1.6 \times 2.0 \times 1.6 = 5.12\,\text{m}^2$

次に，表1から，この居室の床面積の最大値 S を求める。

$A \geqq \dfrac{1}{7}S$ より，$S \leqq 7A = 7 \times 5.12 = 35.84\,\text{m}^2$ である。

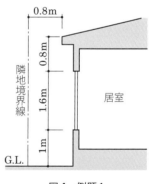

図4　例題1

問1 図5のような第一種住居地域内にある住宅において，採光上有効な窓の面積より，1階部分のこの採光窓をもつ居住のための居室の最大床面積を求めよ。ただし，窓の幅は1.8mとする。

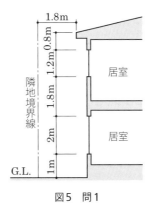

図5 問1

2 換気

換気[1]とは，室内環境を良好に保つために，室内に外部の新鮮な空気を取り入れ，汚染された空気を排出することをいう。換気を行うおもな目的は，次の①～③である。

① 室内の汚染物質を排出し，清浄な空気を供給すること。

② 火気使用室の設備・器具から発生する燃焼後のガス(廃ガス)を排出すること。

③ 在室者や燃焼器具に必要とする酸素を供給すること。

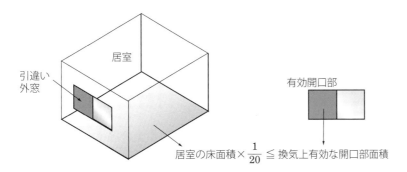

居室の床面積 $\times \dfrac{1}{20} \leqq$ 換気上有効な開口部面積

図6 居室の換気に必要な開口部

換気は，窓などの開口部による換気を基本としており，窓などの開口部による換気の不足分を換気設備[2]により補う。

換気がじゅうぶんでないと，頭痛が起こるなど，不快な室内環境になる。とくに燃焼器具などの火気を用いる室では，不完全燃焼による一酸化炭素が発生する危険があるので，居室の用途，居室を使用する人数，火の使用の有無などの使用状況に応じた換気の方法などが定められている(法28条2項，3項，令20条の2，20条の3)。原則として，換気上有効な窓などの開口部面積[3]は，居室の床面積の $\dfrac{1}{20}$ 以上としなければならない(法28条2項)。

[1] 「換気」は，「衛生」や「日常安全」のためにも重要な項目であるが，本書では「室内環境」の項目として取り上げる。

[2] p. 42参照。

[3] 直接外気に開放される部分をいい，引違い窓の窓は窓面積の約 $\dfrac{1}{2}$ を有効，はめごろし窓は全面無効とする。

なお，ふすま・障子など随時開放することができるもので仕切られた2室は採光・換気とも1室とみなす(法28条4項)。換気上有効な開口部面積が不足する場合や火気使用室，シックハウス症候群対策が必要な場合などについては，換気設備で補う(法28条の2，令20条の2，令20条の3，令20条の4〜20条の9，令129条の2の5)。

3　換気設備　　　換気上有効な開口部面積が不足する居室には，自然換気設備(図7)，機械換気設備(図8)，中央管理方式の空気調和設備(図9)のいずれかの換気設備を設けなければならない(法28条2項，令20条の2)。

　とくに人の集まる劇場・映画館・公会堂などの用途(p. 95表5)の特殊建築物の居室については，換気上有効な開口部の有無にかかわらず，換気設備(自然換気設備を除く)を設けなければならない(法28条3項，令20条の2)。

　調理室など火を使用する設備または器具を設ける室には，原則として，換気設備を設けなければならない(法28条3項，令20条の3)。

　また，シックハウス症候群❶対策については，原因の一つといわれている化学物質を建築材料に添加することを制限したり，換気設備の設置を定めている(法28条の2，令20条の5〜20条の9)。

(a) 換気設備の技術基準　　換気設備の容量を決める基本的考え方として，

① 一般の居室では，不快な室内環境にならない条件として，二酸化炭素の濃度を1000ppm以下，一酸化炭素の濃度を10ppm以下に保つこと(令20条の2一号ニ)

② 火を使用する室では，不完全燃焼による一酸化炭素で死亡事故などが起こることを避けるために酸素濃度を20.5%以上に保つような換気量を確保すること(令20条の3 2項一号ロ)

が求められる。

(b) 換気設備の構造　　上記の技術基準を満たすように，以下のそれぞれの換気設備について構造等が定められている。また，上記(a)の考え方にそれぞれ適合するものとして国土交通大臣の認定を受けたものも用いることができる。

① **自然換気設備の構造等**　　図7に示すように高さの違いによる気圧差を利用して換気量を確保する換気設備であるので，給気口・

❶ p. 48参照。

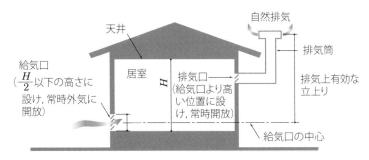

図7　自然換気設備の構造例

　排気口の位置に加えて，排気筒の立上り・断面積などを所定のものとしなければならない（令20条の2一号イ，令129条の2の5 1項）。

② **機械換気設備の構造等**　　図8の組み合わせのどれかで，機械力を利用して換気量を確保する換気設備である（令20条の2一号ロ）。

5　　　機械換気する室が汚染されていて，周囲に汚染を広げないようにする場合第三種（図8(c)），周囲の室の汚染が浸入しないようにする場合第二種（図8(b)）のように使い分ける。そのほか給気口・排気口の位置，構造が定められている（令129条の2の5 2項）。

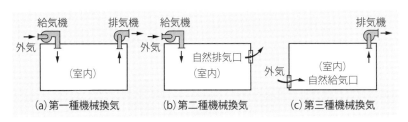

図8　機械換気設備の構造例

③ **中央管理方式の空気調和設**

10　**備の構造等**　　図9に示す中央管理方式の空気調和設備は，機械換気設備の規定による構造とし，定められた基準に適合するように空

15　気を浄化して，温度，湿度または流量などを調節して供給できる性能をもち，安全上・防火上・衛生上支障がない構造としなければな

20　らない（令20条の2一号ハ，

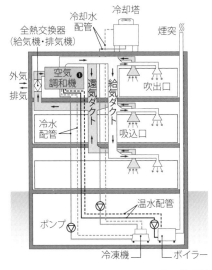

❶　空気調和機には，エアフィルター・冷却コイル・加熱コイル・加湿器・送風機が設けられ，中央管理室で空気の浄化，温度・湿度・流量の制御を行う。

図9　中央管理方式の空気調和設備の構造例

令129条の2の5　3項)。

4 特殊建築物の居室の換気設備

特殊建築物の居室の空気汚染を防止するため，劇場・映画館・演芸場・公会堂・集会場などには，機械換気設備，または，中央管理方式の空気調和設備を設ける(法28条3項，令20条の2，令129条の2の5　2項，3項)。

❶　p. 42(a)換気設備の技術基準の②参照。

5 火気を使用する室の換気設備

調理や暖房などのために火を使用する設備や燃焼器具(図10)を設ける室❶には，不完全燃焼による一酸化炭素の発生を防止するため，それらの器具の発熱量などに応じた開口面積のある給気口・排気口を備えた換気設備を設けなければならない(法28条3項)。ただし，以下の場合には，この換気設備を設けなくともよい(令20条の3)。

① 密閉式燃焼器具以外の器具などを設けていない場合。

② 床面積が100 m^{2}以内の住宅の調理室などのうち，火を使用する器具などの発熱量が一定以下で，一定の換気上有効な開口部がある場合など。

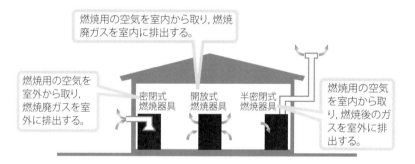

燃焼用の空気を室内から取り，燃焼廃ガスを室内に排出する。

燃焼用の空気を室外から取り，燃焼廃ガスを室外に排出する。

密閉式燃焼器具　　開放式燃焼器具　　半密閉式燃焼器具

燃焼用の空気を室内から取り，燃焼後のガスを室外に排出する。

図10　燃焼器具の種類

コラム column　火気を使用する室の換気

換気設備のない室内に炭や練炭を使用した七輪などを持ち込むと，一酸化炭素中毒を起こすおそれがある。火気を使用する際には，換気用の窓をあけるか，換気設備のある室で使用することが重要である。

とくに，鉄筋コンクリート造の集合住宅は気密性が高いため，台所などで換気扇を用いて排気する際には，必ず給気口を開放して空気を取り入れ，換気扇から排気する空気の流れをつくることがたいせつである。また，ガス湯沸かし器や風呂釜は，屋外設置型を使用することが望ましい。

6　天井の高さ

居室の天井の高さは，室内環境に大きくかかわるので，どの建築物の居室も通常は2.1 m以上が必要とされる。なお，天井の高さとは，室の床面から天井面までの垂直距離をいうが，1室内で高さが一様でない場合は，室ごとに平均の高さを算定する（令21条）。

例題2　図11のような断面をもつ居室の場合に，天井の高さは建築基準法に適合するかどうか確かめよ。

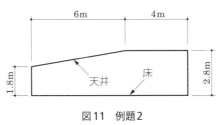

図11　例題2

解答…　居室の断面積を求め，底辺の長さで割って，天井の平均の高さHを求める。

$$H = \frac{2.8 \times (6 + 4) - 6 \times (2.8 - 1.8) \times \dfrac{1}{2}}{6 + 4} = 2.5\,\text{m}$$

天井の高さは2.5 mで2.1 m以上あるので，建築基準法に適合する。

問 2　図12のような断面をもつ室の場合に，天井の高さは建築基準法に適合するかどうか確かめよ。

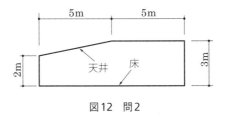

図12　問2

7　遮音

共同住宅や長屋[1]は，現代の都市住宅の一般的な形態となっている。これらの住宅においては各住戸間で音が漏れるのを防ぐため，住戸間の界壁[2]（図13）にはじゅうぶんな遮音性能[3]が求められる（法30条）。界壁は，小屋裏または天井裏に達するようにするほか，隣接する住戸の日常生活音を衛生上支障がないように低減する。なお，天井の構造が必要な遮音性能を有する場合には，小屋裏または天井裏に達しなくてもよい（法30条，令22条の3）。

[1]　1棟に2戸以上を横に連ねた住宅。連続住宅ともいう。

[2]　界壁とは，テラスハウス・共同住宅の各住戸間を区切る壁，戸境壁ともいう。
[3]　住宅の床の遮音性能については，日本住宅性能表示基準の項目となっている。

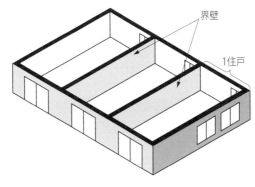

図13　界壁の例

主として衛生を目的とした単体規定には，床の高さ，地階の居室，石綿その他の物質の発散，便所および浄化槽，配管設備に関するものがある。

1 床の高さ

最下階の居室の床が木造である場合は，地面から発生する水蒸気により腐食しないように，床の高さと防湿方法について定められている（令22条）。すなわち，居室の木造の床の高さは直下の地面からその床の上面まで45cm以上としなければならない（図14(a)）。

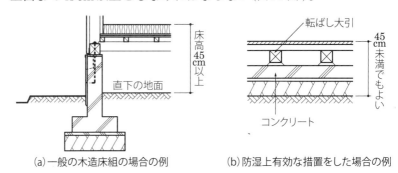

(a)一般の木造床組の場合の例   (b)防湿上有効な措置をした場合の例

図14　居室の床の高さ

また，外壁の床下部分には，壁の長さ5m以下ごとに，有効面積300cm²以上の換気孔を設けなければならない（図15(a)）。さらに，この換気孔には，ねずみの侵入を防ぐための設備を設けなければならない❶。ただし，床下をコンクリートなどの材料でおおうことによって，じゅうぶんに防湿がされている場合には，この床高と換気孔の規定は適用されない（図14(b)）。

❶　コンクリート布基礎と土台の間に基礎パッキング材をはさむ換気孔も用いられている（図15(b)）。この工法は，建築物の全周にわたって均一に換気できる。また，基礎に欠損が生じる従来の換気孔と比較して基礎の強度や剛性が増す。

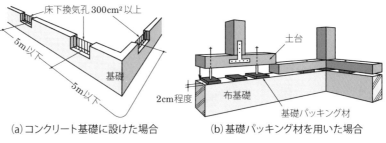

(a)コンクリート基礎に設けた場合   (b)基礎パッキング材を用いた場合

図15　床下換気孔の例

2　地階の居室

　地階は，地上階よりも採光のための開口部を設けることや換気を行うことがむずかしいため，住宅の居室，学校の教室，病院の病室または寄宿舎の寝室で地階に設けるものは，衛生上の理由から，壁および床の防湿の措置その他の事項について，下記のような技術的基準が定められている（法29条，令22条の2）。

　居室が，次の①〜③までのいずれかに該当すること。

① 国土交通大臣が定めるところにより，からぼり（図16）その他の空地に面する開口部が設けられていること❶。

② 令20条の2に規定する技術的基準に適合する換気設備❷が設けられていること。

③ 居室内の湿度を調節する設備が設けられていること。

　直接土に接する外壁，床・屋根またはこれらの部分の構造が，定められた条件に適合するものであること。

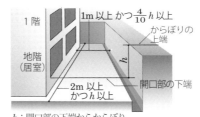

1m 以上 かつ $\frac{4}{10}h$ 以上
からぼりの上端
1階
地階（居室）
h
2m 以上 かつ h 以上
開口部の下端
h：開口部の下端からからぼりの上端までの垂直距離
雨水を排水する設備を設けること

図16　からぼりの例

❶ 平成12年建設省告示1430号。

❷ p. 42参照。

3　石綿その他の物質の発散に対する措置

　建築材料に用いられた石綿（アスベスト），クロルピリホス，ホルムアルデヒド❸などの物質は，人体に衛生上の支障を及ぼす可能性がある。そのため，これらの物質の飛散または発散に対する措置が法令で定められている（法28条の2，令20条の4〜令20条の9）。

❸ クロルピリホスは，シロアリの駆除などに用いられる防蟻剤に使用されていた。ホルムアルデヒドは，接着剤や防腐剤に使用されることが多い。

アスベストについて

column

　アスベストは，屋根・壁・天井に使用する建築材料に多く使われてきた。とくに，1955〜1970年頃に耐火被覆材料として使用されてきた吹付け石綿や，石綿含有吹付けロックウールは，建築物の解体・修理工事にともなって飛散し，健康被害の原因となるとして，社会的な問題になっている。そのため，増改築時における除去等を義務づけ，飛散を防止するための封じ込めや囲い込みの措置の基準が定められている。

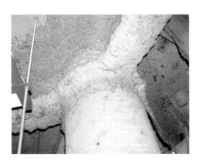

図17　吹付け石綿の例

建築材料に用いられ，空気中に気化したクロルピリホスとホルムアルデヒドなどの化学物質により引き起こされる健康障害を**シックハウス症候群**という。シックハウス症候群の原因の一つとされるクロルピリホスとホルムアルデヒドは，次のように規制されている。

クロルピリホスについては，これを添加した材料の建築物への使用が禁止され，ホルムアルデヒドについては，室内の空気$1\,\mathrm{m}^3$中の量が$0.1\,\mathrm{mg}$以下に保たれることを基準に，内装に使用される面積の制限や，機械換気設備の設置を求められる（令20条の5〜令20条の9）。

表3　ホルムアルデヒドに関する建築材料の区分

ホルムアルデヒドの発散速度[1]	告示で定める建築材料		大臣認定を受けた建築材料	内装の仕上げの制限
	名称	対応する規格		
$0.005\,\mathrm{mg/m^2 h}$以下	—	JIS，JASのF☆☆☆☆	令20条の7　4項の認定	制限なし
$0.005\,\mathrm{mg/m^2 h}$超 $0.02\,\mathrm{mg/m^2 h}$以下	第3種ホルムアルデヒド発散建築材料	JIS，JASのF☆☆☆	令20条の7　3項の認定（第3種ホルムアルデヒド発散建築材料とみなす）	使用面積[2]の制限
$0.02\,\mathrm{mg/m^2 h}$超 $0.12\,\mathrm{mg/m^2 h}$以下	第2種ホルムアルデヒド発散建築材料	JIS，JASのF☆☆	令20条の7　2項の認定（第2種ホルムアルデヒド発散建築材料とみなす）	
$0.12\,\mathrm{mg/m^2 h}$超	第1種ホルムアルデヒド発散建築材料	JIS，JASの旧E_2，Fc_2相当	—	使用禁止

注　1）測定条件：温度28℃，相対湿度50%，ホルムアルデヒド濃度$0.1\,\mathrm{mg/m^3}$（＝指針値）。
　　2）建築物の部分に使用して5年経過したものについては，制限なし。

4　便所および浄化槽

便所や屎尿浄化槽などについて，衛生上の観点から求められる性能❶を満たすために，次のような規定がある。

① 下水道法に規定される処理区域❷で便所を設置する場合には，便所は水洗便所とし，水洗便所からの汚水管は，公共下水道に連結する（法31条1項）。

② 処理区域外で便所からの汚物を終末処理場をもつ公共下水道以外に放流する場合には，適切な汚物処理性能を備えた屎尿浄化槽❸を設ける（法31条2項）。

③ 採光と換気のために，便所には，直接外気に接する窓を設ける。ただし，水洗便所には，照明設備や換気設備を設ければその必要

❶　屎尿に接する部分から漏水しない，屎尿浄化槽からの放流水の汚れが一定以下であることなど。
❷　下水を終末処理場により処理できる区域。

❸　屎尿浄化槽には，屎尿のみを処理する浄化槽と，屎尿と雑排水屎尿と雑排水を併せて処理する合併処理浄化槽がある。

はない（令28条）。

④　屎尿浄化槽などは，満水して24時間以上漏水しないことを確かめる（令33条）。

⑤　井戸水を汚染させないように，くみ取便所の便槽は，井戸から，原則として5m以上離す（令34条）。

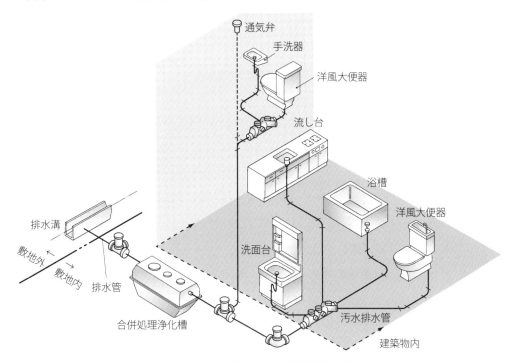

図18　排水のための配管設備の例

5　配管設備

配管設備には，給水・配電・ガスなどの供給や排水に使用するものがあり，設置および構造において，次のようなことが定められている。

（a）配管設備の構造（令129条の2の4　1項）

①　給水・排水のための配管設備は腐食するので，コンクリートに埋設する際には，腐食防止の措置をとる。また，配管設備が

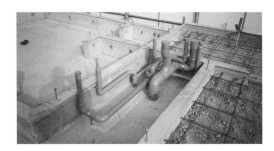

図19　1階床下配管の例

壁などを貫通する場合は，構造強度の面で支障がないようにし，さらに，水質・温度などの特性に応じて安全上・防火上・衛生上

で支障がない構造とする。

② エレベーターの昇降路内には，原則として，エレベーターに必要な配管設備以外には，配管設備を設けてはならない[1]。

(b) 飲料水の配管設備　飲料水の配管設備は，通常の配管の規定を満たすほか，その他の配管設備と直接連結させないなど，とくに衛生上支障のないようにするための規定を満たさなければならない（令129条の2の4　2項）。

❶ 地震時において，エレベーターのかごの昇降や戸の開閉などに支障がない場合には，光ファイバーケーブルとその配管設備の設置が認められている（平成17年国土交通省告示570号）。

3 日常安全についての規定

主として日常的な生活の安全に関する単体規定には，階段・廊下，昇降機に関するものがある。

❷ 避難のための規定については，p. 97参照。

1 階段・廊下など

建築物の内外を移動する空間である階段や廊下には，設置や構造に関して，次のようなことが法令で定められている[2]。

(a) 階段

① **各部の寸法**　階段の幅や勾配などは，昇り降りをするときの安全性に大きな影響を及ぼす。したがって，用途と各階の床面積に応じて階段の幅・蹴上げ・踏面の基準が定められている（令23条1項）。

小学校のように多くの児童がいる建築物では，児童の体格や，人数が多い場合の混雑などを考慮し，とくに階段と踊場の幅を広くし，かつ，蹴上げを低くおさえ，踏面を大きくすることによって，児童の安全をはかっている。同様に中学校や高等学校，不特定多数の人が集まる建築物，一定規模以上の地階などにおいても，階段と踊場の幅・蹴上げ・踏面などについて基準を設けている（令23条〜25条）[3]。

❸ 「高齢者，障害者等の移動等の円滑化の促進に関する法律」に基づき，基準が設けられている。p. 190参照。（第5章）

(a) 踏面と蹴上げの寸法

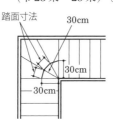

(b) 回り階段で踏面の寸法をはかる位置

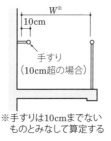

※手すりは10cmまでないものとみなして算定する

(c) 階段・踊場の幅（W）

(d) 階段・踊場の外観例

図20　階段の寸法のはかり方

また，回り階段では，その踏面は中心に近いところと外側では大きく異なり，その安全性に問題が生じる場合があるので，踏面の寸法は狭いほうの端から30cmの位置ではかることが求められている（令23条2項）。はかり方については，図20に示す。

表4　階段の寸法など

階段の種類		階段・踊場の幅注1) 2)	蹴上げ	踏面	（参考）角度	踊場の位置
①	小学校(義務教育学校の前期課程を含む)の児童用	140cm以上	16cm以下注3)	26cm以上	約32°以下	階段の高さが3mを超える場合3m以内ごとに設ける
②	中学校(義務教育学校の後期課程を含む)・高等学校・中等教育学校の生徒用，床面積の合計が1 500m²を超える物品販売店(百貨店など)用，劇場など，公会堂・集会場の客用	140cm以上	18cm以下注3)	26cm以上注3)	約35°以下	
③	直上階の居室の床面積の合計が200m²を超える地上階用，居室の床面積の合計が100m²を超える地階・地下工作物用	120cm以上	20cm以下	24cm以上	約40°以下	階段の高さが4mを超える場合4m以内ごとに設ける
④	①〜③および⑤以外のもの	75cm以上	22cm以下注3)	21cm以上注3)	約46°以下	
⑤	住宅(共同住宅の共用階段を除く)	75cm以上	23cm以下	15cm以上	約57°以下	

注　1）屋外階段の幅は，令120条，令121条の直通階段の場合は，90cm以上，その他の場合は60cm以上とすることができる。
　　2）手すりや高さが50cm以下の階段昇降機用レールなどが設けられた場合は，手すりなどの幅が10cmを限度として，ないものとみなして，階段や踊場の幅を計算する（令23条3項，図20(c)）。
　　3）両側に手すりを設けるなどの国土交通大臣が定めた構造方法による場合は，以下の寸法を適用することができる（令23条4項，平26国交告709号）。
　　　・①の階段：蹴上げ18cm以下
　　　・②の階段：蹴上げ20cm以下，踏面24cm以上
　　　・④の階段：蹴上げ23cm以下，踏面19cm以上
　　　・階数2以下・延べ面積200m²未満の建築物の階段(昇降に十分な注意を要する旨の表示があるもの)：階段・踊場の幅75cm以上，蹴上げ23cm以下，踏面15cm以上

5 　② **踊場**　　学校や規模の大きな店舗や劇場などでは，階段の高さ3mを超えるものについては3m以内ごとに踊場を設け，また，その他の建築物の場合は，階段の高さ4m以内ごとに踊場を設けなければならない（表4）（令24条1項）。なお，直階段に設ける踊場の踏幅は，1.2m以上としなければならない（令24条2項）。

10 　③ **手すり**　　高さ1mを超える階段や踊場の両側には，転落防止と歩行補助のために手すりや側壁などを設ける。その際，安全な歩行への配慮から，少なくとも一方の側には手すりを設けなければならない。また，幅が3mを超える広い階段では，蹴上げ15cm以下で踏面30cm以上のものを除いて，中間にも手すりを
15 　設けなければならない（令25条）。

(b) 傾斜路・廊下　　階段に代わる傾斜路については，勾配は$\frac{1}{8}$を超えないこと，表面を滑りにくくすることなどの規定がある（令26

条1項)。なお，傾斜路の幅・踊場・手すりなどについては階段の規定に準ずる(令26条2項)。

廊下は，幅が狭いと日常の通行や非常時の避難に際して危険を生じるので，建築物の階の用途や規模に応じて，また，片廊下か中廊下かによって，廊下幅は表5の数値とする(令119条)。

表5　廊下の幅

	廊下の種類	中廊下の場合	片廊下の場合
①	小学校・義務教育学校・中学校・高等学校・中等教育学校(児童・生徒用の廊下)	2.3m 以上	1.8m 以上
②	病院(患者用の廊下)[※]	1.6m 以上	1.2m 以上
③	共同住宅の共用廊下(その階の住戸の床面積の合計が100m^{2}を超える場合)		
④	居室の床面積合計が200m^{2}を超える地上階または居室の床面積の合計が100m^{2}を超える地階の廊下(ただし，3室以下の専用廊下は免除)		

[※]　医療法により，別途規定がある。

2　昇降機

昇降機❶には，エレベーター・エスカレーター・小荷物専用昇降機❷がある。また，消防活動のための非常用エレベーター(p.105参照)もある。

(a) エレベーター(令129条の4～令129条の11)　　エレベーターは，故障時に上昇・落下するなどの危険のないような構造にしなければならない。また，エレベーターの昇降路などが火災拡大の経路とならないように，そのエレベーターの周壁と出入口は防火上支障のない構造とする。

そのほか，エレベーターの構造などについて詳細な規定❸があり，その一例を次にあげる。図21にエレベーターの構造例を示す。

① エレベーターには，かごの速度が異常に増大した場合にブレーキをかける制動装置や，すべての出入口の戸が閉じていなければ，かごの昇降ができないようにする安全装置などを設ける。

❶　法34条参照。
❷　飲食店などで，料理などの物のみを上下階に輸送する電動の小形の昇降機。かごの床面積が1m^{2}を超えるか，かごの天井の高さが1.2mを超えるものは，エレベーターとみなされる。

❸　かごや主要な支持部分の損傷防止や強度の検証の規定，地震時の構造耐力上の安全性を確保するための構造計算の規定なども定められている。

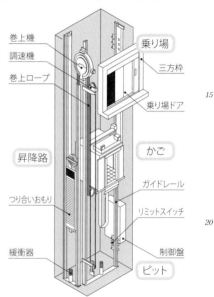

巻上機
調速機
巻上ロープ
乗り場
三方枠
乗り場ドア
昇降路
かご
ガイドレール
つり合いおもり
リミットスイッチ
緩衝器
制御盤
ピット

図21　機械室なしエレベーターの例
(薄型巻上機を用いたもの)

② エレベーターの駆動装置や制御器に故障が生じ，かごおよび昇降路の出入口の戸が閉じる前にかごが昇降したときなどに，自動的にかごを制止する安全装置を設ける。

③ エレベーターには，地震時などの加速度を検知して，自動的にかごを昇降路の出入口の戸の位置に停止させ，かごおよび昇降路の出入口の戸を開くことなどができる安全装置を設ける。

(b) エスカレーター（令129条の12）　エスカレーターについても同様に，事故の防止などのため，詳細な規定❶が定められている。その例を次にあげ，図22にエスカレーターの構造例を示す。

① 勾配は30°以下とし，踏段の定格速度は，勾配に応じ国土交通大臣が定める速度❷以下とする。

② エスカレーターの踏段の両側には手すりを設け，手すりの上端部は踏段と同一方向に同一速度で連動するようにする。

③ エスカレーターの踏段の幅は，1.1m以下とし，踏段の端から当該踏段の端の側にある手すりの上端部の中心までの水平距離は，25cm以下とする。

❶ 踏段や主要な支持部分の損傷防止や強度の検証の規定，地震時の脱落防止のための構造方法の規定なども定められている。

❷ 勾配が8°以下のものは50m/分，8°を超え30°以下のものと，8°を超え15°以下の踏段が水平でないものは45m/分（平成12年建設省告示1417号）。

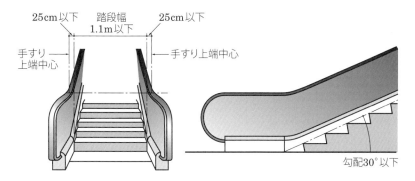

図22　エスカレーターの例

コラム
column

C

特殊なエスカレーター

上記の規定を適用しない特殊なエスカレーターには，次のようなものがあり，種類に応じて構造方法が規定されている（平成12年建設省告示1413号）。

図23　動く歩道の例

・勾配が30°を超えるエスカレーター
・幅が1.1mを超えるエスカレーター　・速度が途中で変化するエスカレーター
また，水平またはわずかに傾斜した通路に設置されるエスカレーターを，一般に動く歩道とよぶ。

3 避雷設備

❶ 平成12年建設省告示1425号。

高さが20mを超える建築物には，高さ20mを超える部分を落雷から保護するように，原則として，国土交通大臣が定めた構造方法❶に従って避雷設備を設ける。ただし，周囲の状況によって安全上支障がない場合には，避雷設備を設けなくてもよい（法33条，令129条の14，令129条の15）。

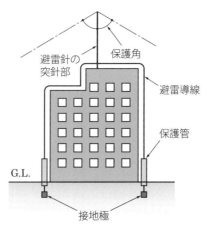

＊避雷設備は，原則として，JIS A 4201に適合する構造とする。

図24　建築物などの避雷設備の例

Practice　練習問題

● **1.** 次の各居室の床面積に対する採光上有効な開口部面積の割合の最小値を記入せよ。ただし，条件を満たす照明設備などの設置はないものとする。

 （a）小学校の普通教室 （b）病院の病室

 （c）住宅の居住のための居室 （d）保育所の保育室

 （e）病院の談話室 （f）児童福祉施設の寝室（入所者が使用するもの）

 （g）大学の講義室 （h）老人福祉施設の娯楽室

● **2.** 次の各居室の床面積に対して，最小限必要とする採光上有効な窓の面積を求めよ。ただし，採光補正係数は2とする。

 （a）保育所の床面積が$60\,\mathrm{m}^2$の保育室

 （b）寄宿舎の床面積が$17.5\,\mathrm{m}^2$の寝室

 （c）住宅の床面積が$14.7\,\mathrm{m}^2$で窓側に幅90cmの縁側をもつ寝室

 （d）小学校の床面積が$80\,\mathrm{m}^2$で$2\,\mathrm{m}^2$の天窓をもつ総合教室

● **3.** 第二種低層住居専用地域内にある図25のような住宅の居室において，居室床面積が$28\,\mathrm{m}^2$の場合，採光上有効な開口部面積を最低限確保するための距離Xを求めよ。ただし，その開口部の有効幅は2mとする。

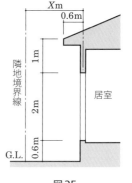

図25

- **4.** 共同住宅の各住戸間には，界壁を設けなければならないが，その理由を述べよ。

- **5.** 水洗便所に採光や換気のための外窓の設置ができない場合，どのようにすればよいか。

- **6.** 延べ面積の小さな平家建て集会場の居室に設ける換気設備は，自然換気設備とすることができるか。

- **7.** 令23条で定められた階段の最低限度の蹴上げと踏面の関係を，各種用途別に尺度1：10でかいてみよ。

- **8.** 次の文章で，建築基準法上誤っている場合は，その理由を述べよ。

    （a）採光有効面積の算定に，居室の天井の高さは関係がない。

    （b）天窓の採光補正係数は，原則として，その天窓と同じ位置における側窓の採光補正係数の計算結果の5倍とする。

    （c）居室の採光有効面積の算定において，ふすまや障子など随時開放することができるもので仕切られた2室は，1室とみなすことができる。

    （d）居室の天井の高さで異なる部分があるので，天井の高さを平均の高さとした。

    （e）木造住宅において，寝室の床は，条件を満たす防湿措置を行わずに直下の地盤面から床の上面まで40cmの高さを確保した。

    （f）共同住宅の共用階段は，蹴上げ寸法を23cm以下，踏面寸法を15cm以上としなければならない。

    （g）中学校の生徒用階段の蹴上げ寸法を18cm，踏面寸法を27cm，幅を1.3mとした。

    （h）階段に代わる傾斜路の勾配は，$\frac{1}{6}$を超えてはならない。

    （i）映画館内の客用の階段で，その高さが3mを超えるものにあっては，高さ3m以内ごとに踊場を設けなければならない。

2節 構造強度についての規定 ········●

この節では，建築物が構造上安全に建てられるために必要な構造強度についての規定を学ぶ。

1 構造設計と構造規定

構造上の安全は，建築物にとってきわめて重要な条件の一つである。建築物を，その自重や地震の際に加わる力などに対して，安全な構造とするために**構造設計**❶が行われる。個々の建築物は，その用途・高さ・規模および構造種別などの諸条件が一様ではないため，設計者は，これらの条件を考慮しつつ構造設計を行うことになる。

❶ 構造設計は，構造計画を出発点として構造計算，設計図書の作成を行うものであり，構造計算は構造設計の流れの一部分である。

このため，建築基準法には，すべての建築物に共通する構造上の一般的な規定と，木造・鉄骨造・鉄筋コンクリート造などの各構造の種別ごとに定められた規定，さらに高さなどの条件に応じた**構造計算**の方法などの規定がある。

図1　兵庫県南部地震によるビルの被害の例
（神戸市旧庁舎の崩壊）

2 一般的な規定

1 規定の概要

建築物の構造上の安全を実現するためには，図2のような自重（固定荷重）・積載荷重・積雪荷重・風圧力・地震力などの荷重・外力に対して安全でなければならない（法20条）。そのため建築基準法においては，規模などに応じて建築物を法20条1項一号から四号までに分類し，各号ごとに適用する構造方法

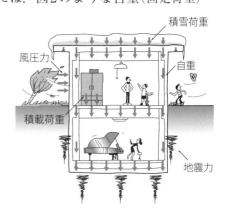

図2　建築物と荷重

規定と構造計算規定とを定めている。

　構造方法規定とは，建築物の各部の寸法，部材の形状や使用材料，接合方法などのあり方（仕様）についての制限であり，すべての建築物に共通の規定と，木造，鉄骨造，鉄筋コンクリート造などの構造種別ごとに定められた規定から構成される。小規模な一定の建築物に対しては，この構造方法規定のみが適用され，その他の中規模以上の建築物については，原則として，構造方法規定と構造計算規定の両方を満足しなければならない（法20条1項，令36条）。

　たとえば，一般の木造2階建住宅は，構造計算をしなくてもよいことになっているが，それは，筋かいなどの木造建築物の構造についての構造方法規定を満たすことによって，構造計算を行った場合と同じ程度の安全性が確保されることになるからである。

　一方，構造計算規定は，建築物の規模などに応じて定められた計算の基準である。表1に示す構造・規模の建築物は構造計算が義務づけられており，荷重・外力によって柱やはりなどの構造耐力上主要な部分に生じる力の計算などを行い，それぞれの部材を構成する材料が，その力に耐える強さをもっていることなどを確かめる必要がある。

表1　構造計算が必要な建築物

構造種別	規模（いずれかに該当するもの）			
木造	①階数3以上	②延べ面積500m²を超える	③高さ13mを超える	④軒の高さ9mを超える
木造以外の構造	①階数2以上	②延べ面積200m²を超える	③高さ13mを超えるまたは，軒の高さ9mを超える（石造，れんが造などの場合）	

　構造方法規定は，構造計算方法の種類により適用が免除される場合があり，極めて精密な構造計算を実施した場合には，耐久性などに関係する一部の構造方法規定（**耐久性等関係規定❶**）のみが適用される（構造方法に関する技術的基準，令36条）。これらの関係をまとめたものが表2である。この表の中の③に適用される計算は，構造計

❶　耐久性等関係規定は，木造の防腐措置や鉄筋に対するコンクリートのかぶり厚さの確保など，計算では代替できない耐久性などにかかわる規定の総称であり，令36条1項に該当する条文があげられている。

算ルート1と，②-3に適用される**許容応力度等計算**❶は，構造計算ルート2と，一般によばれる計算方法であり，これらは，構造方法規定を満足する建築物を対象として定められた計算方法である。同じように②-2の**保有水平耐力計算**❶とは，構造計算ルート3であり，構造方法規定の一部に適合しない建築物にも適用することができる。 5

また，②-1**限界耐力計算**は，より精密な計算方法であることから，基本的に構造方法規定への適否にかかわらず適用することが可能とされており，構造方法規定のうち耐久性等関係規定のみが適用される。

このほか，免震構造やプレストレストコンクリート造など特殊な構造方法に対しては，国土交通大臣が定めたそのための構造方法規定や構造計算方法の技術基準が適用される（令80条の2，令81条2項，3項）。 10

表2　構造方法規定と構造計算規定

建築物の区分 (法20条1項)	建築物					
	①法20条1項一号	②法20条1項二号			③法20条1項三号	④法20条1項四号
	高さが60mを超える建築物	構造計算が必要な建築物(表1)のうち，法20条1項三号以外の建築物(令36条の2)			構造計算が必要な建築物(表1)のうち，一定の条件を満たす小規模な建築物	法20条1項一号〜法20条1項三号まで以外の建築物
適用される 構造方法規定 (令36条)	耐久性関係規定		一部の規定を除く(令36条2項一号)	令3章1節〜7節の2		
適用される 構造計算※ (令81条)	時刻歴応答解析等	②-1 限界耐力構造計算	②-2 保有水平耐力計算(ルート3)	②-3 許容応力度等計算(ルート2)	令82条各号および令82条の4に定める構造計算(ルート1)	構造計算不要

※　上位の構造計算を採用することもできる。たとえば，木造2階建てでも限界耐力計算を採用することができ，その場合に適用される構造方法規定は耐久性関係規定のみとなる。

一方，高さが60mを超える建築物(以下**超高層建築物**という)については，地震などの荷重・外力に対する挙動が一般の建築物とは異なり複雑であることから，別途詳細な**特別な構造計算方法**(法20条1項一号，令81条1項)(**時刻歴応答解析等**)の基準が定められており，これを用いる場合は，国土交通大臣の認定を取得することが必要となる。この場合は，限界耐力計算と同様に，構造方法規定は耐久性等関係規定のみが適用される。 15

エキスパンションジョイントなどの相互に応力を伝えない構造方法のみで接続している建築物は，建築計画上は1棟であっても，構造強度上はそれぞれ独立した別の建築物とみなして法20条1項の建築物の区分に分類し，構造方法規定と構造計算規定とを適用する（法20条2項）。

2 構造設計の原則

構造設計者は，建築物を自重（固定荷重）・積載荷重・積雪荷重・風圧力・地震力その他の外力に対して安全にするために，その建築物の用途・規模・構造の種別および敷地とその周囲の状態などの条件に応じて，柱・壁・はりなどの構造部材（構造耐力上主要な部分）を有効に配置するよう計画しなければならない。とくに，地震力などの水平力に対しては，構造部材を釣合いよく配置することによって，偏心によって建築物全体がねじられることを防ぐ必要がある（図3）（令36条の3 1項，2項）。

構造部材の剛性が低いと，荷重や外力が加わったときに建築物の一部や配管などが変形して壊れたり，使用しにくくなることがある。また，もろい(ぜい性)部材は急激に破壊することがある。これらのため，構造部材には必要な剛性と，粘り強さ（靭性）とをあわせもたせる必要がある（令36条の3 3項）。

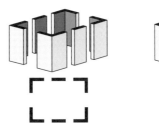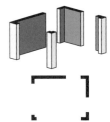

(a)釣合いのよい壁の配置例　　(b)釣合いのよくない壁の配置例

図3　構造部材の配置

コラム column 剛性と靭性

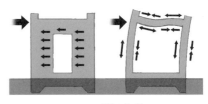

図4　剛性と靭性

「剛性」とは，構造物やその部材の変形のしにくさのことであり，「靭性」とは，粘り強さのことである。
地震などにより構造物に大きな力がかかり，最終的に倒壊してしまうようなときでも，粘り強ければ，倒壊するまでに時間がかかり，避難が可能になる。また，粘り強い構造は，強度を保ちながら変形して，その間にエネルギーを吸収することができる（エネルギー＝力×距離＝強度×変形）。そのため，粘り強い構造は，地震にも強い。
昭和56年の政令改正で導入されたいわゆる新耐震設計法では，この剛性と靭性に着目して，中地震時においては主として剛性と強度を保つようにし，大地震時には部材の剛性が低下したあとも，靭性の確保によって建築物全体として倒壊などの大被害を防ぐという考え方を取り入れている。

3 構造部材・基礎

建築物の構造の種別にかかわりなく共通する規定として，次のようなものがある。

（a）構造部材の耐久 構造部材のうち，とくにさびたり腐ったり摩耗したりするおそれのあるものには，このような現象が起こりにくい材料や，さび止めなどの対策をした材料を使用しなければならない（令37条）。

（b）基礎 建築物に作用する荷重および外力を安全に地盤に伝えるために，建築物の基礎は，地盤の沈下または変形に対して構造耐力上安全なものにしなければならない（令38条1項）。

基礎の形式には，べた基礎・フーチング基礎などの直接基礎と，くい基礎などがある。一つの建築物に異なった形式の基礎を併用すると，各部の地盤の変形量が大きく異なる危険性があり，不同沈下❶の原因となることが多い。そのため，国土交通大臣の定める構造計算方法❷で安全が確認された場合を除き，異なる形式の基礎を併用してはならない（図5）（令38条2項，4項）。

独立フーチング基礎

支持ぐい

図5　異種基礎の併用の例

また，構造計算を必要としない規模の建築物であっても，国土交通大臣が定める基準❷により，表3に示す地盤の長期許容応力度に対応した構造の基礎を採用しなければならない。このとき，高さが13mを超えるか，延べ面積が3000m²を超える建築物のうち，荷重が最下階の床面積1m²あたり100kNを超えるものの基礎は，その底部を良好な地盤に到達させなければならない。ただし，国土交通大臣の定める構造計算方法❷で安全が確認された場合には，これらの規定は適用されない（令38条3項，4項）。

そのほか，次のような規定がある。

① 打込みや振動などの方法で施工するくいは，その打撃力などに対して構造耐力上安全なものを使用しなければならない（令38条5項）。

❶ 基礎を通じて地盤に作用する建築物の荷重と，それを支える地盤の耐力や剛性との関係によって，建築物の部分により異なる沈下量が生ずることを不同沈下という。

❷ 平成12年建設省告示1347号など。

表3 地盤の許容応力度に対応した基礎の種類

地盤の長期許容応力度 f_c [kN/m^2]	基礎の構造の種類
① $f_c < 20$	基礎ぐいによる構造
② $20 \leq f_c < 30$	基礎ぐいによる構造, べた基礎
③ $30 \leq f_c$	基礎ぐいによる構造, べた基礎, 布基礎

※ ごく小規模な物置や納屋, 土台を設けない木造建築物などには適用されない。
※ 独立基礎は, 国土交通大臣の定める構造計算方法によって安全が確認されれば採用できる。

② 木ぐいは, 木造の平家建てに使用する場合を除き, 常水面下にあるようにしなければならない(令38条6項)❶。

(c) 屋根ふき材などの緊結　屋根ふき材, 内装材, 外装材, 帳壁, 建築物の外側に取りつける広告塔・装飾塔などは, 風や地震などによって脱落しないような措置❷をとらなければならない。このうち屋根ふき材・外装材・地上階数3以上の建築物の屋外に面する帳壁については国土交通大臣が定めた構造方法を用いなければならない(令39条)。

3　各構造種別ごとの規定

建築物には, 構造種別に応じた構造方法規定が定められている❸。構造種別には, 木造(令3章3節), 組積造(令3章4節), 補強コンクリートブロック造(令3章4節の2), 鉄骨造(令3章5節), 鉄筋コンクリート造(令3章6節), 鉄骨鉄筋コンクリート造(令3章6節の2)および無筋コンクリート造(令3章7節)がある。このほか, これらの構造種別のうち特殊な構造方法とされる壁式鉄筋コンクリート造や枠組壁工法などの構造方法規定, ならびにこれらの構造種別以外の構造方法とされる免震構造やプレストレストコンクリート造, 膜構造などの構造方法規定が, 告示によりそれぞれ定められている(令80条の2)。

ここでは, それらのうち木造・鉄骨造・鉄筋コンクリート造の規定の内容について学ぶ。

1　木造

木造建築物は, 平家や2階建の住宅など構造計算を必要としない小規模なものが多いため, 構造計算をしなくても必要な構造耐力が確保できるよう, 詳細な構造方法規定が定められている。

❶ 木ぐいは, 水中にあると腐食を防ぐことができるが, 土のみに接していると腐食しやすい。このため, つねに地下水位以下にあるように設置すべきことが規定されている。

❷ 一定以上の高さ・面積・重量を有する吊り天井(特定天井)については, 国土交通大臣の定めた構造方法を用いるなどにより脱落を防止しなければならない。

❸ p. 57参照。

(a)木材 　土台・柱・はりなどに使用する木材は，節・腐れ・繊維の傾斜・丸身などによる耐力上の欠点がないものでなければならない（図6）（令41条）。

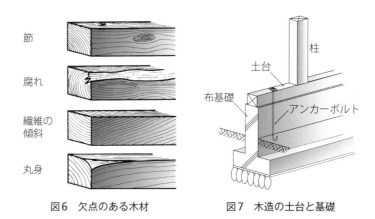

図6　欠点のある木材　　　　　図7　木造の土台と基礎

(b) 土台および基礎 　最下階の柱の下部には，原則として土台を設けなければならない。土台は，原則として，一体の鉄筋コンクリート造または無筋コンクリート造の布基礎に，アンカーボルトなどによって緊結しなければならない（図7）（令42条）。

(c) 柱の小径 　柱は，その柱にかかる力の大きさに応じて，必要な太さがなければならない。そのため，柱の長さ（H：はり・けた・土台などの横架材相互間の垂直距離）に応じた柱の径（D：小径）の割合については，表4に示す数値が定められている（令43条1項）。

　なお，地上3階建木造建築物の1階の柱の径は，原則として，13.5cm以上としなければならない（令43条2項）。また，2階建以上

表4　柱の小径の柱の長さに対する比 $\left(\dfrac{D}{H}\right)$

		柱の間隔が10m以上の柱または学校など[※]の柱		左以外の柱	
		最上階の柱または平家の柱	その他の柱	最上階の柱または平家の柱	その他の柱
①	土蔵造などの壁が重い建築物	$\dfrac{1}{22}$以上	$\dfrac{1}{20}$以上	$\dfrac{1}{25}$以上	$\dfrac{1}{22}$以上
②	①以外で屋根を金属板・石板・木板などの軽い材料でふいた建築物	$\dfrac{1}{30}$以上	$\dfrac{1}{25}$以上	$\dfrac{1}{33}$以上	$\dfrac{1}{30}$以上
③	①，②以外の建築物（たとえば日本瓦ぶきなど，重い屋根建築物）	$\dfrac{1}{25}$以上	$\dfrac{1}{22}$以上	$\dfrac{1}{30}$以上	$\dfrac{1}{28}$以上

※　学校，保育所，劇場，映画館，演芸場，観覧場，公会堂，集会場，物品販売業の店舗（床面積が10m²を超えるもの），公衆浴場など。

の場合には，すみ柱またはこれに準じる重要な柱は，原則として通し柱としなければならない（p. 71図19）（令43条5項）。

そのほか，柱の一部を欠き取る場合の補強の規定（令43条4項），座屈防止のための**有効細長比^❶**の規定（150以下とする）などがある（令43条6項）。

❶ 座屈長さと断面二次半径の比。

 例題1　木造瓦ぶき2階建住宅で，横架材の相互間の垂直距離が1階では2.9m，2階では2.8mの場合，1階および2階の構造耐力上主要な部分である柱の最小限必要な小径を計算せよ。ただし，柱の構造耐力上の安全性を確かめる構造計算は行わないものとする。

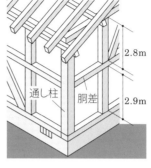

2.8m

2.9m

通し柱　胴差

図8　例題1

　　解答…　表4からこの建築物は③に，柱は右欄に該当するので，2階の柱の小径は $\frac{1}{30}$ 以上，1階の柱の小径は $\frac{1}{28}$ 以上となる。

$$1階の柱の小径 = 290 \times \frac{1}{28} \fallingdotseq 10.36\,cm$$

$$2階の柱の小径 = 280 \times \frac{1}{30} \fallingdotseq 9.34\,cm\,となる。$$

以上の結果，張り間方向，けた行方向とも市販の規格材10.5cmのものを使用する。

問 1　木造石板ぶき2階建住宅で，横架材の相互間の垂直距離が，1階では3.0m，2階では2.9mの場合，構造耐力上主要な部分である通し柱の最小限必要な小径を計算せよ。

（d）はりなどの横架材　はり・けたのような横架材は，床版や小屋組などの長期荷重を受けるため，部材の中央付近では常時その部材断面の下部に引張力が作用し，上部に圧縮力が作用する。このとき中央部の下側部分に欠込みがあると，部材の強度はかなり低下する。そのため，はり・けたなどの横架材には，中央部付近の下側に構造耐力上支障のある欠込みをしてはならない（令44条）。

（e）筋かい　建築物を地震力や風圧力のような水平力に対して安全にするためには，軸組^❷に水平方向の抵抗力をもたせなければならない。そのためには，必要な量の壁や筋かいを設ける必要がある。筋かいについては，次のような規定が定められている（令45条）。

①　引張り筋かいは，1.5cm×9cm以上の木材か，径9mm以上の鉄筋，圧縮筋かいは3cm×9cm以上の木材としなければならない。

❷ 軸組は，土台・柱・はり・胴差し・けたなどから構成され，木ずりや構造用合板などをこれらの部材に打ちつけた壁や土塗り壁とする場合と筋かいを設ける場合がある。
　軸組の強さ（壁倍率）は，面材の種類・厚さや筋かいの断面の大きさなどによって決められている。

② 筋かい端部は，柱とはりや土台との仕口の近くに，ボルト・か
すがい・くぎなどの金物で緊結しなければならない。

③ 筋かいには欠込みをしてはならない。ただし，筋かいをたすき
掛けにするために欠込みをする場合には，金物などで補強しなけ
ればならない。

（f）構造耐力上必要な軸組　建築物に作用する地震力と風圧力は，
それぞれ次のように考えることができる。

地震力─建築物の重量によるため，床面積にほぼ比例する。

風圧力─建築物の風を受ける面積（見付面積❶）にほぼ比例する。

そのため，階数が2以上または延べ面積が50 m² を超える木造建
築物では，地震力や風圧力に対して安全であるように，各階の張り
間方向およびけた行方向のそれぞれについて，壁または筋かいを入
れた軸組を設け，その長さを床面積と見付面積に応じて，次の順序
で算出する数値以上とするよう規定されている（令46条1項，4項）。

① 次式によって地震力に対する各階の必要軸組長さを求める（張
り間方向とけた行方向ともに同じ値となる。つまり，階ごとに一つの
数値が求められる）。

❶ 張り間方向またはけた行方向の鉛直投影面積をいう。風圧力に対する軸組の必要長さを算出する場合には，計算する階の床面からの高さが1.35 m以上の部分とする。

❷ 確認申請の際に添付する軸組計算書の例を付録3に示す。

●**必要軸組長さ❷** = （その階の床面積）×（その階に応じた表5の数値）　(1)

表5　単位床面積あたりに必要な軸組長さ

建築物		階の床面積にかける数値 [cm/m²]					
		平家建	2階建の1階	2階建の2階	3階建の1階	3階建の2階	3階建の3階
①	土蔵造などの重い壁のある建築物および重い材料で屋根をふいた建築物	15	33	21	50	39	24
②	①以外で，屋根を金属板・石板・木板などの軽い材料でふいた建築物	11	29	15	46	34	18

※ 特定行政庁（p.161参照）が指定する軟弱地盤地域では1.5倍する。

② 次式によって風圧力に対する各階の必要軸組長さを，張り間方
向とけた行方向のそれぞれについて求める。

●**必要軸組長さ** = （その階の見付面積）×（区域に応じた表6の数値）(2)

表6 単位見付面積あたりに必要な軸組長さ

区　　域	見付面積にかける数値　［cm/m²］
① 特定行政庁が指定する強い風が吹く区域	50を超え75以下で特定行政庁が定める数値
② ①以外の区域	50

　ここで見付面積は，図9に示した部分をいう。

③ ①と②で求めた各階の張り間方向とけた行方向の必要軸組長さ
のうち大きいほうを，その階のその方向の必要軸組長さとする。

④ 各階の張り間方向とけた行方向について，「軸組の種類ごとの
実長×軸組の種類に応じた表7の倍率」の合計を求める。

⑤ 各階の張り間方向とけた行方向について，④で求めた軸組長さ
が③で求めた必要軸組長さ以上であることを確かめる。

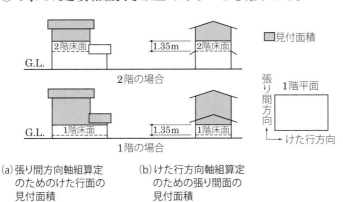

(a)張り間方向軸組算定
のためのけた行面の
見付面積

(b)けた行方向軸組算定
のための張り間面の
見付面積

図9 見付面積

表7 軸組の種類と倍率[1]

軸組の種類	筋かい入り壁				土塗壁	木ずり下地壁	構造用合板壁
	引張り筋かい[2]		圧縮筋かい				
	片側	たすき	片側	たすき			
倍率	1.0	2.0	$1.5^{3)}$，$2.0^{4)}$，$3.0^{5)}$	$3.0^{3)}$，$4.0^{4)}$，$5.0^{5)}$	0.5	$0.5^{6)}$，$1.0^{7)}$	$2.5^{8)}$

注
1) その他の軸組の種類と倍率については，昭和56年建設省告示1100号を参照
2) 筋かい断面　木材　15mm×90mm または　鉄筋　径9mm以上
3) 筋かい断面　木材　30mm×90mm
4) 筋かい断面　木材　45mm×90mm
5) 筋かい断面　木材　90mm×90mm
6) 木ずり打ち　片面
7) 木ずり打ち　両面
　土塗壁または木ずり下地壁と上記の筋かいを併用した場合は，4)のたすき掛けを除き，それぞれの合計（最大を5とする）
8) 厚さ5mm以上(屋外壁では7.5mm以上)，くぎ(N50)間隔15cm以下

なお，軸組は必要な量を確保するとともに，国土交通大臣の定める基準によって釣合いよく配置しなければならない。その検討方法は，次の⑥または⑦のいずれかによる❶。

❶ 令46条4項，平成12年建設省告示1352号参照。

⑥ 検討する方向別に平面を4分割し，その両端の二つの部分について，それぞれの部分の壁量充足率(④の方法で求めた存在する軸組の長さの①の方法で求めた必要軸組長さに対する比)を求め，小さいほうが大きいほうの$\frac{1}{2}$以上であることを確認する。

⑦ 構造計算によって偏心率が0.3以下であることを確認する。

これらの数値の確認をじゅうぶんに行わなかったため，軸組が不足したり，壁量がアンバランスになると，図10のような被害が生じる場合がある。

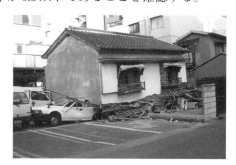

図10 木造建築物の被害
(1階の軸組不足と偏心による倒壊)

例題2 図11のような木造建築物の軸組の倍率を求めよ。また，構造耐力上有効な軸組の長さを求めよ。

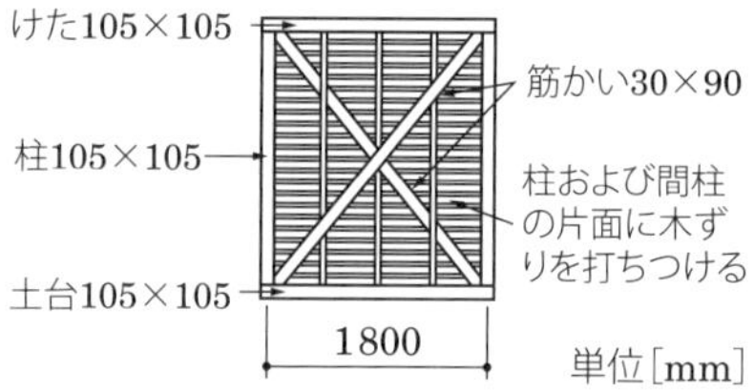

図11 例題2

解答… 筋かいは，[断面木材30mm × 90mm 圧縮筋かいのたすき掛け]であるから，表7注3)から倍率は3.0倍。

壁は，[片面木ずり下地壁]であるから，倍率は表7注6)から0.5倍。以上から軸組の倍率は，3.0 + 0.5 = 3.5倍となる。

したがって，構造耐力上有効な軸組の長さは，1.8m × 3.5 = 6.3mとなる。

問 2 図12のような木造建築物の片側筋かいとたすき掛け筋かいの，それぞれの軸組の倍率を求めよ。また，構造耐力上有効な軸組の長さを求めよ。

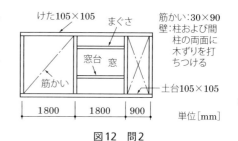

図12 問2

例題3 図13の建築物の必要軸組長さを計算してみよう。ただし,屋根は金属板ぶき,壁は通常の重量のものとする。

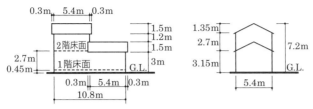

図13　立面図

解答…

(a)張り間方向軸組算定の
ための見付面積

(b)けた行方向軸組算定の
ための見付面積

■2階見付面積　□1階見付面積

図14　1・2階の見付面積

①地震力に対する必要軸組長さを求める。

　　床面積

　　　　1階　　$10.8\,\text{m} \times 5.4\,\text{m} = 58.32\,\text{m}^2$

　　　　2階　　$5.4\,\text{m} \times 5.4\,\text{m} = 29.16\,\text{m}^2$

　　必要軸組長さ（両方向同じ）

　　　　1階　　$58.32\,\text{m}^2 \times 29\,\text{cm/m}^2 = 1\,691.28\,\text{cm}$

　　　　2階　　$29.16\,\text{m}^2 \times 15\,\text{cm/m}^2 = 437.4\,\text{cm}$

②風圧力に対する必要軸組長さを求める。

　1)　見付面積は図14のようになる。

　2)　見付面積を計算して,必要軸組長さを求める。

　　見付面積

　　　　1階　(a)　張り間方向軸組算定用

　　　　　　　$10.8\,\text{m} \times 1.2\,\text{m} + 11.1\,\text{m} \times 1.5\,\text{m} + 5.4\,\text{m} \times 1.2\,\text{m} + 6.0\,\text{m} \times 1.5\,\text{m}$

　　　　　　　$= 45.09\,\text{m}^2$

　　　　　　(b)　けた行方向軸組算定用

　　　　　　　$5.4\,\text{m} \times 4.05\,\text{m} + 5.4\,\text{m} \times 1.35\,\text{m} \div 2 = 25.515\,\text{m}^2$

　　必要軸組長さ

　　　　1階　張り間方向

　　　　　　　$45.09\,\text{m}^2 \times 50\,\text{cm/m}^2 = 2\,254.5\,\text{cm}$

　　　　　　けた行方向

　　　　　　　$25.515\,\text{m}^2 \times 50\,\text{cm/m}^2 = 1\,275.75\,\text{cm}$

解答…　　　見付面積

　　2階（a）張り間方向軸組算定用

　　　　$5.4\,\text{m} \times 1.2\,\text{m} + 6.0\,\text{m} \times 1.5\,\text{m} = 15.48\,\text{m}^2$

　　　（b）けた行方向軸組算定用

　　　　$5.4\,\text{m} \times 1.35\,\text{m} + 5.4\,\text{m} \times 1.35\,\text{m} \div 2 = 10.935\,\text{m}^2$ *5*

必要軸組長さ

　2階　張り間方向

　　　$15.48\,\text{m}^2 \times 50\,\text{cm/m}^2 = 774\,\text{cm}$

　　けた行方向

　　　$10.935\,\text{m}^2 \times 50\,\text{cm/m}^2 = 546.75\,\text{cm}$ *10*

③　①と②から必要軸組長さが求められる（大きいほうをとる）。

　①および②による必要軸組長さの比較

　必要軸組長さ

　　1階　張り間方向　　　地震　1 691.28 cm

　　　　　　　　　　　　風　　2 254.5　cm *15*

　　　　けた行方向　　　地震　1 691.28 cm

　　　　　　　　　　　　風　　1 275.75 cm

　　2階　張り間方向　　　地震　　437.4　cm

　　　　　　　　　　　　風　　　774　　cm

　　　　けた行方向　　　地震　　437.4　cm *20*

　　　　　　　　　　　　風　　　546.75 cm

　　以上から，たとえば1階張り間方向では，倍率1の軸組のみで
は，その長さが合計2 254.5 cm以上必要となる。なお，倍率3の
軸組のみでは，その長さが合計751.5 cm（＝2 254.5 cm÷3）以上
必要となる。 *25*

　　また，ここで，倍率1の軸組と倍率3の軸組が混在していて，
その長さの合計が，それぞれ900 cmと540 cmである場合を考え
ると，

$900\,\text{cm} \times 1 + 540\,\text{cm} \times 3 = 900\,\text{cm} + 1\,620\,\text{cm}$

$= 2\,520\,\text{cm} > 2\,254.5\,\text{cm}$ となり， *30*

必要軸組長さを
満足することに
なる（図15）。

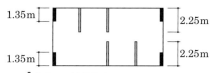

倍率1の軸組長さ2.25m×4＝9.0m
倍率3の軸組長さ1.35m×4＝5.4m

図15　例題3

問 3 図16のような木造瓦ぶき建築物の必要軸組長さを求めよ。また，軸組の倍率1.5で張り間方向の長さの合計が10.8m，けた行方向の長さの合計が16.2mのとき，必要軸組長さを満足しているかどうかを判定せよ。

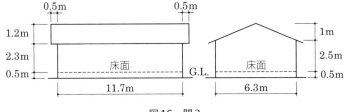

図16　問3

(g) 火打材と振れ止め　　床面と屋根面の剛性を確保するため，原則として，床組・小屋ばり組には木板等を国土交通大臣が告示で定めた基準で打付け[1]，小屋組には振れ止めを設けなければならない（令46条3項）。

(h) 構造耐力上主要な部分である継手または仕口　　土台・柱・はりなどの継手や仕口は，その部分に生じる力を伝えるよう，原則として，国土交通大臣が告示[2]で定めたボルト締めなどによって緊結しなければならない（図17）。

[1]　隅角に火打材を使用または根太等に板材を釘打ち（平成28年国土交通省告示691号参照）。

[2]　平成12年建設省告示1460号参照。

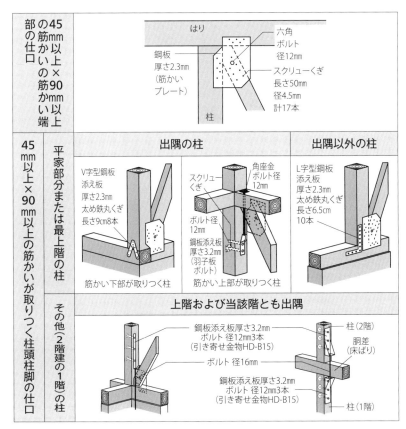

図17　告示の規定による筋かい・柱頭柱脚の仕口の例

柱に大きなはりを取りつけるなどの場合には，必要に応じて，その部分を添え木などにより補強する（令47条1項）。また，ボルト締めとする場合には，ボルトの径に応じて有効な大きさと厚さをもつ座金を使用しなければならない（令47条2項）。

構造計算による継手・仕口の採用

column

告示においては，軸組の倍率に応じて必要となる力を想定して仕様を定めているが，実際に仕口および継手の部分に生ずる力は，同じ倍率の軸組でも，その配置などによって異なる。たとえば，軸組が横に連続して設けられていれば，単独で設けられている場合と比べ，間の柱に作用する力は小さくなる。

告示では，定められた仕様によらず，構造計算によって安全性を確かめることが認められているため，実際の力を計算すれば，力にみあった大きさの金物を採用することができる。

N値計算法とよばれる，この構造計算を簡略化した方法が提案されているので，実務的にはこの方法によるとよい。いずれにしても，強い軸組だけを集中して配置するよりも，接合部と金物の適切な組み合わせを考えながら，できるだけ数多くの軸組をバランスよく配置することが耐震上は好ましい。

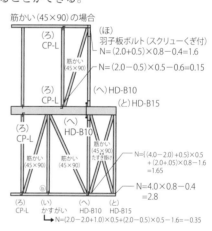

図18　N値計算法による柱頭・柱脚金物設置例

（ⅰ）防腐措置　木材は適切な措置をしないと腐りやすく，また，虫害も受けやすい。そのため，とくに木造の外壁のうち，鉄網モルタル塗りなど，軸組が腐りやすい部分の下地には，防水紙などを使用しなければならない。柱・筋かい・土台のうち，地面から1m以内の部分には，有効な防腐処理をするとともに，必要に応じてシロアリなどによる害を防ぐための処理を行う（令49条）。

図19に，以上の木造に関する構造方法規定の概要をまとめて示す。

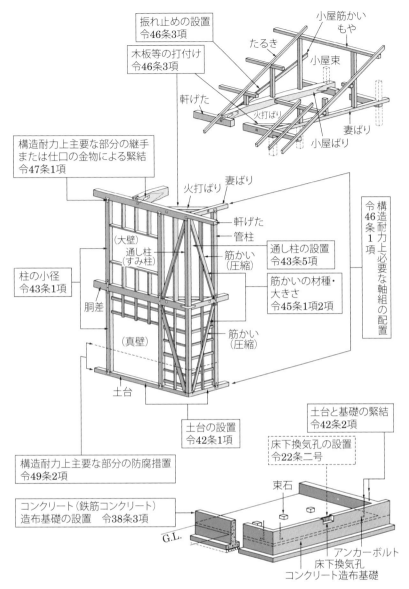

振れ止めの設置
令46条3項

木板等の打付け
令46条3項

小屋筋かい
もや
たるき
小屋束
軒げた
火打ばり
妻ばり
小屋ばり

構造耐力上主要な部分の継手
または仕口の金物による緊結
令47条1項

火打ばり　妻ばり
軒げた
管柱
（大壁）
通し柱
（すみ柱）
筋かい
（圧縮）
通し柱の設置
令43条5項
筋かいの材種・
大きさ
令45条1項2項

柱の小径
令43条1項

胴差

（真壁）
筋かい
（圧縮）

土台

令46条1項　構造耐力上必要な軸組の配置

土台の設置
令42条1項

土台と基礎の緊結
令42条2項

床下換気孔の設置
令22条二号

構造耐力上主要な部分の防腐措置
令49条2項

コンクリート（鉄筋コンクリート）
造布基礎の設置　令38条3項

束石

G.L.

アンカーボルト
床下換気孔
コンクリート造布基礎

図19　木造に関する規定

2　鉄骨造

鉄骨造に用いる鋼材などは，高炉や電炉をもつ鋼材メーカーの工場で生産された鋼板やH形鋼などであり，日本産業規格（JIS）によって品質証明がなされているため，一般に安定した高い品質をもっている❶。

しかし，溶接などの接合部は，個々の条件に応じて設計するものであり，また，その品質は個々の鉄骨加工における品質管理能力によって大きく異なる場合が多い。また，柱・はりなどの接合部には大きな力が作用する。したがって，接合部は，鉄骨造における構造の

❶　鋼材などの重要な構造材料は，必要な品質を確保するため，法37条に基づき，原則としてJIS規格に適合するか，または大臣認定を取得しなければならない。

安全上最も重要な部分になる。そのため，接合部に関する詳細な規定が定められている。

（a）材料　鉄骨造の構造耐力上主要な部分には，鋼材（炭素鋼❶，ステンレス鋼）または鋳鉄のいずれかを用いなければならない。このうち，鋳鉄は圧縮力には強いが引張力には弱いので，曲げ応力や引張応力が生じる部分には使用してはならない（令64条）。

（b）圧縮材の有効細長比　鉄骨は，部材が細長すぎると軸方向に圧縮力を受けた場合に座屈するおそれがある。そのため，圧縮力を受ける鋼材の有効細長比は，柱の場合は200以下，柱以外の場合は250以下としなければならない（令65条）。

（c）柱の脚部，部材の接合，ボルトなど　柱の脚部，部材の接合などについては，次のような規定がある。

① 柱の脚部は，原則として国土交通大臣の定める基準によって，アンカーボルトやその他の方法により，基礎に緊結しなければならない（令66条）。具体的な方法として，図20のように(a)露出形式柱脚，(b)根巻き形式柱脚，(c)埋込み形式柱脚についての仕様が告示で規定されている。

② 鋼材相互の接合は，原則として，高力ボルト接合，溶接接合，

❶ SS400, SM490, SN490 などの構造用鋼材，リベット鋼，鋳鋼などを一くくりにした総称。

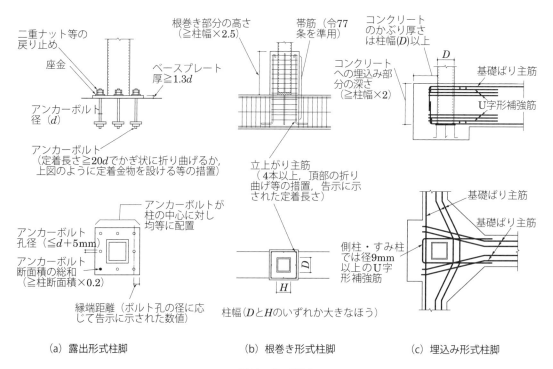

（a）露出形式柱脚　　　　　（b）根巻き形式柱脚　　　　　（c）埋込み形式柱脚

図20　柱の脚部

リベット接合(ステンレス鋼の場合を除く)，または国土交通大臣が認定した接合方法によらなければならない❶(令67条1項)。

③ 接合部は，必要な数の高力ボルトを使用したり，必要な溶接断面を確保するなどして，その部分に生じる力を伝えることができるように，国土交通大臣が告示で定めた構造方法❷，または国土交通大臣が認定した接合方法によらなければならない(令67条2項)。

●**ボルト等による接合部**　高力ボルト，ボルトまたはリベット(以下「ボルト等」という)を用いる場合には，接合方法に応じて(a)ボルト等の径などに応じた縁端距離，(b)高力ボルト摩擦接合における摩擦接合面の処理状態についての基準が告示で定められている。

●**溶接による接合部**　溶接部については，割れ，内部欠陥などの構造耐力上支障のある欠陥がないようにすることとともに，(a)仕口のダイアフラムとフランジのずれ，(b)突合せ継手のくいちがい，(c)アンダーカットの事項については，原則として，告示❷で定量的に示された数値を守らなければならない(図21)。

また，溶接に際しては，鋼材などの種別や強度に対応した溶接材料を使用して，適切な溶接条件を守ることによって，強さと粘り強さが接合する鋼材と同等以上であるようにしなければならない。

❶ 小規模の建築物(軒の高さが9m以下，張り間が13m以下，延べ面積が3000m²以下のすべてに該当するもの)について，ボルトが緩まないように戻り止め等の措置をした場合に限り，ボルト接合によることができる。

❷ 平成12年建設省告示1464号。

名称	図	寸法・形状・欠陥など
(a)仕口のずれ（ダイアフラムとフランジのずれ）e	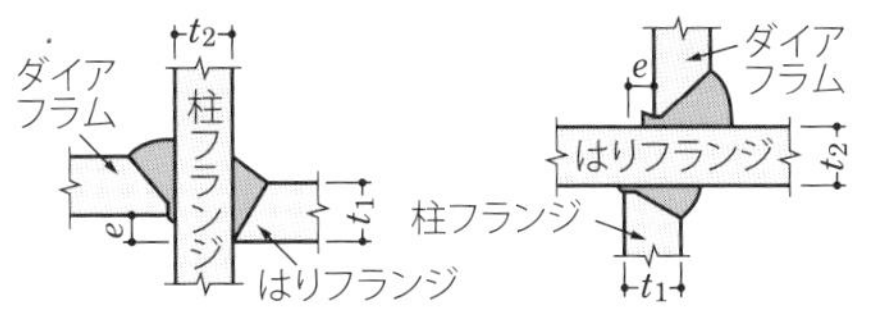 ダイアフラム／柱フランジ／はりフランジ t_2 t_1	$t_1 \geqq t_2$　　$e \leqq \dfrac{t_1}{5}$ かつ $e \leqq 4\,\mathrm{mm}$ $t_1 < t_2$　　$e \leqq \dfrac{t_1}{4}$ かつ $e \leqq 5\,\mathrm{mm}$
(b)突合せ継手のくいちがい e	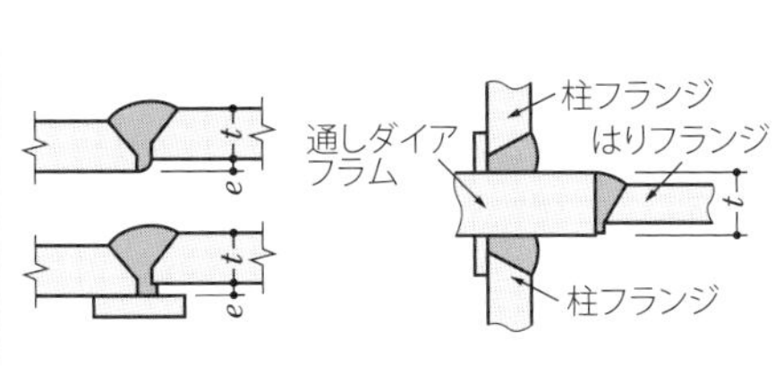 通しダイアフラム／柱フランジ／はりフランジ／柱フランジ	$t \leqq 15\,\mathrm{mm}$　　$e \leqq 1.5\,\mathrm{mm}$ $t > 15\,\mathrm{mm}$　　$e \leqq \dfrac{t}{10}$ 　　　　かつ $e \leqq 3\,\mathrm{mm}$ ただし，通しダイアフラムとはりフランジの溶接部においては，はりフランジを通しダイアフラムの厚み(t)内部で溶接しなければならない。
(c)アンダーカット e	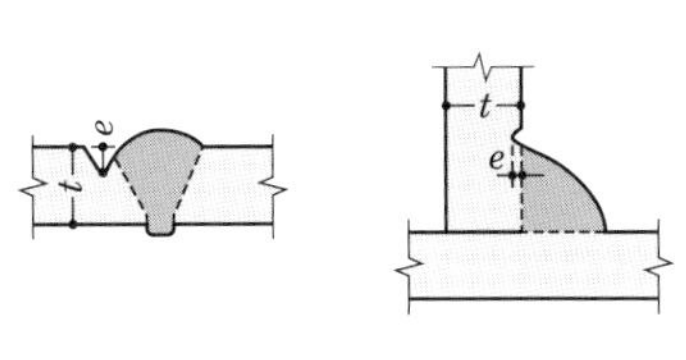	完全溶込み溶接　　$e \leqq 0.3\,\mathrm{mm}$ 前面隅肉溶接　　　$e \leqq 0.3\,\mathrm{mm}$ 側面隅肉溶接　　　$e \leqq 0.3\,\mathrm{mm}$ アンダーカット部分の長さの総和が溶接部分全体の長さの10% 以下であり，かつ，その断面が鋭角的でない場合は，アンダーカットの深さeを1mm以下とすることができる。

図21　溶接部の寸法・精度

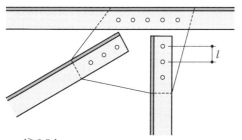

$l \geqq 2.5d$
l：ボルト相互間の距離
d：ボルト・リベットなどの径

図22　ボルト相互間の距離

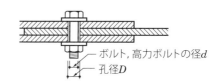

ボルト，高力ボルトの径d
孔径D

	高力ボルト[mm]		ボルト[mm]	
径　d	27以上の場合	27未満の場合	20以上の場合	20未満の場合
孔径D	$(d+3)$以下	$(d+2)$以下	$(d+1.5)$以下	$(d+1)$以下

図23　ボルトの孔径

④　ボルトについては，孔間の鋼材の破断防止の観点からボルト等の相互間の中心距離が（図22）（令68条1項），施工性や接合部強度の確保などの観点から高力ボルトおよびボルトの孔の径の限度が（図23）（令68条2項，4項），それぞれ定められている。

コラム

C column

溶接部の寸法・精度，その他の不具合

兵庫県南部地震では，溶接部の不適切な施工などによる被害がめだった。これらの要因は，溶接部の寸法精度，溶接部分の内部の傷および溶接材料と溶接条件などがじゅうぶんに管理されていなかったことによる。令67条2項の規定は，この反省から改正されたものである。

図24　溶接部の施工不良による被害

（d）斜材，壁などの配置　鉄骨の骨組に必要な剛性をもたせ，すべての方向の水平力に対して安全であるように，軸組・床組・小屋ばり組には，原則として，形鋼，棒鋼，構造用ケーブルの斜材（ブレース）や，鉄筋コンクリート造の壁・屋根版・床版を釣合いよく配置しなければならない（令69条）。

（e）柱の防火被覆　地階を除く階数が3以上の建築物において，柱のうちの1本が火熱を受けることで建築物全体が容易に倒壊するおそれのある場合，その柱は，厚さ12mm以上のせっこうボードでおおうなど，通常の火災による火熱に対して30分以上の非損傷性能（p.96参照）を有するように，告示で定める構造方法または国土交通大臣の認定を受けたものとすることが求められる（令70条）。

5
10
15
20
25

3 鉄筋コンクリート造

　鉄筋コンクリート造は，鉄筋を組み立て，セメント・水・骨材などの材料を調合したコンクリートを型枠に打ち込んで，硬化したコンクリートと鉄筋が一体となって外力などに抵抗するよう施工する。このため，コンクリートの材料・調合・養生・型枠・強度試験，および鉄筋の継手・定着などについて詳細な規定がある。

　(a) コンクリートの材料　コンクリートの材料の品質が適切でないと，鉄筋コンクリート部材の強度，耐久性および耐火性が確保できないおそれがある。そのため，次のような規定が定められている（令72条）。

① 骨材・水・混和材料は，鉄筋をさびさせたり，コンクリートの凝結や硬化をさまたげるような酸・塩・有機物・泥土を含まないこと。

② 骨材は，鉄筋相互間や鉄筋とせき板との間を容易に通る大きさとすること。

③ 骨材は，適切な粒度や粒形のもので，コンクリートに必要な強度・耐久性・耐火性が得られるものとすること。

　(b) コンクリートの強度・調合・養生・型枠など　コンクリートの強度が確保されるには，材料の調合，打込み後のコンクリートの養生（温度や湿度の管理）や型枠などの除去時期が重要となる。そのため，調合，コンクリート強度の必要下限値，養生の際の温度管理，型枠の除去時期などについて次のように定められている。

① コンクリートの4週圧縮強度❶の下限値は，原則として12N/mm^{2}以上とし，強度試験（図25）を行って設計基準強度以上であることを確認する（令74条）。

② コンクリートの打込み中と打込み後の5日間は，原則として，コンクリートの温度を2℃以上に保ち，乾燥や振動などによってコンクリートの凝結・硬化がさまたげられないように養生しなければならない（令75条）。

③ 型枠と支柱は，コンクリートが自重や工事中の荷重によって著しい変形，ひび割れなどの損傷を受けることがない強度になるまで，取り外してはなら

❶ 打ち込んでから28日（4週）後のコンクリートの圧縮強度をいう。

図25　圧縮強度試験の例

ない（令76条）。

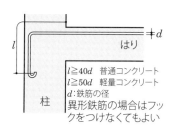

（c）鉄筋の継手と定着　　鉄筋（丸鋼および異形鉄筋）には引張力がかかるため，鉄筋の末端をかぎ状（フック）に折り曲げ，コンクリートから抜け出ないように定着しなければならない（図26）。ただし，異形鉄筋の場合には，柱・はり（基礎ばりを除く）の出隅部分および煙突以外に使用する場合には，フックをつけなくてもよい。

図26　はり鉄筋の定着

　また，鉄筋の継手の部分では，引張力がじゅうぶんに伝わらなければならない。そのために主筋などは，引張力が最も小さい部分に設けることにし，その重ね長さは主筋などの径の25倍以上とするなど，継手を設ける位置やコンクリートの種類に応じて，継手長さが定められている（図27）（令73条）。

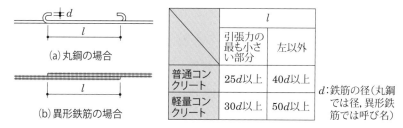

図27　鉄筋の継手の重ね長さ

　以上の規定によらない場合は，国土交通大臣の定める構造方法によることとされ，次の①〜③に示す継手方法とその仕様（図28）が示されている。

①　圧接継手（鉄筋のガス圧接継手）

②　溶接継手（突合せ溶接，径が25mm以下は重ねアーク溶接継手も可）

③　機械式継手（スリーブ圧着継手，モルタル充填接着継手，ねじ継手その他）

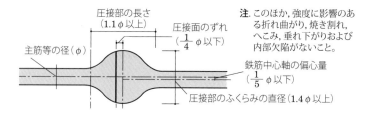

図28　圧接継手の各部分とその仕様

これらの継手を構造部材の引張力の最も小さい部位に設ける場合は，告示[1]の仕様を守ればよい。

引張力の最も小さい部位以外の部位に設ける場合や，告示の仕様以外の構造方法を用いる場合は，一方向および繰り返し加力実験によって，耐力・靱性および付着に関する性能が接合する鉄筋と同等以上であることを確認する必要がある。

[1] 平成12年建設省告示1463号。

(d) 鉄筋のかぶり厚さ　コンクリートの中性化による鉄筋のさび発生防止，火災時の鉄筋の強度低下防止などのため，構造部位ごとに鉄筋のかぶり厚さが定められている(表8)(令79条1項)。ただし，同等以上の耐久性・強度を有する部材で，国土交通大臣の定める構造方法によるもの，または国土交通大臣が認定したものについてはこれによらなくてよい(令79条2項)。

表8　鉄筋のかぶり厚さ

単位[mm]

部　位	かぶり厚さ
耐力壁以外の壁，床	20以上
耐力壁，柱，はり	30以上
直接土に接する壁，柱，床，はり，布基礎の立上り部分	40以上
基礎(布基礎の立上り部分を除く)	60以上(捨コンクリートを除く)

※　日本建築学会「建築工事標準仕様書　JASS5　鉄筋コンクリート工事」では，それぞれに10mmを加えた数値を施工上の誤差を配慮した設計値として推奨している。

(e) 柱・床版・はり・耐力壁の構造　柱・床版(スラブ)・はり・耐力壁などは，自重や物品，居住する人間の荷重に耐えるとともに，それらの力と地震力および風圧力などを，ほかの部材に伝達できるように強度と剛性をもたなければならない。そのため，これらの構造部材について，詳細な仕様が定められている(図29，図30，表9，表10)(令77条～78条の2)。

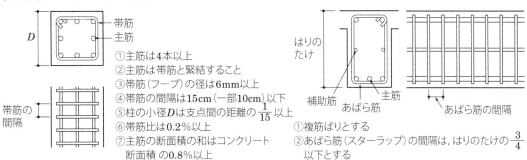

D
帯筋
主筋
帯筋の間隔
①主筋は4本以上
②主筋は帯筋と緊結すること
③帯筋(フープ)の径は6mm以上
④帯筋の間隔は15cm(一部10cm)以下
⑤柱の小径Dは支点間の距離の$\frac{1}{15}$以上
⑥帯筋比は0.2%以上
⑦主筋の断面積の和はコンクリート断面積の0.8%以上

図29　柱の構造

はりのたけ
補助筋
あばら筋
主筋
あばら筋の間隔
①複筋ばりとする
②あばら筋(スターラップ)の間隔は，はりのたけの$\frac{3}{4}$以下とする

図30　はりの構造

表9　通常の耐力壁の規定

部　位		規　定
厚さ		12cm以上
鉄筋	縦筋 横筋	9mm以上の鉄筋，間隔30cm以下 （複配筋のときは45cm以下）※
	補強筋	開口部周辺に12mm以上の鉄筋
柱，はりとの接合部		その部分の存在応力❶を伝えることができるようにする。

❶　地震力などの荷重が建築物に作用したときに，建築物の各部に発生する応力のこと。

※　平家建のときは，35cm以下（複配筋のときは50cm以下）

表10　壁式構造の耐力壁の規定

部　位	規　定
長さ	45cm以上
端部，隅角部	12mm以上の鉄筋を縦に配置
頂部，脚部	壁ばり（耐力壁の厚さ以上の幅）に緊結

※　壁式構造の耐力壁では，表9に加え表10の規定を満たさなければならない。

4　補強コンクリートブロック造

補強コンクリートブロック造の塀は，地震による倒壊などの被害を防ぐため，原則として，図31の①から⑦の構造方法規定による構造にしなければならない。ただし，高さが1.2m以下の塀では，図の⑤と⑦の規定は適用されない（令62条の8）。

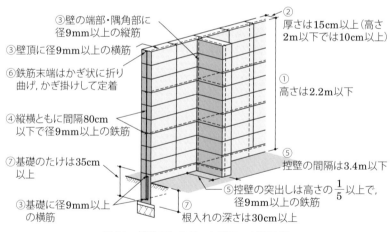

③壁の端部・隅角部に径9mm以上の縦筋
③壁頂に径9mm以上の横筋
⑥鉄筋末端はかぎ状に折り曲げ，かぎ掛けして定着
④縦横ともに間隔80cm以下で径9mm以上の鉄筋
⑦基礎のたけは35cm以上
③基礎に径9mm以上の横筋
②厚さは15cm以上（高さ2m以下では10cm以上）
①高さは2.2m以下
⑤控壁の間隔は3.4m以下
⑤控壁の突出しは高さの$\frac{1}{5}$以上で，径9mm以上の鉄筋
⑦根入れの深さは30cm以上

図31　補強コンクリートブロック造の塀

これら①から⑦のすべての規定は，国土交通大臣が定める基準により計算して安全が確かめられれば，適用を免除される。

石造など，補強コンクリートブロック造以外の組積造の塀は，補強コンクリートブロック造よりも倒壊しやすく危険なため，高さは1.2m以下にすることが定められているほか，壁の厚さや控え壁の設置についてより厳しく規定されている（令61条）。

4 構造計算の方法

表1(p. 57参照)に該当する建築物は，構造計算が必要であることが規定されている(法20条，令36条，令36条の2，令3章8節)。この規定を適用するに当たっては，次の事項が定められている。

1 総則

① 高さが60mを超える建築物(超高層建築物)の構造計算は，国土交通大臣が定める計算方法で安全性を確かめ(令81条1項)，国土交通大臣の認定を受けなければならない(法20条1項一号)。

② 高さが60m以下の建築物の構造計算は，原則として次のいずれか(またはそれぞれと同等以上の国土交通大臣が定める構造計算)によらなければならない(法20条1項二号，三号，令81条2項，3項)。

(a)ルート1，2，3の構造計算

(b)限界耐力計算

 コラム column

一貫構造計算プログラム

　一般に構造計算は，補足的な計算を除いては，パーソナルコンピュータ(以下パソコンという)で構造計算用のソフトウェア(**一貫構造計算プログラム**とよばれる)を用いて行うことが多い。

　これらのソフトウェアで構造計算を行うと，構造計算内容そのもののまちがいが少ない反面，パソコンに入力する前の構造計画(適切な構造種別の選定や建築物を線部材や面部材に置き換えるモデル化など)の適否や，数値の入力ミスおよび計算結果に対する判断のくいちがいなどによる問題が多くなる。

　「構造計算はあくまでも構造設計という一連の行為を構成する部分である」「構造計算ソフトウェアはたんなるツールであり，最終的には設計者が責任をもって判断する」という認識をもち，配慮して利用することが必要である。

　大臣認定プログラム(国土交通大臣の認定を受けた一貫構造計算プログラム)を用いて構造計算を行った場合は，確認申請添付図書の省略，審査の簡略化などの特例が適用される。

---

2 法20条1項二号，三号の構造計算

高さが60m以下の建築物の構造計算のうち，ルート1，2，3（法20条1項二号，三号）の構造計算については，図32の方法によって行う。

(a) 1次設計（令82条）

① 荷重・外力によって，建築物の構造部材に生じる力を計算する。荷重・外力として，少なくとも固定荷重・積載荷重・積雪荷重・風圧力・地震力を採用しなければならない。

② 構造部材の断面に生じる長期と短期の各応力度を表11の組み合わせによる各力の合計によって計算する。

③ 計算した長期と短期の各応力度が，それぞれ材料の長期と短期の各許容応力度を超えないこと。

④ 国土交通大臣が定める場合には，構造部材の変形，振動によって使用上の支障が起こらないことを確かめる。

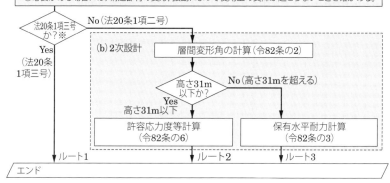

図32　ルート1，2，3の構造計算

※令36条の2による判定

1) 設計者の判断により，ルート1の場合はルート2または3を，ルート2の場合はルート3を，それぞれ選択してもよい。
また，ルート1から3のいずれの場合も，限界耐力計算や時刻歴応答解析を選択することも可能である。
2) 右の計算のほか，令82条の4に基づく屋根ふき材などの計算が必要になる。

❶ ルート1，2，3の構造計算において，高さや規模など一定の要件が，ルート1（強度依存タイプ）の範囲を超える建築物で，高さや形状などの要件によって，ルート2（やや靭性指向タイプ）またはルート3（靭性指向タイプ）に分かれる。

(b) 2次設計（令82条の2，82条の3，82条の6）

ルート1以外の建築物❶の場合には，1次設計に加えて次の構造計算を行う。

① 地上部分について，地震力により各階に生じる層間変形角が $\frac{1}{200}$（支障のない場合には $\frac{1}{120}$）以内であることを確かめる。

② 高さが31m以下の建築物の場合には，地上部分の各階の剛性率および偏心率の検討を行うほか，国土交通大臣が定める計算を行う。ただし，これらの計算に代えて③の保有水平耐力の計算を行ってもよい。

③ 高さが31mを超える建築物の場合には，地上部分の各階保有水平耐力を計算し，それが必要保有水平耐力以上であることを確かめる。

表11　力の組み合わせ

力の種類	荷重および外力について想定する状態	一般の場合	令86条2項ただし書きの規定によって特定行政庁が指定する多雪区域における場合	備考
長期に生ずる力	常時 積雪時	$G + P$	$G + P$ $G + P + 0.7S$	
短期に生ずる力	積雪時	$G + P + S$	$G + P + S$	
	暴風時	$G + P + W$	$G + P + W$ $G + P + 0.35S + W$	建築物の転倒，柱の引き抜き等を検討する場合において，Pについては建築物の実況に応じて積載荷重を減らした数値によるものとする。
	地震時	$G + P + K$	$G + P + 0.35S + K$	

※　この表において，G，P，S，W，Kは，それぞれの荷重や外力によって生じる次の力(軸方向力・曲げモーメント・せん断など)を表す。
　G：令84条に規定する固定荷重によって生じる力
　P：令85条に規定する積載荷重によって生じる力
　S：令86条に規定する積雪荷重によって生じる力
　W：令87条に規定する風圧力によって生じる力
　K：令88条に規定する地震力によって生じる力

コラム C　column　1次設計と2次設計

ルート1，2，3の構造計算の場合に，1次設計として，中地震程度に対して部材の応力度を許容応力度以内に設計する。さらに，きわめてまれに発生する大地震に対して建築物が倒壊しないことをルート2，ルート3の2次設計で確かめる。ルート2は，構造部材のバランスよい配置を確かめたうえで行うやや略算的な方法であり，ルート3は，建築物が倒壊しないことを，靱性なども詳細に考慮して確かめる方法である。

(c) 屋根ふき材等の計算(令82条の4)　　ルート1，2，3の建築物については，国土交通大臣が定める基準によって屋根ふき材，外装材などの風圧力に対する安全性を確かめる。

(d) 荷重と外力(令83条〜令88条)　　荷重として固定荷重，積載荷重，積雪荷重，外力として風圧力，地震力が定められている。この

うち，積雪荷重，風圧力および地震力の規定の概略を以下に示す。

積雪荷重は，次式により計算する。多雪区域❶以外の鉄骨造などの特定緩勾配屋根の場合は，割り増し係数を乗ずる❷。

> ●積雪荷重
> = (積雪の単位重量)×(屋根の水平投影面積)×(その地方の垂直積雪量) (3)

5

積雪の単位荷重は，積雪量1cmごとに20N/m²以上とする。ただし，特定行政庁は規則で多雪区域を指定し，これと異なる単位荷重を定めることができる。垂直積雪量は，それぞれの地方ごとに特定行政庁が規則で定めた数値とする。

風圧力は，次式により計算する。

10

> ●風圧力 = (速度圧)×(風力係数) (4)

速度圧は，次式により求める。

> ●速度圧　　　$q = 0.6 \times E \times V_0^2$ (5)

q：速度圧(N/m²)
E：市街地の状況(地表面粗度区分❸)を考慮して国土交通大臣の定める方法により算出した数値
V_0：地方ごとに30から46m/sまでの範囲で国土交通大臣が定める基準風速[m/s]

風力係数は，風洞試験の結果に基づくか，または国土交通大臣が定める次の式による値のいずれかとする。

15

> ●風力係数　　　$C_f = C_{pe} - C_{pi}$ (6)

C_f：風力係数　　　C_{pe}：建築物の外圧係数　　　C_{pi}：内圧係数

地震力は，次式により計算する。

> ●地震力 = (固定荷重 + 積載荷重)×(地震層せん断力係数) (7)

多雪区域の場合には，積雪荷重を加える。

> ●地震層せん断力係数　　　$C_i = Z \times R_t \times A_i \times C_o$ (8)

20

C_i：建築物の一定の高さの地震層せん断力係数
Z：1.0から0.7までの範囲で国土交通大臣が定める地震地域係数
R_t：建築物の固有周期や地盤の種類に応じて国土交通大臣が定める方法により算出した振動特性係数
A_i：建築物の振動特性に応じて国土交通大臣が定める方法により算出した地震力の高さ方向分布係数
C_o：標準せん断力係数(1次設計・層間変形角計算では，原則として0.2以上，保有水平耐力計算では1.0以上)

❶　告示の基準に基づき，特定行政庁が規則で指定する区域。垂直積雪量が1m以上の区域またはその区域中で積雪部分の占める割合が$\frac{1}{2}$を超える状態が平年値で30日以上継続する区域について指定することができる。
❷　平成19年国土交通省告示594号参照。

❸　地表面粗度区分は，4ランクに分けられ，地表面が粗いほど(建築物などが密集するほど)風圧力は弱められるので，海岸線・湖岸線から離れた区域ではEの数値を小さく設定できる。

地下部分の地震力は，別に定める式により，水平震度から計算する。

（e）許容応力度（令89条〜令94条）**と材料強度**（令95条〜令99条）

　材料の許容応力度と材料強度の値は，材料ごとに定められている。

column

限界耐力計算

限界耐力計算は，ルート1，2，3と比較して，

①　きわめてまれに発生する大規模な積雪および暴風，地震に対して倒壊・崩壊等しないことを直接的に確認する。

②　地震により建築物に生ずる力や変形量を求めて，その状態における建築物の各部の安全性を確認する。

などの特徴をもつ，より詳細な構造計算の手法である。このため，構造計算によっては検証できない耐久性等関係規定を除き，構造方法規定を適用しないことができる。

5　敷地の安全性

　建築物ががけ崩れ<ruby>崩<rt>くず</rt></ruby>れなどによる被害を受けるおそれのある場合には，擁<ruby>擁<rt>よう</rt></ruby>壁の設置や建築物自体でがけの崩壊を防ぐなどの措置をしなければならない（法19条4項❶）。高さが2mを超える擁壁（図33）を設置する場合には，建築物とは別に，工作物の確認申請書を提出しなければならない。また，その敷地が宅地造成等規制法❷の規制区域内の場合で，切土・盛土などの造成工事をともなう場合には，同法による許可が必要となる場合がある。

❶　敷地の衛生および安全。

❷　p.197参照（第5章）。

図33　擁壁の地震被害の例

● **9.** 木造瓦ぶき2階建住宅で，横架材の相互間の垂直距離が，各階とも3mの場合，構造耐力上主要な部分である柱の最小限必要な小径を計算せよ。

また，12cm角の柱を1階に用いる場合に，主要な横架材の相互間の距離の最大限度を計算せよ。

ただし，柱の構造耐力上の安全性を確かめる構造計算は行わないものとする。

● **10.** 図34のような木造建築物の軸組の倍率を求めよ。また，張り間方向とけた行方向の構造耐力上有効な軸組の長さを求めよ。

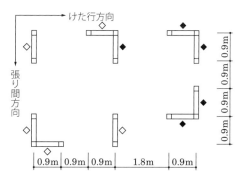

◇木材15mm×90mmの片側筋かいで両面木ずり下地壁

◆木材15mm×90mmの片側筋かいで片面木ずり下地壁，片面構造用合板壁

図34

● **11.** 図35のような木造瓦ぶき2階建住宅の必要軸組長さを求めよ。

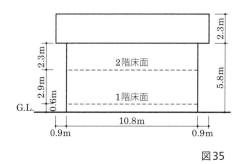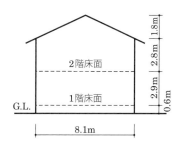

図35

● **12.** 次の記述の正誤を建築基準法上で判断して，誤っているものは，その理由を述べよ。

（a）木造3階建，延べ面積250m²の一戸建の住宅は所定の構造計算によって確かめられる安全性を有するものでなければならない。

（b）特定行政庁が指定する多雪区域において，特別の定めがない場合，積雪荷重を計算する際の積雪の単位荷重は，積雪量1cmごとに10N/m²以上としなければならない。

（c）鉄骨造の建築物の構造耐力上主要な部分の設計において，鋳鉄は，圧縮応力のみが生ずる部分に使用した。

（d）店舗における売場の床について，地震力を計算する場合の積載荷重は2400N/m²に床面積を乗じて計算することができる。

（e）岩盤の短期に生ずる力に対する許容応力度は，1000kN/m²とすることができる。

（f）鉄骨鉄筋コンクリート造の建築物において，鉄骨に対するコンクリートのかぶり厚さについては，プレキャスト鉄骨鉄筋コンクリートで造られた部材であって，国土交通大臣が定めた構造方法を用いるものを除き，4cm以上としなければならない。

3節 防火と避難についての規定

この節では，着火から大規模火災にいたる過程をたどりながら，防火と避難に関する建築基準法と消防法の内容について学ぶ。

1 火災に対する安全についての法規制

建築物は大規模化・高層化の傾向にあり，地下建築物や窓のない建築物なども増加してきた。これらの建築物に火災が発生し，拡大した場合に，被害がひじょうに大きくなることが予想される（図1）。

これを防ぐには，計画上・構造上・設備上で，**防火・避難**対策を行っておくことが不可欠であり，建築基準法や消防法などは，各種の火災安全対策を義務づけている。

図1　実大火災実験

建築基準法においては，主として火災の拡大を防止し，その進展を遅延させるための対策や，避難と安全確保のための基準などが定められている。

2 火災の進展と法規

1 建築物火災の現象

火災の原因はさまざまであり，たばこなどの小さい火が，紙や布などの可燃物に接触することからはじまることが多い。炎が大きくなると，室内の温度が上昇して可燃物がいっせいに発火したり，可燃性ガスなどが発生して爆発的に燃焼することがある（これを**フラッシュオーバー❶**という）。フラッシュオーバーが起こると，室温の上昇や有毒ガスの発生で，室内はひじょうに危険な状態になる。さらに窓ガラスが割れて外気が浸入することによって，火勢がいっそう強まって火災が拡大し，煙や有毒ガスが廊下などに急速にあふれ出して，避難を困難にする。

火災を，出火した部屋にとどめることができなければ，火や煙は

❶ flash-over

その階全体に拡大し，さらに階段や窓などを経由して上階に延焼する場合もある。最悪の場合には，隣接する建築物へと燃え移ったり，さらに市街地全体に延焼拡大していく場合もある。

■2 建築基準法と消防法

以上のような建築物火災の現象をふまえて，建築基準法と消防法では，火災が次の段階へ進展することをおさえ，その間に消火を試みるための防火・消火対策と，建築物の中にいる人々が，火災による危険が迫るまえに，安全な場所へ避難することを確実にするための避難対策を定めている。

このうち，建築基準法では，建築物自体の耐火性のほか，天井・壁・階段・建築設備などについてのさまざまな規制を設け，消防法では，主として建築物に設置される消火設備や警報設備などの消防用設備についての設置義務を定めている。

ただし，これら個々の防火対策は，過去に起きた死傷事故への直接的な対応の積み重ねで，材料・構造を仕様で定めているため，求める性能がわかりにくい対策が多く，図2のように火災の進展段階に沿って防火・消火対策と避難対策を整理し，要求性能をあきらかにすることが求められていた。

ここでは，要求性能に対応する建築物の火災安全の目的として，以下の5つに整理した[❶]。

❶ 各目的に対応する具体的な対策は，p. 88以降に示す。

① **出火防止** 日常的な出火を防ぐ，火災を早期に発見し初期消火を行う。

② **避難安全の確保** 在館者が安全に避難することができる。

③ **延焼拡大防止** 建物内の延焼拡大を防止する，火災で建築物が倒壊することを防ぐ。

④ **市街地火災の抑制** 周辺の建築物からの延焼を防ぐ。

⑤ **消防活動の支援** 消火活動に利用する設備等を設ける。

❷ p. 34参照。

そして，建築基準法の性能規定への改正[❷]（1998年）では，上記の目的に関する性能を検証した場合には，法令に示される仕様以外の方法とすることが可能となった。具体的には，火災時に安全に避難できることについては避難安全検証法が，火災で建築物が壊れないことについては耐火性能検証法が定められ，仕様規定とは別の方法が選択可能となった。

C
column

火災安全に必要な性能の検証法 ルートA，B，C

防火関係の規定は，従来，耐火構造の仕様や避難施設の仕様が詳しく定められてきたが，それに加えて，建築基準法の性能規定化（p. 34参照）により，火災安全に必要な性能が定められた。

その結果，表1のルートB，Cのような検証法により，火災安全に必要な性能が検証された場合には，従来の仕様に適合することが求められなくなり，多様な計画ができるようになった。

表1　火災安全に必要な性能の検証法

名　　称	内　容
ルートA	従来の仕様に適合させること。
ルートB	性能の検証法として告示で定められた耐火性能検証法や，避難安全検証法を適用して，耐火性能や避難安全性能の検証を行うこと。
ルートC	コンピュータのシミュレーションなど，告示で定められたもの以外の高度な検証方法を用いて，国土交通大臣認定を受けること。

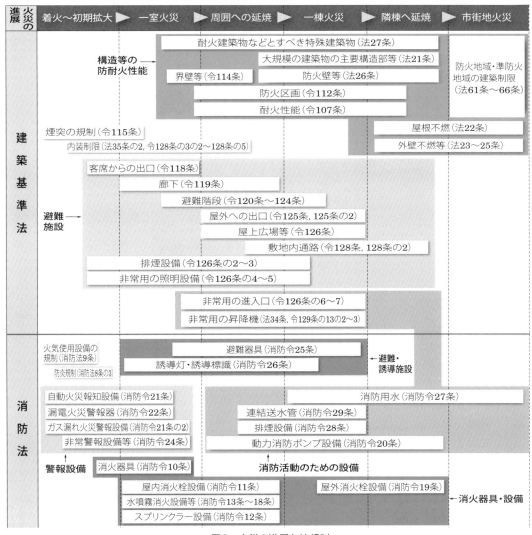

図2　火災の進展と法規制

3 火災の拡大を防止する対策

1 着火の防止

防火対策の第一歩は，火災の発生を防ぐことである。このため，建築基準法においては，火を使用する部屋の天井などの仕上げの制限（法35条の2）が行われ，建築物の煙突の高さや構造などについても防火上の制限を行っている（令115条）。

また消防法では，火災による人命の危険性の高い建築物については，カーテンやじゅうたんなどを燃えにくい防炎性能のあるものとしなければならないとされている（消防法8条の3，消防令4条の3）。

2 早期発見と初期消火

火災が発生してしまった場合，それを早期に発見し，初期消火を行うことが必要である。このため，火災を自動的に知らせる自動火災報知設備や，消火器具・屋内消火栓設備・スプリンクラー設備等の設置が消防法に定められている。

（a）自動火災報知設備

火災を早期に発見できれば，消火・避難などの対策も取りやすい。建築物が大規模になると，出火場所の近くに人がいない場合も多くなるので，自動的に火災を感知し，警報ベルを鳴らす設備が必要になってくる。このため，建築物の用途や規模に応じて，自動火災報知設備を設置しなければならない（図3）（消防令21条）。

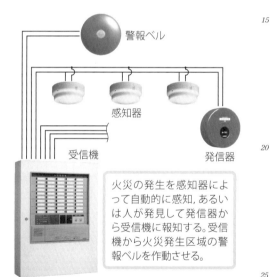

火災の発生を感知器によって自動的に感知，あるいは人が発見して発信器から受信機に報知する。受信機から火災発生区域の警報ベルを作動させる。

図3　自動火災報知設備のシステム例

（b）消火器具と屋内消火栓設備　火災を発見したときに，すぐ消火の行動がとれるように，建築物の用途や規模に応じて，消火器や簡易消火用具などの消火器具を設置しなければならない（消防令10条）。

また，大規模な建築物には，火勢が強くなり消火器具では消せな

い場合に備えて，大量の水を放水することができる屋内消火栓設備の設置が義務づけられている（消防令11条）。

（c）スプリンクラー設備　　火災が拡大してしまった場合，人命に与える危険性がとくに高いと考えられる建築物などについては，初期消火をより効果的に行うために，自動的に火災の発生を感知し，初期消火の機能を果たす自動消火設備を設置することが望ましい。自動消火設備の代表的なものであるスプリンクラー設備（図4）は，火災の熱に反応して自動的に散水する設備であり，高層の建築物や，大規模な病院・百貨店などの建築物に設置が義務づけられている（消防令12条）。

（a）スプリンクラーヘッド　　　　　　　　（b）散水実験

図4　スプリンクラー設備

3　火災拡大・危険性増大の防止

初期消火が効果を上げることができず，火災が拡大してしまった場合，フラッシュオーバーの発生などにより，火災が発生した室から階全体へ，そして上階へと拡大してしまうと，消火や避難が困難になる。したがって火災の拡大をおさえ，フラッシュオーバーを遅らせるための内装制限や，火煙を閉じ込め，隣接する区画に拡大することを防ぐための防火区画などが定められている。

（a）内装制限　　建築基準法では，可燃物の多い用途であったり，排煙のための開口部がないなど，フラッシュオーバーを早める要素をもつ空間に対して，用途・規模・構造・開口部の条件で，壁・天井の室内に面する部分の内装を，燃えにくい材料で仕上げることが義務づけられている（**内装制限**）（表2）（法35条の2，令128条の3の2〜128条の5）。

　制限を受ける建築物の内装は，居室については，その仕上げを**難燃材料**（3階以上の階の居室の天井や地階などの仕上げは**準不燃材料**とする）（表2）で行うか，またはこれに準ずるもので行わなければならな

表2　内装制限の原則（法35条の2，令128条の3の2〜128条の5）

建築物の用途・規模	用途の対象となる構造と床面積			内装制限（天井・壁）		
	耐火建築物など[*1]	準耐火建築物など[*2]	その他の建築物	居室		通路など
				適用部分	除外部分	
① 劇場・映画館・演芸場・観覧場・公会堂・集会場など	客席が400m²以上のもの	客席が100m²以上のもの	客席が100m²以上のもの	難燃材料（3階以上の天井は，準不燃材料）	床面から高さ1.2m以下の壁を除く	準不燃材料
② 病院・有床診療所，ホテル・旅館・下宿・共同住宅・寄宿舎など	3階以上の部分の計が300m²以上のもの	2階[*3]の部分の計が300m²以上のもの	床面積の計が200m²以上のもの			
③ 百貨店・マーケット・展示場・キャバレー・遊技場など	3階以上の部分の計が1000m²以上のもの	2階の部分の計が500m²以上のもの	床面積の計が200m²以上のもの			
④ 地階，地下工作物内の①〜③の用途	全部適用			準不燃材料		
⑤ 自動車車庫・自動車修理工場	全部適用					
⑥ 排煙上の無窓居室[*4]（天井高が6mを超えるものを除く）	50m²を超えるもの					
⑦ 火を使用する調理室，浴室，ボイラー室，作業室など	──	階数2以上の住宅の最上階以外の階にあるもの，住宅以外の建築物（主要構造部が耐火構造である場合を除く）				──
⑧ 大規模建築物	階数3以上で延べ面積が500m²を超えるもの　階数2で延べ面積が1000m²を超えるもの　階数1で延べ面積が3000m²を超えるもの			難燃材料	床面から高さ1.2m以下の壁を除く	準不燃材料

注　1）自動式消火設備（スプリンクラー設備など）と排煙設備を設けた建築物の部分については適用しない。
　　2）窓台，幅木，回り縁などは制限の対象としない。
　　3）⑧では，学校，体育施設，100m²以内ごとに防火区画した高さ31m以下にある居室（特殊建築物以外の），②で高さ31m以下の部分を除く。
　　4）②の共同住宅，寄宿舎などで，床面積100m²（共同住宅の住戸は200m²）以内ごとに耐火構造の床，壁，防火設備で区画されている居室は内装制限を受けない。
　　5）*1　主要構造部を耐火構造とした建築物または法2条九号の三イに該当する建築物（1時間準耐火基準に適合するものに限る）。
　　6）*2　法2条九号の三イまたはロのいずれかに該当する建築物（1時間準耐火基準に適合するものを除く）。
　　7）*3　の病院・有床診療所は，2階に病室がある場合に限る。
　　8）*4　温湿度調整を必要とする作業室等で採光上有効な開口部の面積がp.38の表1の数値を満たさない居室にも適用される（床面積にかかわらず全部適用）。

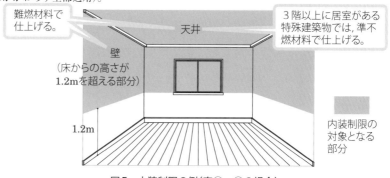

図5　内装制限の例（表①〜③の場合）

い(令128条の5 1項)。この場合，床面からの高さ1.2m以下の部分(腰壁部分)については，制限の対象から除外されている場合がある(図5)。

防火材料については，表3のように，仕様で規定されたものと，決められた試験法で性能を確認されたものがある。

表3 防火材料の種類

防火材料	仕様で規定されたもの	試験法で性能を確認されたもの	防火材料の種類の関係
不燃材料 (法2条，令108条の2)	コンクリート・れんが・瓦・ガラス・モルタルなどをいう	試験法により，通常の火災時における加熱に対して20分間次の①，②にあげる性能を有することが確認されたもの ①燃焼せず，かつ防火上有害な変形・溶融・き裂その他の損傷を生じないものであること ②避難上有害な煙，またはガスを生じないこと	
準不燃材料 (令1条五号)	木毛セメント板(厚さ15mm以上のもの)・せっこうボード(厚さ9mm以上のもの)などをいう	上記の時間が10分間のもの	
難燃材料 (令1条六号)	難燃合板(厚さ5.5mm以上のもの)などをいう	上記の時間が5分間のもの	

5 また，避難路❶についてはその仕上げを準不燃材料で行わなければならない(令128条の5 1〜5項)。

なお，耐火構造❷の床，壁，防火戸などにより小さく区画された部分で高さ31m以下の部分や，火災が発生した場合に避難上支障のある高さまで煙またはガスの降下が生じない部分については，内10 装制限が全面的に緩和される(令128条の5 1項，4項，7項)。

(b) 防火区画　防火区画の目的は火煙を閉じ込め，隣接する区画に拡大することを防ぐことで，基本は一定の規模以内に火災を制御しようとする①面積区画である。加えて，階段室などは，とくに上階への煙の伝播経路になりやすく，避難路を利用不能にするため，15 ②たて穴区画として守る必要がある。また，一つの建築物に異なる用途の空間が複合して配置されると，利用時間の違いや管理体制の不統一から，火災による危険が増すことが多く，③異種用途間区画が求められる。これ以外にも，長屋や共同住宅の各戸の界壁や，学校・病院・ホテルなどの防火上主要な間仕切壁については準耐火構20 造❸とし，小屋裏または天井裏に達するようにするなどの類似の規定がある(令114条1項，2項)。

❶ 居室から地上に通ずるおもな廊下，階段その他の通路。

❷ 鉄筋コンクリート造，れんが造，その他の構造で，通常の火災が終了するまでの間，建築物の倒壊や延焼を防止する性能をもつ構造として，国土交通大臣が定めた構造方法または国土交通大臣の認定を受けたもの。p.96表8参照。

❸ 耐火構造に準ずる性能をもつ構造。p.96表8参照。

❶ 建築物の構造上重要な役割を果たす壁・柱・床・はり・屋根または階段のことをいう（法2条五号）。

① **面積区画** 　主要構造部❶を耐火構造または準耐火構造とした建築物などは，以下に示すように，建築物の構造の種別や階数などに応じて，原則として準耐火構造の床，壁または特定防火設備（図6）で，床面積1 500 m²以内ごとに区画しなければならない（令112条1項〜10項）。なお，スプリンクラー設備などの自動消火設備が設置された部分については，この部分の$\frac{1}{2}$に相当する床面積を除いて，これらの規定を適用することができる。

(a) 防火戸の例　　　　　　　(b) 防火シャッターの例

図6　特定防火設備

ただし，以下の(a)，(b)については，制限がきびしくなる。

❷ 耐火建築物に準ずる性能をもつ建築物。p. 95表7参照。

(a) 法27条などの制限を受けた**準耐火建築物**❷の場合などには，その種別および耐火性能に応じて，500 m²または1 000 m²以内ごとに面積を区画する（令112条4項，5項）。

(b) 消火活動が困難な11階以上の部分では，内装などの種類に応じて，原則として100 m²，200 m²または500 m²以内ごとに面積区画する（令112条7項〜10項）。

　面積区画に用いられる特定防火設備は，火炎を閉じ込めることがおもな役割であるので，常時閉鎖式とするか，煙の発生または火災による急激な温度上昇によって，自動的に閉鎖する構造としなければならない（令112条19項）。

　防火戸，防火シャッターなど，通常の火災による火熱に対し，一定時間以上の遮炎性能があるものを**防火設備**といい，一定時間が60分間のものを**特定防火設備**という。

② **たて穴区画** 　主要構造部が準耐火構造などであり，かつ地階または3階以上の階に居室がある建築物については，住戸部分，上階に火煙が拡大する経路となる可能性のある階段・吹抜け・エレ

ベーター・ダクトスペースなどのたて穴部分と他の部分とを，準耐火構造の床，壁または防火設備で区画しなければならない（令112条11項）。

たて穴区画の主要な役割の一つは，上階に煙や一酸化炭素などの有毒ガスが広がることを防ぐことであるので，たて穴区画に用いられる防火戸は常時閉鎖式防火戸とするか，火災により煙が発生した場合に自動的に閉鎖し，かつ，有効な遮煙性能があるものとしなければならない（令112条19項）。

なお，3階を病院・診療所，児童福祉施設，ホテル，共同住宅などとした階数が3で延べ面積が$200\,\mathrm{m}^2$未満の建築物❶は，原則として，たて穴部分と他の部分とを間仕切壁，防火設備などで区画しなければならない（令112条12項，13項）。

③　**異種用途間区画**　　建築物の中に，劇場・病院・ホテルなど特殊建築物に当たる用途が含まれる耐火建築物等❷には，被害の拡大を防止するため，これらの特殊建築物の用途部分とその他の部分とを，または特殊建築物の用途部分同士を，準耐火構造とした床，壁または特定防火設備で区画しなければならない。ただし，国土交通大臣が定める用途などの条件に該当し，警報設備の設置等の措置が講じられた場合は区画する必要がない（令112条18項）。

④　**外壁の開口部，防火区画貫通部分などの防火措置**　　床・壁・防火設備・特定防火設備などで区画しても，外壁の開口部や防火区画を貫通する風道（ダクト）などから火煙が拡大する可能性がある。このため，防火区画に接する外壁の開口部には，開口部を介した延焼を防ぐための，ひさしやそで壁の設置（図7），防火設備の設置などの制限が設けられている（令112条16項，17項）。

❶　法27条に基づく特殊建築物の主要構造部の規制の対象外とされている（p. 95表5参照）。

❷　p. 95表7参照。

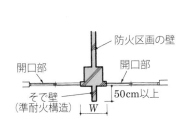

（a）そで壁がある場合
（W＜90cmでもよい）

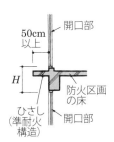

（b）ひさしがある場合
（H＜90cmでもよい）

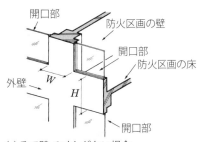

（c）そで壁，ひさしがない場合
（W≧90cm，H≧90cmは確保する）

図7　開口部相互間の距離とそで壁・ひさし

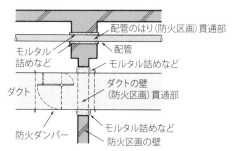

図8　防火区画を貫通する管のある場合

また，給水管・配電管などが防火区画を貫通する場合は，それらの管と防火区画とのすき間をモルタルなど不燃材料で埋めなければならない(令112条20項)。換気，暖房または冷房の設備の風道が防火区画を貫通する場合は，防火区画を貫通する部分またはこれに近接する部分に，煙の発生または火災による急激な温度上昇によって自動的に閉鎖する構造で，閉鎖した場合に防火上支障のない遮煙性能を有する特定防火設備(準耐火構造の防火区画を貫通する場合は防火設備)を設けなければならないこととされている(図8)(令112条21項)。

表4　防火区画(令112条)

区画	防火区画を必要とする建築物		区画部分	区画の構造	緩和と特例	
面積区画	主要構造部を耐火構造とした建築物など(延べ面積が1 500m²を超える)		床面積1 500m²以内ごと	準耐火構造[3]の床・壁，特定防火設備	・用途上やむを得ないもの(劇場，映画館，集会場等の客席，体育館，工場等) 法27条，61条による準耐火建築物などでは，内装を準不燃材料とした体育館または工場などに限る。 ・階段室，昇降路の部分(乗降ロビーを含む)を準耐火構造[3]の壁・床(内装は準不燃材)または特定防火設備で区画したものに限る。	・スプリンクラー設備(またはその他の自動式消火設備)を設けた部分の床面積はその1/2を除く。(したがって，全面的にスプリンクラーなどを設けた場合の区画床面積は2倍としてよい)
	法27条または法61条の規定によるものなど	準耐火建築物[1]など(延べ面積が1 000m²を超える)	床面積1 000m²以内ごと			
		準耐火建築物[2]など(延べ面積が500m²を超える)	床面積500m²以内ごと			
			防火上主要な間仕切壁	準耐火構造		
	高層部分の区画	11階以上の部分の区画(各階の床面積計が100 m²を超える)	内装は下地とも不燃材料	床面積500m²以内ごと	耐火構造の床・壁，特定防火設備	・階段室，昇降路の部分(乗降ロビーを含む)または廊下その他避難用に使用する部分または，床面積の合計が200 m²以内の共同住宅の住戸を耐火構造の壁・床または特定防火設備(または防火設備[4])で区画したものに限る。
			内装は下地とも準不燃材料	床面積200m²以内ごと		
			上記以外	床面積100m²以内ごと	耐火構造の床・壁，防火設備[4]	
たて穴区画	地階または3階以上の階に居室がある主要構造部が準耐火構造の建築物など		吹抜き階段エレベーターダクトスペースなど	準耐火構造の床・壁，防火設備[4]	・避難階とその直上階または直下階とのみ通ずる吹抜き・階段などの部分の内装は，下地とも不燃材料であるものに限る。 ・階数3以下，延べ面積200m²以内の住宅の吹抜き・階段などの部分	・用途上区画できない劇場などでは，天井・壁の内装を下地とも準不燃材料とする。
	3階を病院などとした階数3，延べ面積200m²未満の建築物		間仕切壁，防火設備[4][5]		・内装，消火設備，排煙設備の状況等を考慮して大臣が定める部分	
	3階をホテル，共同住宅などとした階数3，延べ面積200m²未満の建築物			間仕切壁，戸		
異種用途間区画	建築物の一部が，法27条1項各号，2項各号，または3項各号のいずれかに該当する建築物		その用途部分とそれに接するその他の部分	準耐火構造[3]の床・壁，特定防火設備	・ホテル，旅館，児童福祉施設等(通所で利用するもの)，飲食店，または物販店舗の用途部分にこれに接するその他の部分に警報設備(自動火災報知設備)を設けた場合(その用途部分とそれに接するその他の部分(他の階にあるもの)とを準耐火構造[3]の床等で区画し，かつ，それに接するその他の部分(同一階にあるもの)を劇場，病院等の用途に供しない場合)	

注　1)　1時間準耐火基準(令112条2項)に適合するもの。　　2)　1時間準耐火基準に適合するものを除く。
　　3)　1時間準耐火基準に適合する準耐火構造。　　4)　20分間の遮炎性能を有するもの。
　　5)　居室，倉庫などにスプリンクラーなどを設けた場合，10分間防火設備でよい。

4 大規模建築物や特殊建築物の耐火性能

大規模な建築物や特殊建築物が火災となった場合には，人命への危険性や周辺への影響がひじょうに大きい。このため，これらの建築物については，これまで学んできた火災の発展段階に対応した防火安全対策に加え，火災により建築物が倒壊することを防止するため，次のような規定が定められている。

（a）特殊建築物の構造制限 火災が発生した場合に被害が大きくなる可能性が高い用途・階数・規模の特殊建築物（表5, 6）は，表7に示すような性能の**耐火建築物等**としなければならない（法27条）。

表5 避難時倒壊防止建築物，耐火建築物または準耐火建築物としなければならない特殊建築物
（法27条，法別表第1，令110条〜110条の5，平成27年国土交通省告示255号）

用途 （政令で定める類似用途を含む）		避難時倒壊防止建築物[※1]または 耐火建築物としなければならない場合[※2]		避難時倒壊防止建築物[※1]または 準耐火建築物としなければならない場合
		各用途に使う階	各用途に使う部分の床面積の合計	各用途に使う部分の床面積の合計
①	劇場・映画館・演芸場	3階以上の階，主階が1階にないもの	客席が200 m²以上，屋外観覧席では1 000 m²以上	──────
	観覧場・公会堂・集会場	3階以上の階		
②	病院・ホテル・旅館・下宿・共同住宅・寄宿舎など	3階以上の階	──────	2階部分が300 m²以上（病院などでは患者収容施設が2階にある場合）
③	学校・体育館など	3階以上の階		2 000 m²以上
④	百貨店・マーケット・展示場・キャバレー・ダンスホール・遊技場など	3階以上の階	3 000 m²以上	2階部分が500 m²以上

※1 法27条1項において規定された建築物のうち耐火建築物以外のもの。
※2 階数が3以下で延べ面積が200 m²未満のものは除く。ただし，②に掲げる用途のうち就寝利用の建築物は基準に適合する警報設備の設置が必要である（令110条の4，110条の5）。

表6 耐火建築物または準耐火建築物としなければならない特殊建築物（法27条，法別表第1）

用途 （政令で定める類似用途を含む）		耐火建築物としなければならない場合		耐火建築物または準耐火建築物としなければならない場合
		各用途に使う階	各用途に使う部分の床面積の合計	各用途に使う部分の床面積の合計
①	倉庫	──────	3階以上の部分が200 m²以上	1 500 m²以上
②	自動車車庫・自動車修理工場など	3階以上の階	──────	150 m²以上
③	令116条の表の数量以上の危険物の貯蔵または修理場	──────	──────	全部

表7 耐火建築物等（法2条九号の二，九号の三，法27条）

	主要構造部	外壁の開口部	
		延焼のおそれのある部分	左記以外で他の外壁の開口部から火災が到達するおそれがあるもの
耐火建築物	耐火構造または耐火性能が確認されたもの	屋内外への遮炎性能	──────
避難時倒壊防止建築物	特定避難時間倒壊および延焼を防止する構造	屋内への遮炎性能	屋内への遮炎性能
準耐火建築物	法2条九号の三イ（準耐火構造）または法2条九号の三ロ	屋内外への遮炎性能	

なお，地階を除く階数が3で，3階部分を表5②の下宿，共同住宅および寄宿舎の用途（防火地域以外の区域），ならびに表5③の学校，体育館などの用途に用いるもので，建築物の周囲に幅員3m以上の通路を設けるなどの防火に対する安全性のための対策がなされたものについては，告示で定められた**避難時倒壊防止建築物**（壁，柱，⁵床，はりおよび屋根の軒裏の延焼のおそれのある部分が耐火構造または耐火時間が1時間以上の準耐火構造である場合に限る）とすることがで

表8 耐火構造・準耐火構造・防火構造に要求される性能

	要求される性能	部位	構造例
耐火構造（法2条七号,令107条）	通常の火災の火熱に対する30分〜3時間の非損傷性能❶。	柱・はり，耐力壁，床，屋根および階段	（鉄筋コンクリート造）柱 W／はり W／（鉄骨＋鉄網モルタル被覆）鉄筋コンクリート造床／鉄骨柱 鉄骨はり／柱 W／はり W／W（小径または厚さ）と t（被覆厚さ）によって耐火時間は異なる
	通常の火災による火熱に対する1時間の遮熱性能❷。	壁（非耐力壁である外壁で延焼のおそれのある部分以外であれば30分間）・床	
	通常の火災による火熱に対する30分間（延焼のおそれのある部分は1時間）の遮炎性能❸。	外壁・屋根	
準耐火構造（法2条七号の2，令107条の2）	通常の火災による火熱に対する30分間もしくは45分間の非損傷性能。	耐力壁・柱・はり・床：45分間 屋根（軒裏を除く），階段：30分間	集成材の柱 35mm 35mm 有効断面 燃えしろ 厚さ30mm以上の木材床／木造床 根太 厚さ15mm以上の強化せっこうボード
	通常の火災による火熱に対する45分間の遮熱性能。（非耐力壁の外壁と特殊な条件の軒裏では30分間）	壁・床・軒裏のうち延焼のおそれのある部分	
	通常の火災による火熱に対する30分間（延焼のおそれのある部分は45分間）の遮炎性能。	外壁・屋根	
防火構造（法2条八号，令108条）	建築物の周囲において発生する通常の火災による火熱に対する30分間以上の非損傷性能。	耐力壁である外壁	厚さ15mm以上のモルタルまたはしっくい塗装／木造壁 柱 間柱 せっこうボード張下地
	通常の火災による火熱に対する30分間以上の遮熱性能。	外壁・軒裏	

❶ 定められた時間，加えられた加熱に対して構造耐力上支障のある変形・溶融・破壊その他の損傷を生じない性能。

❷ 加熱面以外の面の温度が可燃物燃焼温度以上に上昇しない性能。

❸ 屋外に火炎を出す原因となるき裂その他の損傷を生じない性能。

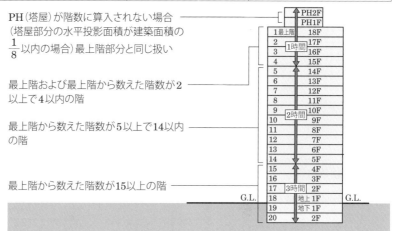

PH（塔屋）が階数に算入されない場合（塔屋部分の水平投影面積が建築面積の$\frac{1}{8}$以内の場合）最上階部分と同じ扱い

最上階および最上階から数えた階数が2以上で4以内の階

最上階から数えた階数が5以上で14以内の階

最上階から数えた階数が15以上の階

図9 耐火構造の柱およびはりの耐火時間（令107条）

きる（令110条〜110条の5）。

（b）大規模建築物の主要構造部への制限　地階を除く階数が4以上の建築物または高さが16m（表6の①・②の用途の建築物は13m）を超える建築物の主要構造部（床，屋根および階段を除く）に木材，プラスチックその他の可燃材料を用いたものは，主要構造部を**通常火災終了時間❶**が経過するまで火熱に耐える構造として，耐火構造または火災時倒壊防止構造としなければならない（法21条1項，2項）。

ただし，建築物の周囲に建築物の高さ以上の水平距離の空地が確保されていれば木造の建築物であっても建築することができる（法21条1項ただし書き，令109条の6）。

また，3000m²を超える大規模建築物については，主要構造部を耐火構造とするか，あるいは3000m²以内ごとに**壁等❷**で有効に区画した場合には木造の建築物であっても建築することができる（法21条2項二号）。

図10　主要構造部の制限を緩和した木造建築物の例

（c）大規模建築物の防火壁等　木造建築物などで延べ面積が1000m²を超える大規模建築物は，**防火壁等❸**によって1000m²以内ごとに区画しなければならない。ただし，耐火建築物や準耐火建築物などは除外される（法26条）。

4　避難のための対策

火災が発生した場合に，建築物の中にいる人々を安全な場所まですみやかに避難させるためのさまざまな対策は，第3項で学んだ火災拡大防止対策と並んで重要である。避難のための対策としては，避難誘導に関するものと，避難の経路の確保に関するものとがある。

1　避難誘導対策

火災が発生した場合に，初期消火や消防機関への通報と並んで，最初に行わなければならないのが，在館者に危険を伝えることである。建築物の用途や収容人員に応じて，非常ベルなどの非常警報設備を設置し，さらに，地下街・地階を除く階数が11以上の建築物などの場合は，放送設備を設置することが義務づけられている（消防令24条1項〜3項）。

❶　建築物の構造，建築設備及び用途に応じて通常の火災が消火により終了するまでに通常要する時間。

❷　通常の火災が終了するまで延焼を防止できる性能を有する壁，柱，床等の建築物の部分または防火設備。

❸　耐火構造の防火壁や防火床で，延焼を防止するための措置がなされたもの（令113条）。

2 避難路の確保

避難は，火煙が拡大し建築物の内部での危険性が増大しても，なお安全に行われるようにしなければならない。このため，避難路について考えるべき重要な点は，一定の距離以内ごとに階段が用意され，かつ，2方向避難できるようできるだけ配慮されることである。さらに，階数が増えるに従い，避難階段→特別避難階段というような順に，より強固に煙の浸入を防ぐ対策がとられるなど，階段室の安全性を増すための対策が建築基準法と消防法で定められている。

❶ p. 102図15参照。

ただし，主要構造物が準耐火構造・耐火構造であるか，または不燃材料でつくられたもののうち避難安全検証法（区画・階・全館避難安全検証法）によって避難安全性能が確認された建築物については，以下の(a)〜(e)の各仕様基準に適合するものと同等の避難安全性を有しているとして，防火区画，避難施設，排煙設備および内装制限の規定の一部が適用されない（令128条の6，129条，129条の2）。

C column

窓その他の開口部を有しない居室

　窓その他の開口部を有しない居室（通称**無窓居室**）は，じゅうぶんな開口部を有する居室に比べて，防火・避難上不利な面が多いので，次のようにきびしい規制がある。

　避難経路に関しては，採光に有効な部分の面積（p.38）（令20条1項，2項）の合計が床面積の$\frac{1}{20}$未満の居室が無窓居室とされており（令116条の2 1項一号），居室からの歩行距離の制限の強化（p.99表9）（令120条）および非常用の照明装置の設置規制の強化（p.103）（令126条の4）がなされている。

　排煙に関しては，天井または天井から下方80cm以内にある開放可能な部分の面積の合計が，床面積の$\frac{1}{50}$未満の居室が無窓居室とされており（令116条の2 1項二号），排煙設備の設置規制が強化されている（p.103）（令126条の2）。そのほか，天井の高さが6m以下で床面積が50m²を超える場合には，内装制限も強化されている（p.90）（法35条の2，令128条の3の2〜128条の5）。

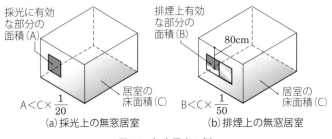

採光に有効な部分の面積(A)　　　排煙上有効な部分の面積(B)　80cm

A<C×$\frac{1}{20}$　　居室の床面積(C)　　B<C×$\frac{1}{50}$　　居室の床面積(C)

(a)採光上の無窓居室　　　　　　(b)排煙上の無窓居室

図11　無窓居室の例

（a）廊下・階段・出口などの避難安全対策　　不特定多数の人が利用する特殊建築物，階数3以上の建築物，窓その他の開口部の採光に有効な面積が居室の床面積の$\frac{1}{20}$未満の居室など（令116条の2　1項一号）のある階，または延べ面積1000m²を超える建築物のように避難安全性に強く配慮すべきものについては，廊下・階段・出口などについて，次の規制の対象となる（令117条）。

① **出口の戸の開く方向**　　劇場などの客席からの出口および屋外への出口の戸を，内開きとしないこと（令118条，令125条2項）。

② **廊下の幅**　　用途に応じて，廊下の幅を確保する❶（令119条）。

❶　p.52表5。

③ **直通階段の設置**　　居室から階段までの歩行距離が，用途や主要構造部の構造などに応じて定められる表9の数値となるように，避難階❷または地上に通ずる直通階段を設置する（令120条）。

❷　直接地上へ通ずる出入口のある階（令13条一号）。

表9　直通階段までの歩行距離

居室の種類（おもな用途に使う居室とする）	直通階段までの歩行距離			
	主要構造部が準耐火構造または，不燃材料でつくられている場合		その他の場合	
	内装を不燃化するもの[1]	内装を不燃化しないもの		
① 有効採光面積が床面積$\frac{1}{20}$未満の居室	40m以下（30m以下）[2]	30m以下（20m以下）[2]	30m以下	
② 百貨店，マーケット，展示場				
③ 病院，診療所（患者の収容施設のあるもの），ホテル，旅館，下宿，共同住宅，寄宿舎，児童福祉施設	60m以下（50m以下）[2],[3]	50m以下（40m以下）[2],[3]		
④ その他の居室			40m以下	

注　1）居室および廊下・階段の天井，壁（1.2m以下の部分を除く）を準不燃材料としたもの。
　　2）15階以上の居室については，（　）内の数値による。
　　3）メゾネット型の共同住宅で，住戸の出入口のない階の居室では，各部分から住戸内専用階段を通って，出入口のある階の直通階段までの歩行距離を40m以下とする。

④ **二つ以上の直通階段の設置**　　大規模な劇場や店舗などの用途に用いる階で，その階に客席や売場などがある階，病院の用途に用いる階で，その階の病室の床面積の合計が50m²を超えるものなど，火災時の避難が困難となる可能性のある階においては，2以上の直通階段を設ける（表10）（令121条1項）。ただし，主要構造部が準耐火構造などとされている場合には，適用を受ける床面積などの制限が，木造などの場合に比べて緩くなる（令121条2項）。

表10　2以上の直通階段を設けなければならない場合（令121条）

建築物または階の用途	対象となる階	対象階の居室床面積の計
① 劇場・映画館・演芸場・観覧場・公会堂・集会場，および床面積計が1500m²を超える物品販売業を営む店舗	客席・集会室・売り場などを有する階	規模に関係なく適用
② キャバレー，カフェー，ナイトクラブ，バー等	客席を有する階	原則として，すべて適用 ただし，5階以下の階で， 1)居室の床面積計が100m²(200m²)以下で，その階に避難上有効なバルコニーなどおよび屋外避難階段または特別避難階段のある場合は不要 2)5階以下の階である避難階の直上階または直下階で，その階の居室の床面積計が100m²(200m²)以下の場合は不要
③ 病院，診療所または児童福祉施設等	病室，おもな用途に使う居室のある階	該当居室の床面積計が50m²(100m²)を超える場合
④ ホテル・旅館・下宿・共同住宅・寄宿舎	宿泊室，居室，寝室のある階	該当居室の床面積計が100m²(200m²)を超える場合
⑤ ①～④以外	6階以上の階	原則として，すべて適用 ただし，①～③以外の用途に使う階で，その階の居室の床面積計が100m²(200m²)以下で，その階に避難上有効なバルコニーなどおよび屋外避難階段または特別避難階段のある場合は不要
	5階以下の階	避難階の直上階が200m²(400m²)を超える場合
		その他の階が100m²(200m²)を超える場合

※1　床面積の合計値の(　)内は，主要構造部が準耐火構造であるもの，または不燃材料でつくられている建築物に適用する（令121条2項）。
※2　階数3以下で延べ面積200m²未満の③・④の建築物の避難階以外の階について，その用途に応じ，直通階段と他の部分とを間仕切壁又は防火設備により区画した場合等には対象とならない（令121条4項）。

⑤　**重複距離**　居室の各部分からそれぞれの直通階段までの歩行経路が重複する場合には，その重複区間の長さ（**重複距離**）（図12）は，③で定められた歩行距離の上限の$\frac{1}{2}$を超えてはならない（令121条3項）。

⑥　**屋外階段の構造**　屋外に設ける直通階段を木造としてはならない（令121条の2）。

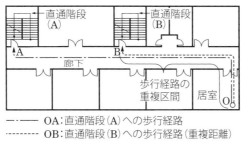

── OA：直通階段（A）への歩行経路
······ OB：直通階段（B）への歩行経路（重複距離）

図12　重複距離

例題1　図13は，二つ以上の直通階段の設置を必要とする14階建の集合
住宅の平面図である。直通階段までの歩行距離が最も長くなる位
置から各直通階段までの通常の歩行経路と，歩行経路の重複区間
を平面図中に図示せよ。

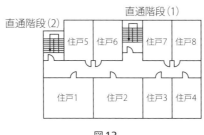

図13

5　　**解答…**　歩行距離の最も長くなる位置は住戸（4）のA点となる。A点から
直通階段（1）の降り口までの通常の歩行経路を点線で，直通階段
（2）の降り口までを一点鎖線で図示する。また，歩行経路の重複
区間は，A点からB点までとなる（図14）。

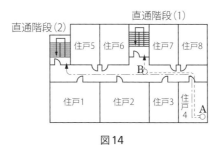

図14

問 1　例題1にあげた建築物では，歩行経路の重複が何mを超えてはならな
10　いか。ただし，建築物の主要構造部は耐火構造とするが，内装を不燃化しな
いものとする。

⑦　**直通階段の構造**　　建築物の5階以上の階または地下2階以下の
階に通ずる直通階段や3階以上の階を店舗の用途に用いる建築物
の各階の売り場などに通ずる直通階段は，避難の安全を確保する
15　構造とした避難階段または特別避難階段とする。また，15階以

上の階または地下3階以下の階に通ずる直通階段などは，特別避難階段とする（図15，表11）（令122条，令123条）。

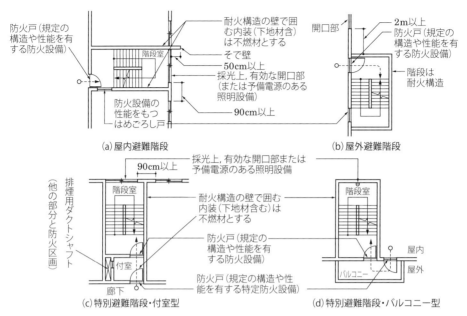

図15 避難階段・特別避難階段

表11 避難階段・特別避難階段（令122条）

	直通階段の通ずる階	避難階段などとしなければならない直通階段の種類と数	
①	5階以上または地下2階以下	避難階段または特別避難階段	以下は単なる直通階段で可 (1) 主要構造部が準耐火構造または不燃材料の建築物で，5階以上または，地下2階以下の延べ床面積が100m²以下の場合 (2) 主要構造部が耐火構造で，床面積が100m²以内ごとに耐火構造の壁，床または特定防火設備で区画されている場合
②	15階以上または地下3階以下	特別避難階段	
③	3階以上の階を物品販売業を営む店舗（床面積計が1500m²を超える）の用途に使用するもの	各階の売り場および屋上広場に通ずる避難階段または特別避難階段 （2以上）	
④	5階以上の階を物品販売業を営む店舗（床面積計が1500m²を超える）の用途に使用するもの	各階の売り場および屋上広場に通ずる避難階段または特別避難階段※ （2以上）	

※ ただし，1) 5階以上に通ずるもののうち1以上，2) 15階以上に通ずるもののすべては，特別避難階段としなければならない。

(b) 排煙設備 火災の際に発生する煙や有毒ガスは，建築物内部にいる人々の生命を危険におとしいれるだけでなく，避難の大きな障害になる。このため，不特定多数の人を収容する大規模な特殊建築物，階数3以上の大規模な建築物などでは，原則として排煙設備を設ける（表12）（令126条の2）。

表12　排煙設備（令126条の2）

設置を必要とする建築物または部分	適用が除外される建築物または部分
① 法別表第1（い）欄（1）〜（4）項の用途に使用する特殊建築物で，延べ面積が500m²を超えるもの	・法別表第1（い）欄（2）項の用途（病院，診療所，ホテル，共同住宅など）に使用する特殊建築物で，100m²以内ごと（高さ31m以下の部分にある共同住宅の住戸では200m²以内ごと）に準耐火構造の壁，床などで防火区画された部分
② 階数3以上，延べ面積が500m²を超える建築物（高さ31m以下にある居室で，床面積100m²ごとに防煙壁で区画されたものを除く）	・学校等（p.104表13参照） ・階段の部分，昇降機の昇降路の部分など ・機械製作工場，不燃物保管倉庫などで主要構造部が不燃材料でつくられたもの
③ 延べ面積が1 000m²を超える建築物で床面積が200m²を超える居室（同上）	・火災が発生した場合に，避難上支障がある高さまで煙またはガスの降下が生じない建築物の部分として国土交通大臣が定めるもの
④ 排煙上有効な窓その他の開口部のない居室※	

※　窓その他の開口部の開放できる部分（天井または天井から下方80cm以内の部分）の面積の合計が，該当する居室の床面積の$\frac{1}{50}$未満のもの（令116条の2　1項二号）。

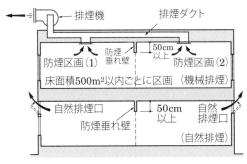

図16　排煙設備

　排煙設備は，不燃性の間仕切壁や垂れ壁などの防煙壁によって，500m²以内となるように区画された部分ごとに排煙口を設け，直接外気に排煙（**自然排煙**）するか，排煙機，もしくは送風機を設けて排煙（**機械排煙**）することとされている（図16）（令126条の3）。消防法でも消火活動上必要な施設として排煙設備の規定があり（消防令28条），建築基準法に基づく排煙設備をそれとみなして運用されることが多い。

（c）非常用の照明装置と誘導灯　　火災が発生し停電すると，避難に重大な支障が起きる。このため，不特定多数の人を収容する特殊建築物の居室，階数3以上で延べ面積が500m²を超える建築物の居室など，およびこれらの居室から地上に通ずる廊下・階段などには，停電した場合に自動的に点灯し，床面において1ルクス以上の照度を確保できる非常用の照明装置を設ける（表13）（令126条の4，126条の5）。

また，人命被害が大きくなる可能性のある用途の建築物と，地階，11階以上などの部分の避難口と通路，および劇場などの客席には，非常電源をつけた誘導灯を設けて避難路を指示することが義務づけられている（消防令26条）。

表13　非常用の照明装置の設置対象（令126条の4，126条の5）

	設置を必要とする建築物	設置する場所	適用が除外される建築物
①	法別表第1（い）欄（1）～（4）項の用途に使用する特殊建築物	・居室 ・居室から地上に通ずる廊下，階段などの通路（採光上有効に外気に開放された通路を除く） ・上記に類する建築物の部分で，通常照明装置の設置を必要とする部分	・一戸建て住宅，長屋，共同住宅の居室 ・病院の病室，下宿の宿泊室，寄宿舎の寝室 ・学校等（学校・体育館・ボーリング場など）（令126条の2　1項二号） ・避難階または避難階の直上階，もしくは直下階の居室で避難上支障がないもの，その他これらに類するものとして国土交通大臣が定めるもの
②	階数3以上，延べ面積が500m²を超える建築物		
③	延べ面積が1 000m²を超える建築物		
④	採光上有効な窓その他の開口部のない居室※		

※　窓その他の開口部の面積の合計が当該居室の床面積の$\frac{1}{20}$未満であるもの（令116条の2　1項一号）。

(d) 避難器具　火災時に逃げ遅れて，廊下や階段などの避難路から避難できなくなった場合の最後の避難手段が避難器具である。避難器具としては，避難はしご・すべり台・救助袋などが代表的なものである。建築物の階ごとに，用途・収容人員・階数，直通階段や避難階段の数などに応じて，設置しなければならない避難器具の種類や数が定められている（消防令25条）。

(e) 敷地内の通路　火災時に，避難階段等から地上に降りても，敷地内に建築物が建て込んで通路がふさがれていると，より安全な公道まで移動できない場合がある。そこで不特定多数の人を収容する特殊建築物，3階建以上の建築物などの敷地には，屋外避難階段や，建築物の出口から道路や公園などに通ずる幅員1.5m（階数が3以下で延べ面積が200m²未満の建築物の場合は0.9m）以上の通路を設けることが定められている（法35条，令128条）。

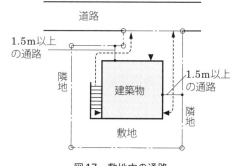

図17　敷地内の通路

5 消防隊の活動のための対策

　通報を受けて消防隊が到着すると，燃えている建築物の周囲から消火したり，内部に進入して救助活動や消火活動を行う。この消防活動をしやすくするように，あらかじめ，建築物には次のような対策を取ることが義務づけられている。

■ 1 避難上必要な敷地内通路

　敷地内に大規模な木造建築物がある場合や，複数の建築物がある場合には，火のまわりが早く，より高い安全性を確保するため，建築物の周囲に一定の幅の敷地内通路を設けなければならない。さらに，避難上，消火上，この通路は敷地に接する道まで達しなければならない。（法35条，令128条の2）。

■ 2 消防隊の建築物への進入と非常用の進入口

　消防隊が燃えている階に対して活動できるよう，一般的なはしご車が届かない31mを超える建築物には，消防隊が安全に目的の階に到達できるような非常用エレベーターを設置しなければならない。また，非常用エレベーターには，避難階以外の各階において屋内に連絡する消火・救出活動の基地となる乗降ロビーを設けなければならない（法34条2項，令129条の13の3）。

　一方，はしご車が届く31m以下で3階以上の階には，原則として非常用の進入口を設けなければならない（図18）。非常用の進入口は，はしご付き消防自動車から建築物内部に進入できるよう，道などに面する各階の外壁面に40m以下ごとに設けるのが原則である（令126条の6，令126条の7）。

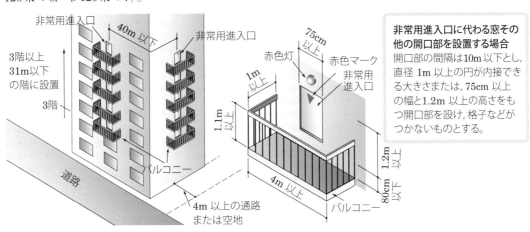

非常用進入口に代わる窓その他の開口部を設置する場合
開口部の間隔は10m以下とし，直径1m以上の円が内接できる大きさまたは，75cm以上の幅と1.2m以上の高さをもつ開口部を設け，格子などがつかないものとする。

図18　非常用進入口

3　消火上必要な施設

消防隊の消火活動を容易にするため，百貨店などの地階または無窓階❶には，消防活動上必要な排煙設備の設置が，消防ポンプ自動車では直接消火活動できない高層建築物などには，連結送水管や大規模な地下街など消防用電源を確保するための非常コンセント設備の設置などが義務づけられている（消防令28～29条の3）。

6　建築物間の延焼などの防止対策

火災が拡大して消火できないと，一つの建築物の火災にとどまらず，周囲の建築物に延焼して被害が次々に拡大していくおそれがある。このような事態を防ぐため，建築物の建つ地域に応じて，耐火建築物または準耐火建築物としたり，屋根・軒裏・外壁などに延焼を防ぐための防火措置を行うことが義務づけられている。

1　防火地域または準防火地域内の建築物

都市計画により防火地域または準防火地域と定められている地域内の建築物は，その規模や階数に応じて，耐火建築物❷または準耐火建築物❷としなければならない（p. 118参照）。

2　その他の延焼防止対策

防火地域または準防火地域以外の市街地についても，特定行政庁が指定する区域内においては，以下のような対策が定められている。

① 屋根の構造は，通常の火災による火の粉に対し，防火上有害な発炎をせず，屋内に達する防火上有害な溶融・き裂などを生じないものとする（法22条，令109条の8）。

② 木造建築物は，その外壁の延焼のおそれのある部分を準防火性能のある構造とする（法23条）。

延焼のおそれのある部分とは，隣接する建築物等が火災になった場合に，延焼する可能性の高い部分のことをいう。これは，隣地との境界線（隣地が道路の場合は道路中心線，同一敷地内に延べ面積の合計が500 m²を超える2以上の建築物がある場合には，建築物相互の外壁の中心線）から1階の場合は3 m以下，2階以上の場合は5 m以下の距離にある部分を指す（図19）が，公園や川，耐火構造の壁などに面する部分や建築物の外壁面と隣地境界線とのなす角度に応じて周囲に発生する通常の火災により燃焼するおそれのない部分は，延焼の

❶　避難上または消防活動上有効な大きさの開口部を有していない階（消防令10条1項五号）。

❷　耐火建築物または準耐火建築物と同等以上に周囲への延焼防止の性能を有する建築物を含む。

おそれのある部分には含まれない（法2条六号）。

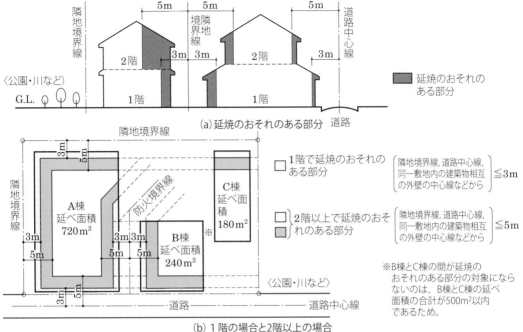

(a) 延焼のおそれのある部分

□ 1階で延焼のおそれの
　ある部分
　〔隣地境界線，道路中心線，同一敷地内の建築物相互の外壁の中心線などから〕≦3m

□ 2階以上で延焼のおそ
■ れのある部分
　〔隣地境界線，道路中心線，同一敷地内の建築物相互の外壁の中心線などから〕≦5m

※B棟とC棟の間が延焼の
おそれのある部分の対象にならないのは，B棟とC棟の延べ面積の合計が500m²以内であるため。

(b) 1階の場合と2階以上の場合

図19　延焼のおそれのある部分

例題2　図20のような敷地内に木造2階建の建築物がある場合，この建築物の1階および2階の外壁のうち，それぞれの階の延焼のおそれのある部分の長さの合計を求めよ。

解答…　隣地境界線または道路の中心線から1階は3m以内，2階は5m以内の部分にある外壁は延焼のおそれのある部分で，下図の太線で示した部分が該当する。したがって，延焼のおそれのある部分の長さの合計は，

　　　　1階外壁　$10 + 1 + 6 + 1 = 18\text{m}$

　　　　2階外壁　$10 + 6 + 1 + 3 + 6 + 14 = 40\text{m}$。

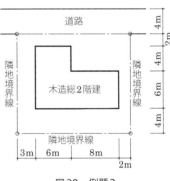

図20　例題2

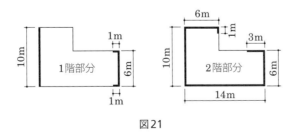

図21

● **13.** 次の文章で，建築基準法上誤っているものはその理由をかけ。

（a）エレベーターを設置している建築物には，非常用進入口を設けなくてよい。

（b）建築物の地下3階に通ずる直通階段は，原則として特別避難階段としなければならない。

（c）屋外避難階段は，その階段に通ずる出入口以外の開口部から，原則として90cm以上の距離を設けなければならない。

（d）ガラスは難燃材料である。

（e）共同住宅の用途に用いる階で，その階の住戸の床面積の合計が150m²の場合，両側に居室がある共用の廊下の幅は1.4m以上とする。

● **14.** 二つ以上の直通階段の設置が必要な建築物で，歩行経路の重複区間の長さを規制するのは，どのような理由によるのか。

● **15.** 非常用の進入口に代わるものとして，消防隊の進入可能な開口部を設ける場合，どのような規定があるか調べてみよ。

● **16.** 次の記述の正誤を建築基準法上で判断して，誤っているものは，その理由を述べよ。

（a）特別避難階段は，屋内と階段室とはバルコニーと付室を通じて連絡する構造としなければならない。

（b）耐火建築物のホテルの避難階においては，階段から屋外への出口の一つに至る歩行距離は，原則として，60m以下としなければならない。

（c）事務所の14階の部分で，当該階の床面積の合計が300m²のものは，原則として，床面積の合計50m²以内ごとに防火区画しなければならない。

（d）屋内に設ける避難階段の屋外に面する壁に設ける開口部は，階段室以外の開口部から，必ず2m以上の距離に設けなければならない。

（e）事務所の事務室において，窓その他の開口部で採光に有効な部分の面積の合計が，事務室の床面積の$\frac{1}{20}$未満の場合には，事務室を区画する主要構造部を耐火構造とし，または不燃材料でつくらなければならない。

（f）劇場の客用に供する屋外への出口の戸は，劇場の規模にかかわらず，内開きとしてはならない。

（g）階数が3で延べ面積が2 000m²のボーリング場には，非常用の照明装置を設置する必要がある。

（h）準防火地域内において，階数が1で延べ面積が400m²の不燃性の物品を保管する倉庫（屋根以外の主要構造部が準不燃材料でつくられたもの）の屋根に必要とされる性能に関する技術的基準は，市街地における通常の火災による火の粉により，防火上有害な発炎をしないものであることである。

第3章

良好な都市環境を
つくるための規定

Chapter

3

◎―都市計画により整備・保全された
地区の例（東京　田園調布）

Introduction

　日本は，急速な経済発展の中で，多数の人が働き，生活
する空間としての都市を拡大させてきた。都市化の進行に
つれて，さまざまな建築物が無秩序に建てられた場合，第
1章「建築法規のあらまし」で学んだように，交通混雑や
土地利用の混乱などの問題を生み出すことになる。

　この章では，良好な都市環境をつくるため，都市計画法
と同法に基づいて定められた都市計画に従って具体的に建
築の規制を行う建築基準法の集団規定のほか，あわせて建
築協定や景観法について学ぶ。

1 節 都市計画法と建築基準法 ········●

この節では，良好な都市環境をつくるための基準である都市計画法と，この法律に基づいて定められた都市計画に従って，具体的に建築の規制を行う建築基準法の集団規定の目的を学ぶこととする。

1 都市計画法の目的

都市計画法は，都市計画の基本理念をその第2条に次のようにあげている。「**都市計画は，農林漁業との健全な調和を図りつつ，健康で文化的な都市生活及び機能的な都市活動を確保すべきこと並びにこのためには適正な制限のもとに土地の合理的な利用が図られるべきことを基本理念として定めるものとする。**」この基本理念に基づいて定められる都市計画として，都市計画法では，

① 土地利用に関する計画
② 都市施設の整備に関する計画
③ 市街地開発事業に関する計画

の三つをあげている（都計法4条）。都市計画法には，都市の健全な発展と秩序ある整備のために，企業や個人などの民間で行うさまざまな開発や建築活動を規制・誘導していく面と，国や地方公共団体などの公的機関が積極的に関与して，都市施設の整備や市街地開発事業を進めていく事業の面とがあり，そのためのさまざまな規定を設けている。

2 建築基準法の集団規定の目的

都市計画を定めて総合的に整備し，開発し，保全する必要があるとして指定された区域を**都市計画区域**とよぶ。建築基準法の第3章では，都市の特徴である建築物が集団として存在していることに着目して，主として都市計画区域内の建築物の形態・用途・道路との接続関係などについてルールを定めており（図1），これを集団規定とよぶ。集団規定の目的は，建築物の集合体である都市の環境と機能が悪化することを防止し，良好な都市を形成していく点にあるといえる。

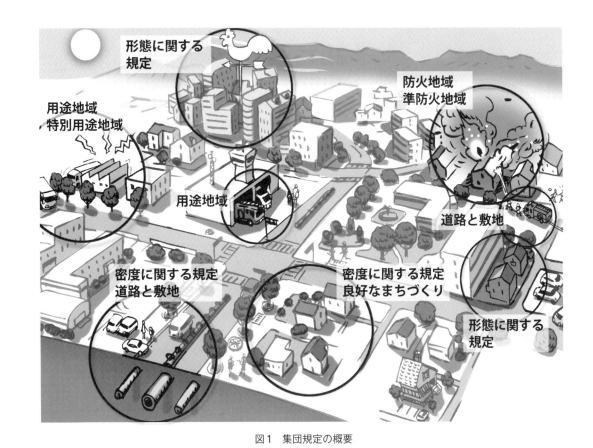

図1　集団規定の概要

21世紀の課題：密集市街地整備

column

　日本の都市の中には，狭い幅員の道路に接した狭い敷地に木造住宅やアパート，作業所等が建て込む木造密集市街地がみられる。これらは，明治時代以前から形成されてきたもののほか，多くは第二次世界大戦後の混乱期や，戦後の大都市への人口集中と都市化の時代に，都市計画や建築規制が不じゅうぶんなままに無秩序に急速に形成された。そのため，いったん大きな地震や火災が起これば，避難や消防活動に大きな支障が生じる。地方公共団体は，木造密集市街地の防災安全と居住水準とを高めるため，道路の拡幅やすみ切りの整備，小公園の新設，消防用水利の設置，避難先となる学校等の耐震化などを進めている。

　また，京都市では，木造の建築物が密集した歴史的なまちなみを重要な文化遺産ととらえ，まちなみの整備保全も行っている。

図2　密集市街地

2節 土地利用

この節では，都市として積極的に整えていく区域と，市街地になることをおさえていく区域とに分ける制度について学ぶ。次に，地域ごとに建築物の用途を指定する制度について学ぶ。

1 都市計画区域の区分

都市計画法では，無秩序な市街化を抑制し，計画的な市街化を進めるために，都市計画区域を指定し，表1に示すように同区域を必要に応じて**市街化区域**と**市街化調整区域**とに区分することができる（都計法7条）。

表1 区域区分の特徴の比較

方針		市街化区域	市街化調整区域
基本的な姿勢	土地利用	それぞれの土地利用にふさわしい用途地域に区分して都市計画決定する。	用途地域は原則として都市計画決定されない。
	基盤整備	道路・公園・下水道などの都市基盤・生活環境整備のための公共投資が優先的に実施される。	市街地となることを抑制するため，左のような公共投資を抑制する。
開発許可の方針		開発行為（都計法4条12項）に対して，道路・公園・下水道等の整備状況に応じて（都計法33条）許可する。	市街地形成に通じる開発行為や建築行為を抑制する（都計法4条12項，34条，43条）。なお，農林漁業関連の施設や住宅に関するこれら行為は可能。
建築確認の方針		単体規定および集団規定など建築基準法などの規定（p. 163）が適用される。	

1 市街化区域

市街化区域は，すでに市街地を形成している区域，市街化がすでに進行しつつある区域，およびほぼ10年以内に，優先的・計画的に市街化をはかる区域である（図1）。市街化区域では，必ず用途地域が定められる。

2 市街化調整区域

市街化調整区域は，基本的には建築物の建築を認めず，当分の間は市街化を抑制するように定められた区域である。

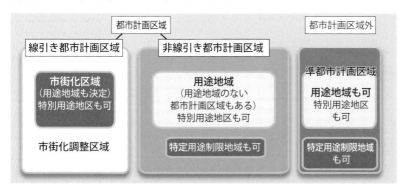

図1　都市計画区域の区分

　都市計画区域を，市街化区域と市街化調整区域に区域区分する必
要性については，都道府県が自主的に判断する。なお，三大都市圏
の一定の区域，政令指定の大都市の区域では，人口・世帯の増加や
市街地の拡散などによる無秩序な市街化が予想されることから，都
市計画区域内を市街化区域と市街化調整区域に**区域区分**❶すること
が義務づけられている。

　一方，市街化の圧力が弱く，都道府県が区域区分する必要がない
と判断した都市計画区域は，区域区分されていない都市計画区域と
して別の土地利用のルールが設定される。その地域が，市街地の場
合は用途地域が指定され，秩序ある土地利用の確保がめざされる。
また，用途地域が定められていない土地の場合は，無秩序な開発が
行われないように，必要に応じて特定用途制限地域を定めることが
できるようにしている（都計法8条，9条）。

　このほか，都市計画区域外であっても自動車交通の発達により，
高速道路インターチェンジ周辺や幹線道路沿道では，無秩序な開発
が行われるおそれがある。そのため，都道府県は，必要に応じて準
都市計画区域を定めて土地利用の混乱を予防することとしている
（都計法5条の2）。

❶　これを一般に**線引き都市計画区域**といい，以下のいずれかの土地の区域を含む都市計画が，これに該当する（都計法7条）。
・首都圏整備法に定める既成市街地
・首都圏整備法に定める近郊整備地帯
・近畿圏整備法に定める既成都市区域
・近畿圏整備法に定める近郊整備区域
・中部圏開発整備法に定める都市整備区域
・地方自治法第252条の19第1項にいう政令指定都市の行政区域

2 用途地域

　秩序ある土地利用のもとに良好な都市環境を形成するために，**用途地域**が設けられている。

　都市計画法では，都市計画区域において，都市計画として13種類の用途地域を指定❶することができるように定めている（都計法8条，9条）。建築基準法では，この用途地域の種類に応じて，建築が許される用途（法48条）のほか，建ぺい率制限，容積率制限，各種の高さの制限，日影規制が関連づけられている。

　表2に各用途地域の特徴について，また表4に用途地域内の建築物の用途の制限について示す。

　なお，建築物またはその敷地が二つ以上の用途地域にまたがる場合には，その建築物またはその敷地の全部について敷地の過半の属する地域における規定を適用する（法91条）。

　このほか，卸売市場・火葬場・ごみ焼却場など処理施設の用途に供する建築物の新築や増築できる敷地の位置は，都市計画で決定されていることが原則である（法51条）。

❶　口絵**2**参照。

3 特別用途地区と特定用途制限地域

　表2に示す13種類の用途地域は，全国の都市計画区域において一律に適用される。また，表3に示す**特別用途地区**は，それぞれの都市の個性に応じた土地や建築物の利用のしかたを定める制度である（都計法8条1項二号，9条14項）。特別用途地区は，都市計画に指定する特別の目的をあきらかにした名称とその区域とを都市計画に定め（都計法8条，9条），特別用途地区内の建築物の制限または緩和に関しての具体的な規制内容は，地方公共団体の条例で定める（法49条1項，2項，法50条）。

　そのほか，用途地域の定められていない土地の区域内では，市街化調整区域以外の土地であれば，良好な環境を保持し，無秩序な土地利用が生じないように，必要に応じて**特定用途制限地域**を定め，その具体的な規制内容は地方公共団体の条例で定める（都計法9条15項，法49条の2，法50条）。

表2　用途地域の概要

用途地域の種別			用途地域の目的・特徴
住居系用途地域	低層住居系専用地域等	① 第一種低層住居専用地域	1，2階建の低層住宅地としての良好な住環境を保護する地域。住宅のほか，生活に必要な小規模な日用品販売店舗や事務所を住宅に併用する建築物として認めている。
		② 第二種低層住居専用地域	①と同様に，1，2階建の低層住宅地としての良好な住居の環境を保護する地域。①の地域を貫通する道路沿道などにおいて，生活に必要な店舗や事務所や住宅に併用する建築物を①よりも大きい規模にも認めている。
		③ 田園住居地域	農業の利便の増進をはかりつつ，これと調和した低層住居にかかわる良好な住居の環境を保護するために定める地域。低層住居専用地域に建築可能なものに加え，農業用施設の立地を限定的に可能とし，農地の開発は市町村長の許可制としている。
	中高層住居系専用地域	④ 第一種中高層住居専用地域	中高層住宅地として良好な住環境を保護する地域。用途は，①や②に比べ，病院が認められ，店舗・飲食店の規模を大きくし，自動車車庫の規模が大きくなる。
		⑤ 第二種中高層住居専用地域	④と同様に，主として中高層住宅の環境を保護する目的の地域。店舗・飲食店・事務所等は④よりもわずかながら規模の大きいものが認められている。①～④の用途地域の場合と異なり，⑤以降の地域では，原則として建築できない用途の建築物が定められている。
	住居系地域	⑥ 第一種住居地域	住宅地内の幹線道路沿線などで，小規模な店舗・事務所・ホテル・運動施設など住環境を保護するうえで大きな支障のない施設の立地を認める地域。
		⑦ 第二種住居地域	⑥と同様に，住宅用途との混合や規模の面で，⑥に比べ，パチンコ屋，カラオケボックス，より規模の大きい店舗・飲食店などが建築可能になっている地域。
		⑧ 準住居地域	自動車を利用しやすくすることに対応させた用途地域で，幹線道路等の沿道の地域特性にふさわしく，自動車関連施設・業務施設の利便をはかりながら，住居の環境と調和することを目的として定める地域。
商業系用途地域		⑨ 近隣商業地域	近隣の住宅地の住民のために，日常生活用品の供給を行うことを主とする店舗・事務所などを集積させ，その利便性を高める地域。
		⑩ 商業地域	交通利便性が高い都市や地区の中心において，主として商業・業務・娯楽等の施設を集積させ，にぎわいを高める地域。
工業系用途地域		⑪ 準工業地域	中小の工場と住宅・商店などが混在している地域にあって，環境の悪化をもたらすおそれのない工業や流通関連施設の利便を増進することを目的として定める地域。
		⑫ 工業地域	主として工場の立地の条件を整備し，その振興をはかるとともに，ほかの用途との混在を防ぎ，環境問題や公害などの拡大を防止するために定める地域。
		⑬ 工業専用地域	積極的な工場の立地の推進を目的として定める地域。工業を主体とする地域の性格を維持するために，⑫に比べ，住宅，店舗など工業系用途となじまない用途の建築物の建築を禁止している地域。

表3　おもな特別用途地区の指定の概要（指定例の比較的多いもの）

種別	特別用途地区の目的・特徴
特別工業地区	住工混在地域等において地場産業の利便の増進をはかり，騒音振動等から周辺住環境を保護する。建築できる業種や規模を限定したうえで，法50条の規定に基づき，騒音振動等を発生しうる機器と建築物基礎との分離，作業所の天井の吸音対策や開口部の遮音対策を義務づけるなど。
文教地区	住宅地において付近の学校，試験研究機関等がつくり出す文教環境を維持しつつ，住環境を増進する。風俗的営業，一定規模以上の店舗や飲食店などの静穏な環境を害しうる建築を禁ずる。
中高層階住居専用地区	都心部の商業系の用途地域の市街地を中心に定住人口を確保する。たとえば3階以上の部分を住宅や共同住宅に限定する一方，その低層階には，キャバレーや風俗的営業の建築を禁ずる。

☐ 建築可能な用途　　■ 建築できない用途

表4　用途地域内の

建築物の用途		住居系用途地域			
		①	②	③	④
		一種低層	二種低層	田園住居	一種中高層
住宅	住宅・共同住宅・寄宿舎・下宿				
	店舗・事務所等の部分が一定規模以下の兼用住宅				
文教施設	幼稚園・小学校・中学校・高等学校				
	大学・高等専門学校・専修学校・各種学校				
	図書館など				
巡査派出所・公衆電話所など					
神社・寺院・教会など					
福祉・医療施設など	保育所・公衆浴場・診療所(19ベッド以下)など				
	老人ホーム・福祉ホームなど				
	老人福祉センター・児童厚生施設など	※1	※1	※1	
	病院(20ベッド以上)				
店舗・飲食店・事務所など	一定の店舗・飲食店など　床面積の合計150m²以下, 2階以下				
	床面積の合計500m²以下, 2階以下			※12	
	上記以外の物品販売店舗, 飲食店				
	事務所				※3
運動施設	ボーリング場・スケート場・水泳場・ゴルフ練習場など				
風俗営業施設など	キャバレー・料理店など				
	個室付き浴場業にかかわる公衆浴場				
	マージャン屋・パチンコ屋など				
	カラオケボックスなど				
自動車車庫・営業用倉庫	2階以下かつ床面積合計300m²以下の自動車車庫	※2	※2	※2	
	営業用倉庫、3階以上または床面積合計300m²を超える自動車車庫(一定規模以下の附属車庫などを除く)			※13	※4
劇場・映画館・演芸場・観覧場	客席の部分の床面積の合計200m²未満				
	客席の部分の床面積の合計200m²以上				
ホテル・旅館					
自動車教習所・床面積合計15m²超の畜舎					
工場など	危険性や環境を悪化させるおそれが非常に少なく、作業場の床面積合計が50m²以下			※14	
	危険性や環境を悪化させるおそれが少なく、作業場の床面積合計が150m²以下				
	危険性や環境を悪化させるおそれがやや多いもの、あるいは作業場の床面積合計が150m²超				
	危険性が大きいかまたは著しく環境を悪化させるおそれがあるもの				
	自動車修理工場など　作業場の床面積の合計150m²以下				
	作業場の床面積の合計300m²以下, 日刊新聞の印刷所				
危険物処理・貯蔵施設	貯蔵・処理の量が非常に少ないもの				
	貯蔵・処理の量が少ないもの				
	貯蔵・処理の量がやや多いもの				
	貯蔵・処理の量が多いもの				

※1　一定規模以下のものに限り建築可能。

※2　建築可能な用途の建築物に附属する自動車車庫の場合には，1階以下にあり，一定規模以下のものに限り建築可能(令130条の5)。

※3　銀行の支店，損害保険代理店，宅地建物取引業を営む店舗等は，500m²以下であれば建築可能(令130条の5の3)。

※4　都市計画決定された車庫などは除く(法別表2(は)項六号，(に)項七号，八号，(ほ)項四号，(へ)項四号)。

※5　当該用途に供する部分は2階以下かつ1500m²以下の場合に限り建築可能(法別表2(に)七号，八号)。

※6　当該用途に供する部分が3000m²以下の場合に限り建築可能(法別表2(ほ)四号)。ただし，次に示す用途は3000m²を超えても建築可能(令130条の7の2)。

　　・税務署・警察署・保健所・消防署など。

　　・認定電気通信事業者の用に供する施設で国土交通大臣の指定するもの。

建築物の用途制限

				商業系用途地域		工業系用途地域			無指定区域
⑤	⑥	⑦	⑧	⑨	⑩	⑪	⑫	⑬	⑭
二種中高層	一種住居	二種住居	準住居	近隣商業	商業	準工業	工業	工業専用	無指定区域
							※11		
								※8	
								※8	
※5	※6	※7	※7				※7		※10
※5	※6								
	※6								
※4	※4	※4							
									※10
	※6								
	※6								
※9									
※5	※6								

※7　当該用途に供する部分が，10 000 m² 以下の場合に限り建築可能（法別表 2（へ），（と），（を））。

※8　物品販売店舗・飲食店は建築禁止。

※9　パン屋など食品製造業で，作業場の床面積 50 m² 以下，原動機の出力合計 0.75 kW 以下であれば建築可能（令130 条の 6）。

※10　用途地域の指定のない都市計画区域内（市街化調整区域は除く）では，映画館など（その客席部分）・店舗・飲食店などの床面積の合計が 10 000 m² を超えるものは建築不可（法別表 2（か））。

※11　幼保連携型認定こども園は建築可能（法別表 2（を）項五号）。

※12　2 階以下にあり，一定規模以下のものに限り農産物直売所，農家レストランは建築可能（法別表 2（ち）項四号）。

※13　農産物および農産物の生産資材を貯蔵する自家用の倉庫は建築可能（法別表 2（ち）項三号）。

※14　農産物を生産，集荷，処理または貯蔵するものは，その作業場の床面積合計によらず建築可能（法別表 2（ち）項二号）。

4 防火地域・準防火地域

防火地域・準防火地域は，市街地の建築物の防火性能を高め，火災の延焼・拡大を抑制するために都市計画として指定される。

一般的に，防火地域は，市街地の中心部や幹線道路に沿って一定の幅の防火帯として路線状に指定され，準防火地域は，中心部周辺の建築物の密集の度合いの高い市街地に指定されることが多い❶。

防火地域または準防火地域内では，建築物の周囲への延焼防止性能を確保するための制限が課され(法61条，令136条の2)，表5に示すように，建築物の延べ面積・階数の大きい建築物のほうがより高い性能が要求される。

❶ このほか，特定行政庁が法22条に基づき指定した市街地においても，延焼防止対策が定められている。

表5 防火地域・準防火地域内の延焼防止性能に関する制限(法61条，令136条の2)

対象となる建築物の規模		構造
防火地域	階数が3以上	耐火建築物など (令136条の2一号イまたはロの基準に適合する建築物)
	延べ面積が100m²を超える	
	上記以外	耐火建築物または準耐火建築物など (令136条の2二号イまたはロの基準に適合する建築物)
準防火地域	地階を除く階数が4以上	耐火建築物など (令136条の2一号イまたはロの基準に適合する建築物)
	延べ面積が1 500m²を超える	
	地階を除く階数が3で，延べ面積が1 500m²以下	耐火建築物または準耐火建築物など (令136条の2二号イまたはロの基準に適合する建築物)
	地階を除く階数が2以下で，延べ面積が500m²を超え，1 500m²以下	
	地階を除く階数が2以下で延べ面積が500m²以下	木造で令136条の2三号イまたはロの基準に適合する建築物，木造以外で令136条の2四号イまたはロの基準に適合する建築物など

1 防火地域・準防火地域での共通の規定

防火地域・準防火地域では，表5に掲げるほか，次の規定がある。

(a) 屋根　市街地火災で発生する火の粉により，屋根が延焼するような発炎をしないこと，また，屋根を介して屋内で出火しないような性能が求められる。具体的には，耐火構造または準耐火構造とするか，不燃材料などでつくるまたはふくなどの構造方法とする(法62条，令136条の2の2，平成12年建設省告示1365号)。

(b) 隣地境界線に接する外壁　一般には，敷地境界線から50cm以上離して建築物を建てることがルールとなっている❶。建築物の外壁が耐火構造の場合は，その外壁を隣接する敷地の境界線に接して設けることができる(法63条)。

❶　p. 198参照。

■ **2** 建築物が二つ以上の防火関係地域にまたがる場合の規制

建築物が防火関係の指定地域の二つ以上にまたがる場合，建築物は，制限のきびしい地域の規制を受ける(法65条)。たとえば，ある建築物が防火地域と準防火地域にまたがる場合，その建築物は原則的に防火地域に関する規定を受ける。ただし，準防火地域内の建築物の部分について，防火壁で区画をした場合は，図2(a)に示すように，①の部分は準防火地域の規制を守ればよい。建築物が防火地域と地域指定なし，準防火地域と地域指定なしの区域にまたがる場合も同様のことがあてはまる(図2(b)，(c))。

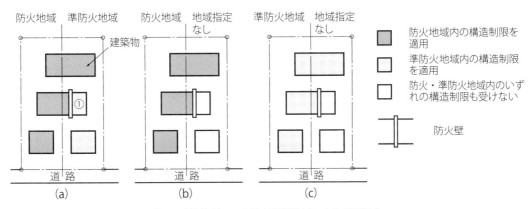

図2　建築物が二つの防火関係地域にまたがる場合

5　高層住居誘導地区

都市の中心部の利便性の高いところに良質な住宅を増やすことを目的とし，高層の共同住宅の建設を誘導するために，都市計画によって指定❷される地区(都計法9条17項)である。この地区では，住宅の用途の床面積が延べ面積の$\frac{2}{3}$以上の建築物(高層住宅)についてのみ，建築物の容積に関する規制(容積率の制限❸)や，各部分の高さに関する規制(斜線制限❹)が緩和され，日影による中高層の建築物の高さの制限(日影規制❺)が適用除外される。

❷　第一種住居地域・第二種住居地域・準住居地域・近隣商業地域または準工業地域で，指定容積率が400% または500%の地域に指定される。
❸　法52条 1 項五号。p. 127参照。
❹　法56条1項二号ハ，法別表3　4号。p. 132参照。
❺　法57条の5。p. 143参照。

3節 道路と敷地

都市内で建築物を建てる場合，日常の通行や活動，上下水道等との接続，災害の防止や避難のため，また，道路を介しての通風や採光のため，敷地が道路に接することが必要である。この節では，道路と敷地の関係について学ぶ。

1 道路の種類と基準

❶ 幅員は，道路側溝を含むが，法面は含まない。

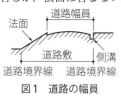

図1 道路の幅員

❷ p.161参照。

❸ 法第42条1項本文（ ）書，4項および5項。

建築基準法における**道路**とは，原則として4m以上の幅員❶のものをいうが，法が適用される以前あるいは都市計画区域や準都市計画区域が指定される以前から存在する幅員の狭い道路も含まれる（表1）。道路幅員4m以上を原則としているのは，通常時の車の通行のためと，とくに火災時に消防用の車が進入できる最低限の幅員であるなどの理由からきている。

なお，特定行政庁❷が，その地方の土地利用の状況などで必要と認めた場合は，特定の区域を指定して，その区域内では道路の幅員を6m以上とすることができる（**6m指定区域❸**という）。そのほか，

表1 建築基準法上の道路の種類（法42条）

道路の種別		概要
幅員4m[1]以上の道路	道路法による道路（1項一号）	国道・都道府県道・市町村道・区道など国や地方公共団体が管理する道路（公道）。
	都市計画法などによる道路（1項二号）。	都市計画街路事業，土地区画整理事業，市街地再開発事業，開発許可制度を通じて築造される道路で，工事完了後，通常は道路法による道路となる。
	既存道路（1項三号）	集団規定が適用されるに至った際にすでに存在している道。公道，私道[2]の区別は問わない。
幅員4m以上となる道路	事業執行予定道路（1項四号）	道路法や都市計画法に基づく事業計画のある道路で，2年以内にその事業が執行される予定のものとして特定行政庁が指定した道路。
	位置指定道路（1項五号）	その沿線に建築物を建築するために築造する道路で特定行政庁からその位置の指定を受けたもの。指定される道路の構造の基準（令144条の4）がある（図2）。
幅員4m未満の道路	2項道路（2項）	集団規定が適用されるにいたった際に，現に建築物が建ち並んでいる場所にある幅員4m未満の道で，特定行政庁が指定したもの。この道路に面して建築物を建築しようとする場合は，図3に示す後退が要求される（2項，5項）。
	3項道路（3項）	特定行政庁が，土地の状況によりやむを得ないと認める場合に，その将来の幅員を2.7m以上4m未満の範囲内で指定するもの。なお，この道路にのみ接する建築物について，交通・安全・防火または衛生上の必要性から，条例でその敷地，構造，建築設備または用途に関する制限が付加されることがある（法43条の2）。

注 1）6m指定区域では，6m。
2）土地が私有などで，一般の通行に提供している道路法によらない道。

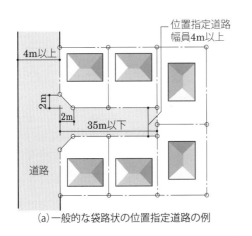

(a)一般的な袋路状の位置指定道路の例

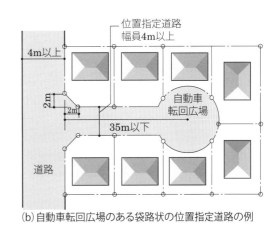

(b)自動車転回広場のある袋路状の位置指定道路の例

図2　位置指定道路

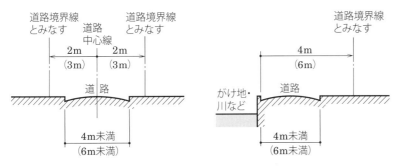

図3　4m未満の既存道路　（　）内は6m指定区域の場合

歴史的な家並みを保全するなどの理由を認めた場合は，4m未満とすることもできる（法42条3項）。

2　敷地と道路の関係

1　接道義務の原則

都市計画区域内あるいは準都市計画区域内において，建築物の敷地は，原則として，幅員4m以上の道路に2m以上接しなければならない（法43条1項）。これを一般に**接道義務**という（図4）。なお，この場合の道

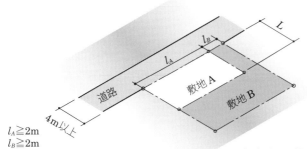

$l_A \geqq 2m$
$l_B \geqq 2m$
（Lの長さによっては地方公共団体の条例により制限が付加される場合がある）

図4　敷地と道路の関係

路には，自動車専用道路や高架の道路などは含まない。

　　ただし，建築物の周囲に広い空地がある場合など，特定行政庁（p. 161参照）が交通・安全・防火および衛生上支障がないと認めて，建築審査会（p. 161参照）の同意を得て許可したときは，必ずしも道路に2m以上接しなくてもよい（法43条2項二号）。　　　　　　　　　　　　5

▌2　特殊建築物などに対する接道義務の強化

不特定多数の人が出入りするような大規模建築物の場合，この接道義務を遵守するだけでは，日常の通行や避難時の安全性を確保することは困難である。そこで，たとえば次の①〜⑤の建築物について，道路の幅員や接道長さ❶など必要な制限を条例で強化する地方公共団体がある（法43条3項）。　　　　　　　　　　　　10

① 学校・病院・劇場・百貨店・共同住宅・工場などの特殊建築物。

② 階数が3以上の建築物。

③ 無窓居室（令116条の2）のある建築物（令144条の5）。

④ 延べ面積が1 000 m² を超える建築物。　　　　　　　　　　　　15

⑤ その敷地が袋路状道路❷にのみ接する延べ面積が150 m² を超える建築物（一戸建ての住宅を除く）。

▌3　道路内の建築制限

　　公道，私道を問わず，道路上での交通が安全かつ円滑にいくように，建築基準法では道路内における建築に対して，次のような規定を設けている（法44条）。　　　　　　　　　　　　20

▌1　道路内または道路に突き出して建築することが禁止されるもの

① 門・塀・建築設備も含めた建築物の部分。

② 敷地を造成するための擁壁。

▌2　道路内または道路に突き出して建築できるもの

① 基礎の一部，地下街など，地盤面下に設ける建築物（法44条1項一号）。　　　　　　　　　　　　25

② 公衆便所・派出所・バス停上家など，公益上必要な建築物で，特定行政庁が通行上支障がないと認めて，建築審査会の同意を得て許可したもの（法44条1項二号）。

▌3　地区計画区域❸の道路内に建築できるもの

地区計画の区域内の道路の上空または路面下に建築するもので，特定行政庁が安全・防火および衛生上支障がないと認めるもの（法44条1項三号，　　　　　　　　　　　　30

❶　敷地が道路に接する長さ（図4のl_A，l_B）。

❷　一端のみが他の道路に接続した道路。

❸　p. 147参照。

令145条1項)。

4 公共用歩廊，道路上空の渡り廊下など

公共用歩廊（アーケード），道
路上空の渡り廊下（図5），自
動車専用道路内の休憩所など
で，特定行政庁が安全・防火
および衛生上，他の建築物の
利便および周辺環境をそこな
わないと認めて，建築審査会

図5　道路上空の渡り廊下の例

の同意を得て許可したもの（法44条1項四号，令145条2項，3項）。

5 都市計画道路内などでの建築制限

都市計画法に基づいて決定された都市計画道路内に建築物を建てようとする者は，たとえ，現状は道路として供用されておらず，みずから所有する敷地であっても，都道府県知事の許可を得なければならない（都計法53条，65条）。その趣旨は，道路の将来の事業の実施を困難にするような建築物の建築を事前に防止するものである。具体的には，事業認可（都計法59条）以前であれば，次のような建築物で容易に移転または除去が可能であれば原則として建築が許可される（都計法54条）。

① 階数が2以下で地階がない。
② 主要構造部が木造，鉄骨造，コンクリートブロック造などである❶。

なお，公園や鉄道などの都市計画施設内および市街地開発事業区域内での建築物についての制限も，道路の場合と同様の制限が行われる（都計法53条）。

4 敷地面積の最低限度

用途地域内で市街地の環境を確保するため必要な場合には，敷地面積の最低限度を200 m²を超えない範囲で，都市計画に定めることができる❷（都計法8条3項二号イ，法53条の2）。

❶ 鉄筋コンクリート造や鉄骨鉄筋コンクリート造などは許可されない。

❷ 敷地面積の最低限度は，地区計画で定めることもできる（p.148参照）。

4節 密度に関する規定

　都市の空間の中に，どのような用途・高さ・規模の建築物が，どれくらい建てられるかによって，都市の機能や環境は大きく影響を受ける。この節では，一定の空間の中に建てられる建築物の量や密度を，その用途地域に応じて規制するしくみについて学ぶ。

1　密度規制の意図

　都市には多数の人が集まり，建築物が集中している。集中の度合いをはかる指標としてよく使われるものに人口密度（1haあたりの居住人口で示す）があり，建築物についても同じような密度の考え方をあてはめることができる。すなわち，一定の空間の中に建てられる建築物の量を密度と考えると，建築物の密度によってそこに集まる人の数や交通量などが異なってくることがわかる（図1）。

　ある地域に住む人の数や，ある地域で集中したり発生したりする交通量を，直接的に規制することはむずかしい。そこで，建築物の密度について規制を行うことによって，間接的に人や交通量の集中・発生量と道路などの都市施設とが調和するように調整するのである。都市計画法や建築基準法では，このような観点から，ある地区での建築物の密度について，以下に示すように容積率と建ぺい率によって，地域ごとの環境特性に応じた土地の使い方についての指針を示し，環境の悪化や混雑を防止しようとしている。

図1　建築物が密集している密度の高い地域の例（東京　十条）

2 建ぺい率

建築基準法では，各建築物の敷地についてある程度の空地を確保し，火災の延焼の防止や開放性などを確保するために，市街地の地域特性に応じて，建築物が敷地をおおう割合を規制している（法53条）。これを**建ぺい率の制限**という。

1 建ぺい率の定義と制限値

建ぺい率とは，建築面積の敷地面積に対する割合をいう。

$$●建ぺい率 = \frac{建築面積}{敷地面積} \times 100\,[\%]$$

同一敷地内に2棟以上の建築物があるときの建築面積は，各棟の建築面積を合計した値で計算する。

建ぺい率は，用途地域の目的に応じて都市計画で定められ，用途地域ごとに，表1に示す数値以下としなければならない。

商業地域を除く用途地域における建ぺい率は，複数の値の中から都市計画で指定する。これを一般に，**指定建ぺい率**という。

表1　建ぺい率の制限　[%]

敷地条件等 用途地域・区域	都市計画で定める数値	a.耐火建築物など[1]の緩和	b.角地等の緩和[2]	c.a＋bの場合の緩和[1]
第一種低層住居専用地域 第二種低層住居専用地域 田園住居地域 第一種中高層住居専用地域 第二種中高層住居専用地域	30 40 50 60	都市計画で定める数値 ＋ 10	都市計画で定める数値 ＋ 10	都市計画で定める数値 ＋ 20
第一種住居地域 第二種住居地域 準住居地域 近隣商業地域	50 60 80 60,80	都市計画で定める数値 ＋ 10[4]	都市計画で定める数値 ＋ 10	都市計画で定める数値 ＋ 20[4]
商業地域	80	制限なし	90	制限なし
準工業地域 工業地域 工業専用地域	50,60,80 50,60 30,40,50,60	都市計画で定める数値 ＋ 10[4]	都市計画で定める数値 ＋ 10	都市計画で定める数値 ＋ 20[4]
指定のない区域	(30,40,50,60,70)[3]			

注　1）防火地域・準防火地域内の「耐火建築物等」及び準防火地域内の「準耐火建築物等」（いずれも同等以上の延焼防止性能を有するものを含む）（法53条3項一号，令135条の20）。
　　2）角地等は特定行政庁（p.161）が細則などで定める。
　　3）特定行政庁が土地利用の状況等を考慮して指定する。
　　4）防火地域内の「耐火建築物等」で，都市計画で定める数値が80の場合は制限なし（法53条6項）。

なお，耐火建築物などである場合や，特定行政庁が指定する角地の場合は，建ぺい率の制限の緩和が受けられる（表1参照）。

さらに，特定行政庁が防災の観点から前面道路の境界線から後退して壁面線❶を指定した場合なども緩和できる（法53条5項）。

❶ p. 129参照。

2 建ぺい率の異なる二つ以上の地域等にまたがる場合

敷地が，建ぺい率の異なる二つ以上の地域・区域にまたがる場合の建築面積の限度は，それぞれの建ぺい率から計算した建築面積の合計による❷。したがって，敷地全体の建ぺい率の制限は，図2のようになる。

❷ 面積加重平均という。

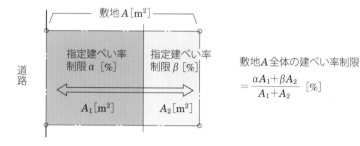

図2　敷地が建ぺい率の異なる二つ以上の地域にまたがる場合

敷地 A 全体の建ぺい率制限
$$= \frac{\alpha A_1 + \beta A_2}{A_1 + A_2} \ [\%]$$

例題1 準住居地域内（都市計画で定められた建ぺい率60%）にある敷地 $900\,\mathrm{m}^2$ に，建築することのできる建築物の建築面積の最大値を求めよ。ただし，前面道路は一つで幅員6mとし，防火地域の指定はないものとする。

解答… 建ぺい率の限度は60%であり，防火地域外で，街区の角にある敷地ではないので，法53条3項の緩和規定には該当しない。したがって，建築面積の最大値は，

$$900 \times 0.6 = 540\,\mathrm{m}^2$$

問1 例題1の敷地を防火地域内として，建築することのできる耐火建築物の建築面積の最大値を求めよ。

3 容積率

それぞれの地域が，道路などの都市施設と調和するように，適正な建築密度，すなわち，一定空間内での建築物の容量を規制している（法52条）。これを**容積率の制限**という。

図3　容積率規制のない市街地の例

1 容積率の定義と制限値

容積率とは，建築物の延べ面積の敷地面積に対する割合をいう（図4）。

建築物の容積率は，その敷地が位置する用途地域の目的に応じて都市計画において指定された数値以下❶としなければならない（表2）。この数値を，一般に**指定容積率**という。

❶ このほか，前面道路の関係による容積率制限を参照（p. 128）。

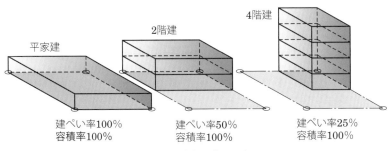

図4　容積率と建ぺい率

平家建　建ぺい率100%　容積率100%

2階建　建ぺい率50%　容積率100%

4階建　建ぺい率25%　容積率100%

表2　用途地域別容積率の制限［%］（法52条1項，2項）

用途地域・区域 \ 敷地条件等	容積率（(a)または(b)のいずれか小さい数値以下）	
	(a)都市計画で定める数値	(b)前面道路（幅員12m未満）による数値[1]
第一種低層住居専用地域	50, 60, 80, 100, 150, 200	前面道路の幅員×40
第二種低層住居専用地域		
田　園　住　居　地　域		
第一種中高層住居専用地域	100, 150, 200, 300, 400, 500	前面道路の幅員×40[2]
第二種中高層住居専用地域		
第　一　種　住　居　地　域		
第　二　種　住　居　地　域		
準　　住　　居　　地　　域		
近　隣　商　業　地　域		
商　　　業　　　地　　　域	200, 300, 400, 500, 600, 700, 800, 900, 1 000, 1 100, 1 200, 1 300	前面道路の幅員×60[3]
準　工　業　地　域	100, 150, 200, 300, 400, 500	
工　　業　　地　　域	100, 150, 200, 300, 400	
工　業　専　用　地　域		
指　定　の　な　い　区　域	(50, 80, 100, 200, 300, 400)[4]	

注　1）敷地の前面道路が二つ以上ある場合は，その幅員の最大のものをその道路の幅員とする。

2）特定行政庁が指定した区域では前面道路の幅員×60［%］。
なお，高層住居誘導地区❷が指定された場合，(a)の数値は最高1.5倍まで緩和され，(b)の数値は，幅員×60（特定行政庁が指定した区域では40または80）［%］となる（法52条2項）。

3）特定行政庁が指定した区域では前面道路の幅員×40または80［%］。なお，高層住居誘導地区（近隣商業地域，準工業地域）は，(a)の数値が最高1.5倍まで緩和される。

4）特定行政庁が土地利用の状況等を考慮して指定する。

❷ p. 119参照。

2 容積率の異なる二つ以上の地域等にまたがる場合

建ぺい率と同様に，敷地が，容積率の異なる二つ以上の地域・区域にまたがる場合の延べ面積の限度は，それぞれの容積率から計算した延べ面積の合計による（法52条7項）。

3 前面道路幅員との関係による容積率制限

前面道路の幅員が狭い場合には，大規模な建築物が建てられると，建築物に出入りする交通量・上下水道の需要量などに応じることが困難となる。そこで建築基準法では，前面道路の幅員が12m未満の場合，道路幅員との関係において容積率制限の規定を設けている（表2）。

表2に示すように，都市計画で定められた容積率と，道路幅員による容積率とを比較し，いずれか小さいほうの数値が容積率の限度となる。たとえば，準住居地域内にある敷地で，都市計画で定められた容積率が200％，前面道路の幅員が4mの場合，この敷地の容積率の限度は，

$$4 \times 40 = 160 < 200$$

となり，160％ということになる。

4 前面道路についての容積率の緩和

敷地の前面道路の幅員が6m以上12m未満で，その前面道路が幅員15m以上の道路（**特定道路**）に接続し，かつ，その特定道路から延長70m以内にその敷地が存在するとき，図5に示すような容積率の緩和がなされる（法52条9項，令135条の18）。ただし，その敷地について都市計画で定められた容積率が，緩和された容積率の限度より低い場合は，都市計画で定められた数値が容積率の限度となる。

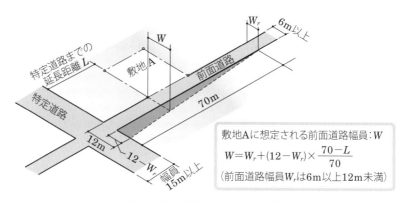

敷地Aに想定される前面道路幅員：W

$$W = W_r + (12 - W_r) \times \frac{70 - L}{70}$$

（前面道路幅員W_rは6m以上12m未満）

図5　容積率緩和のための前面道路

例題2 近隣商業地域内にある敷地1 200 m²に，建築することのできる建築物の，延べ面積の最大値を求めよ。ただし，都市計画で定められた容積率は400% とし，前面道路は幅員12 mと6 mの二つとする。

解答… 二つの前面道路のうち，一つは12 m以上の幅員をもつので，法52条2項の前面道路幅員による容積率の規制は受けない。したがって，延べ面積の最大値は

$$1\,200 \times 4 = 4\,800\,\mathrm{m}^2$$

問 2 例題2の敷地で，二つの前面道路の幅員を6 mと4 mにした場合，建築することのできる建築物の延べ面積の最大値を求めよ。ただし，特定行政庁の指定や特定道路はないものとする。

5 容積率制限の緩和

次のような場合には，容積率の算定の特例が認められる。ただし，(a)，(b)の場合は都市計画によって定められた容積率の限度を超えることはできない。

（a）計画道路が敷地内にある場合 建築物の敷地が都市計画で定められた計画道路に接していたり，あるいは，敷地内に計画道路がある場合で，特定行政庁が交通・安全・防火・衛生の面から支障がないとして許可すれば，その計画道路を前面道路とみなして容積率を算定することができる（法52条10項）。この場合，敷地内の計画道路部分は敷地面積に算入されない。

（b）壁面線❶の指定がある場合 前面道路の境界線またはその反対側の境界線よりも後退して壁面線が指定されている場合，特定行政庁が建築審査会の同意を得て許可すれば，壁面線を前面道路境界線とみなして，容積率の制限を行うことができる（図6）（法52条11項）。ただしこの場合，壁面線による後退部分が前面道路と一体的，かつ，連続的に有効な空地となっていることが必要である。

❶ 街区内の建築物の位置を整えて，良好な環境をつくるために，建築物の壁面の位置を，前面道路境界線等から後退させる線で，特定行政庁が建築審査会の同意を得て指定を行う（法46条）。

敷地Aおよび敷地Bの前面道路幅員は（$W+W_1$）とみなされる（ただし，壁面線による後退部分は敷地Aの敷地面積に算入されない）

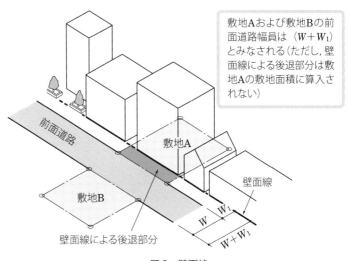

図6 壁面線

また，住居系の用途地域等で壁面線が指定されている場合は，壁面線を前面道路の境界線とみなして容積率を算定することができるとともに，前面道路による数値（表2）は幅員×60〔％〕に緩和され，かつ，許可は不要となる（法52条12項，13項）。

（c）その他の特例許可　次の場合，特定行政庁は建築審査会の同意を得て，容積率の限度を超える許可ができる（法44条2項，法52条14項，15項）。

① 発電所，自動電話交換室などの機械室，中水道施設**❶**や地域冷暖房施設など，機械室の割合が著しく大きい建築物。

② 敷地の周囲に広い公園・広場・道路などの空地がある建築物。

（d）延べ面積に算入しない用途の部分　容積率制限において，延べ面積に算入しない用途の部分とその床面積の限度は，次のとおりである（法52条3項，6項，令2条1項四号，3項，令135条の16）。

① 駐車場や駐輪場**❷**で，その床面積が当該建築物の延べ面積の$\frac{1}{5}$以内。

② 備蓄倉庫または蓄電池を設ける部分で，同じくそれぞれ$\frac{1}{50}$以内。

③ 自家発電設備または貯水槽を設ける部分で，同じくそれぞれ$\frac{1}{100}$以内。

④ 地階の住宅または老人ホーム等**❸**の部分**❹**で，その床面積**❺**が住宅または老人ホーム等のそれぞれ全体の床面積の$\frac{1}{3}$以内。

⑤ 共同住宅及び老人ホーム等の共用の廊下・階段の部分。

⑥ エレベーターの昇降路の部分。

⑦ 宅配ボックス**❻**設置部分で，その床面積が当該建築物の延べ面積の$\frac{1}{100}$以内。

❶　水を処理して，雑用水として再利用する施設。

❷　自動車車庫などのほかに，誘導車路・操車場所・乗降場なども含む。

❸　老人ホーム，福祉ホーム，その他これらに類するもの。
❹　地階で，その天井が地盤面からの高さ1m以下にあるもの。
❺　エレベーターの昇降路の部分または共同住宅等の共用の廊下・階段の部分を除く。
❻　配達された物品の一時保管のための荷受箱。

5節 形態に関する規定

この節では，複数の建築物がたがいに通風や採光などの影響を軽減できるよう，建築物の高さや位置を規制する各種の形態規制について学ぶ。

1 形態規制の意図

5 　狭い道路に面して高い建築物がつくられたり，狭い敷地にすきまなく建築物がつくられた場合，複数の建築物が，たがいに通風・採光・日照などの影響を及ぼしあい，火災による延焼の危険が増す。

　このような問題に対処し，良好な都市環境を保護するために，建ぺい率制限や容積率制限以外に，**形態規制**とよばれる制限が設けられている。

10

2 低層住居系専用地域等の形態規制

1 制限の内容

低層住居系専用地域等❶では，低層住宅を主体とした良好な住宅地としての環境を維持するために，外壁の後退距離❷や高さの制限を設けている。

15 　この用途地域では，都市計画で，10m以下または12m以下のいずれかに建築物の高さの限度が指定される（図1）。これを一般に，**絶対高さ制限**という（法55条1項）。

❶　以下，第一種低層住居専用地域および第二種低層住居専用地域，田園住居地域を「低層住居系専用地域等」と表す。

❷　低層住居系専用地域等内における建築物の外壁，またはこれに代わる柱の面から敷地境界線までの距離をいう。都市計画で，1mまたは1.5mのいずれかで定められた場合には，その限度以上でなければならない（法54条）。

図1　建築物の高さの限度が指定されている地域の例（東京　八王子）

2 高さ制限の緩和

高さ制限の緩和には，特定行政庁の認定による場合と許可による場合がある。

❶　建築物の敷地面積から建築面積を除いた面積（庭・通路など）の，敷地面積に対する割合。空地率＋建ぺい率＝100％

(a) 認定による緩和　　建築物の高さが10m以下に指定されている地域にあって一定の**空地率❶**と敷地面積の2条件が確保され，特定行政庁が低層住宅地としての良好な環境をそこなうことがないと認めた場合は，高さの限度を12mまでの範囲内で緩和することができる（法55条2項，令130条の10）。

(b) 許可による緩和　　次の建築物の場合，建築審査会の同意を得て，特定行政庁の許可により建築物の高さ制限を緩和することができる（法55条3項）。

①　敷地の周囲に広い公園・広場・道路その他の空地がある建築物で，低層住宅地としての良好な環境をそこなうおそれがない場合。

②　学校，その他寺院，神社，教会などの建築物で，その用途上やむをえない場合。

3　建築物の各部分の高さの制限

道路上空の開放性，建築物周辺の日照，採光などを確保することを目的として，建築物の各部分の高さについて定められている規定がある。これを一般に，**斜線制限**という。この斜線制限には，次に述べるように，道路斜線制限・隣地斜線制限・北側斜線制限の3種類❷がある。

❷　道路高さ制限（令135条の6），隣地高さ制限（令135条の7），北側高さ制限（令135条の8）ともいう。

❸　第一種中高層住居専用地域もしくは第二種中高層住居専用地域で指定容積率が400％以上の地域および住居系地域の場合で，特定行政庁が指定した場合は1.5。

1　道路斜線制限

前面道路の反対側の境界線から，該当する敷地側に向かって図2のように一定の勾配（住居系用途地域の場合は1.25❸，その他の用途地域では1.5）の斜線を引き，この斜線（道路斜線）よりも内側の範囲に，建築物の高さを制限しようというものである（法56条1項一号，法別表3）。これ

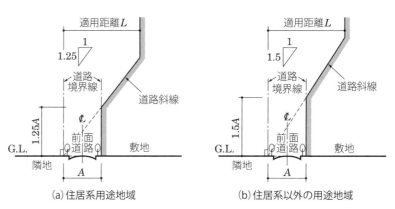

図2　道路斜線制限

を一般に，**道路斜線制限**という。この場合，道路斜線の高さは前面道路の路面の中心からの高さによる（令2条1項六号イ）。なお，この斜線制限の適用の範囲は，道路から一定の範囲に限られており，道路の反対側の境界線よりLmを超える部分については，道路斜線制限は適用されない。このLの値は，表1，図3に示すように，用途地域と基準容積率❶によって，それぞれ異なる。

❶ 法52条1項，2項，7項，9項の規定により求められる容積率の限度。

表1 道路斜線の適用距離と勾配

建築物がある地域または区域	敷地の基準容積率 ［%］	適用距離L[m]	斜線の勾配
第一種低層住居専用地域 第二種低層住居専用地域 田 園 住 居 地 域 第一種中高層住居専用地域 第二種中高層住居専用地域 ※ 第 一 種 住 居 地 域 ※ 第 二 種 住 居 地 域 ※ 準 住 居 地 域	200以下の場合	20	1.25
	200を超え，300以下の場合	25	
	300を超え，400以下の場合	30	
	400を超える場合	35	
近 隣 商 業 地 域 商 業 地 域	400以下の場合	20	1.5
	400を超え，600以下の場合	25	
	600を超え，800以下の場合	30	
	800を超え，1 000以下の場合	35	
	1 000を超え，1 100以下の場合	40	
	1 100を超え，1 200以下の場合	45	
	1 200を超える場合	50	
※ 準 工 業 地 域 工 業 地 域 工 業 専 用 地 域	200以下の場合	20	1.5
	200を超え，300以下の場合	25	
	300を超え，400以下の場合	30	
	400を超える場合	35	
指 定 の な い 区 域	200以下の場合	20	1.25または1.5のうち特定行政庁が定める
	200を超え，300以下の場合	25	
	300を超える場合	30	

注 1) ※の区域内で高層住居誘導地区（p.119参照）が指定された場合は，住宅の用途の床面積が延べ面積の$\frac{2}{3}$以上の建築物は，適用距離が35m，斜線の勾配が1.5となる。

2) 第一種中高層住居専用地域もしくは第二種中高層住居専用地域で指定容積率が400%以上の地域または第一種住居地域，第二種住居地域もしくは準住居地域のうち，特定行政庁が指定する区域内では，表中の25mは20m，30mは25m，35mは30m，勾配1.25は1.5となる。

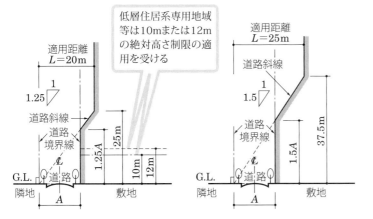

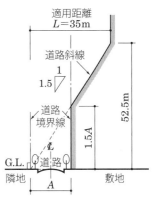

(a) 住居系用途地域　容積率200%以下の場合

(b) 商業系用途地域　容積率400%を超え，600%以下の場合

(c) 工業系用途地域　容積率400%を超える場合

図3　道路斜線制限と容積率限度

2 道路斜線制限の緩和

次のような場合は，道路斜線についての制限の緩和が認められている。

（a）前面道路境界線から後退して建築する場合　建築物を道路境界線から，図4のようにCm後退して建築する場合（**セットバック**），反対側の道路境界線もCm後退して存在しているものとみなして道路斜線が適用される（法56条2項）。

なお，セットバック部分には，原則として建築物は建てられないが，小規模な物置，自転車置場，高さ2m以下の門，塀などの建築は認められる（令130条の12）。

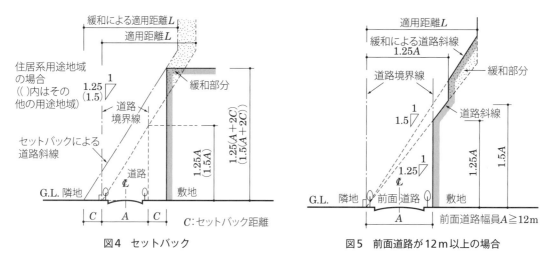

図4　セットバック

図5　前面道路が12m以上の場合

（b）住居系用途地域内で前面道路幅員が12m以上の場合　低層住居系専用地域等以外の住居系用途地域内では，前面道路の幅員が12m以上である建築物については，前面道路の反対側の境界線からの水平距離が前面道路幅員の1.25倍以上の範囲では，勾配1.5の道路斜線制限を適用する（図5）（法56条3項）。

（c）建築物の敷地が2以上の道路に接している場合　前面道路のうち，最も広い幅員の道路境界線から，道路幅員の2倍，かつ，35m以内の範囲については，狭い道路に面する部分も，広い道路幅員による斜線制限による。また，この範囲を超える部分で狭い道路の中心線から10mを超える範囲については，最も幅員の広い道路を前面道路とみなす（図6）（法56条6項，令132条）。

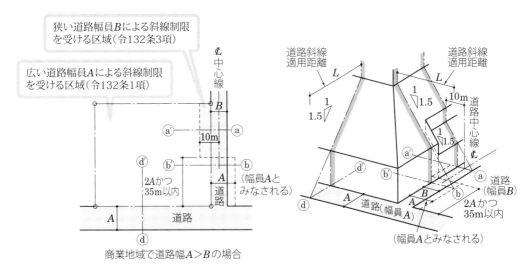

狭い道路幅員Bによる斜線制限を受ける区域（令132条3項）

広い道路幅員Aによる斜線制限を受ける区域（令132条1項）

商業地域で道路幅A＞Bの場合

図6　異なる幅員の2以上の道路に接する場合

（d）前面道路の反対側に公園などがある場合　前面道路の反対側に公園・広場・水面などがある場合は，それらの反対側の境界線をその前面道路の反対側の境界線とみなして，斜線制限を適用する（図7）（法56条6項，令134条）。

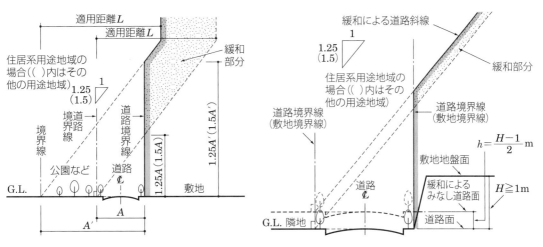

図7　前面道路の反対側に公園などがある場合

図8　前面道路と敷地に高低差がある場合

5　**（e）前面道路面と敷地の地盤面に高低差がある場合**　建築物の敷地の地盤面が前面道路面より1m以上高い場合には，その前面道路面は，敷地の地盤面と前面道路面との高低差から，1m引いたものの$\frac{1}{2}$だけ高い位置にあるものとみなして，道路斜線制限を適用する（図8）（法56条6項，令135条の2）。なお，高低差が1m未満の場合は，

10　そのまま道路面から道路斜線制限を適用し，特別の緩和や制限はない。

図9のような第一種低層住居専用地域内の敷地で，建築物におけるA点で，建築することのできる高さの最高限度を求めよ。ただし，都市計画において定められる建築物の高さの限度を10mとし，敷地・隣地および道路の相互間の高低差はないものとする❶。

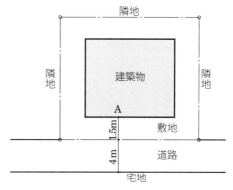

図9　例題1

解答…　建築物のA点において，前面道路からの道路斜線制限によるA点の高さの最高限度を求める。この最高限度と，都市計画において定められる建築物の高さの限度10mと比較する。

$$(1.5 + 4 + 1.5) \times 1.25 = 8.75\,\text{m} < 10\,\text{m}$$

したがって，建築物におけるA点の高さの最高限度は，8.75m となる。

問 1　例題1の敷地で，建築物におけるA点の高さを9mとしたい場合に，必要となる道路境界線からの建築物の後退距離を求めよ。

3　隣地斜線制限

用途地域に応じて，隣地境界線上の一定の高さの地点を起点として，その高さからその敷地の上空の方向に斜線を引き，その斜線の範囲内に高さを制限している。これを一般に，**隣地斜線制限**という（表2，図10）（法56条1項二号）。なお，低層住居系専用地域等では，絶対高さ制限が適用されるので，隣地斜線制限の適用は受けない。

表2　用途地域別隣地斜線制限

用途地域	制限の内容
中高層住居系専用地域・住居系地域[1]	$h^{2)} = 20 + 1.25 \times l$ [m]
その他の地域（高層住居誘導地区❷・商業系用途地域・工業系用途地域および用途地域の指定のない区域）	$h = 31 + 2.5 \times l^{3)}$ [m]

❷ 法56条1項二号ハ，法57条の5。

❸ 法56条1項二号イ。

注　1）特定行政庁が指定した区域内❸では，その他の地域の式が適用される。
　　2）図10参照。
　　3）lは，隣地境界線までの水平方向の最小距離を示す。

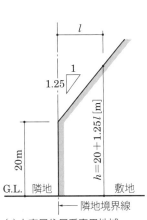

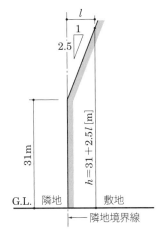

(a) 中高層住居系専用地域・
住居系地域

(b) その他の地域（高層住居誘導地区・
商業系用途地域・工業系用途地域
および用途地域の指定のない区域）

図10　隣地斜線制限

4　隣地斜線制限の緩和

次の場合には，隣地斜線制限が緩和される。

（a）建築物の敷地が公園などに接する場合　　建築物の敷地が，公園（街区公園❶は除く）・広場・水面などに接する場合には，それらに接する隣地境界線は，それらの幅の$\frac{1}{2}$だけ外側にあるものとみなして隣地斜線制限が適用される（図11（a））（令135条の3　1項一号）。

❶　都市公園法施行令2条1項一号の都市公園。

数値は住居系用途地域の規制値,(　)内はその他の用途地域の規制値を示す。

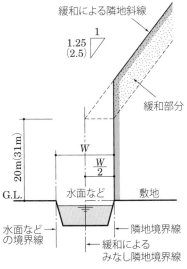

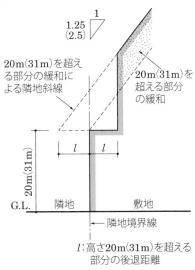

(a) 敷地が公園・広場・水面
などに接する場合

(b) 高さ20m(31m)を超える部分を
後退させる場合

l:高さ20m(31m)を超える
部分の後退距離

図11　隣地斜線制限の緩和

（b）建築物の敷地の地盤面が隣地より低い場合　　建築物の敷地の地盤面が隣地の地盤面（隣地に建築物がない場合は，隣地の平均地表面）より1m以上低い場合は，その建築物の敷地の地盤面はその高低差から1m引いたものの$\frac{1}{2}$だけ高い位置にあるものとみなして隣地斜線制限が適用される（令135条の3　1項二号）。

（c）隣地境界線から後退して建築する場合　　住居系用途地域では地上20m，その他の地域では地上31mを超える建築物の部分を隣地境界線より後退して建築する場合，後退した距離と同じ距離だけ隣地境界線が隣地側に後退したものとみなして，隣地斜線制限が適用される（図11（b））（法56条1項二号）。

◆ **例題2**　　図12のような準住居地域内の敷地で，建築物におけるA点で建築することのできる高さの最高限度を求めよ。ただし，道路斜線の適用距離を30mとし，敷地・隣地および道路の相互間の高低差はないものとする❶。

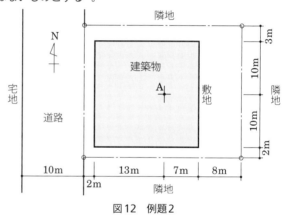

図12　例題2

❶　図に示されているものを除き，地域・地区等および特定行政庁による指定の条件はないものとし，日影による中高層の建築物の高さの制限および天空率（p. 142参照）に関する規定は考慮しないものとする。

解答…　建築物におけるA点には，前面道路からの道路斜線制限と，隣地からの斜線制限の適用を受けるが，隣地斜線制限では南側隣地からの規制が最もきびしくなる。したがって，道路斜線制限と南側隣地斜線制限によるA点の高さの最高限度を求めて比較する。

道路斜線制限によるA点の高さの最高限度は，

$$(2 + 10 + 2 + 13) \times 1.25 = 33.75 \text{m}$$

南側隣地斜線制限によるA点の高さの最高限度は，法56条1項二号の20mを超える部分の隣地境界線からの建築物の後退距離による緩和規定を適用すると，

$$(12 + 2) \times 1.25 + 20 = 37.5 \text{m} > 33.75 \text{m}$$

したがって，建築物におけるA点の高さの最高限度は，

$$33.75 \text{m}$$

5 北側斜線制限

低層住居系専用地域等と，中高層住居系専用地域において建築物を建てる場合には，隣地に与える日照の影響がとくに大きい北側部分の高さが制限される。これは，表3，図13に示すように，用途地域に応じてその敷地の真北方向の敷地境界線上，または真北方向の道路の反対側境界線上から，一定の高さを起点としてその敷地方向に一定の勾配の斜線を引き，その斜線内に建築物の高さを制限するものである。これを一般に，**北側斜線制限**という（表3，図13）（法56条1項三号）。

表3　用途地域別北側斜線制限

用途地域	制限の内容
第一種低層住居専用地域 第二種低層住居専用地域 田園住居地域	$h^{1)} = 5 + 1.25 \times l^{2)}$ [m]
第一種中高層住居専用地域 第二種中高層住居専用地域	$h = 10 + 1.25 \times l$ ❶ [m]

注　1) 図13参照。
　　2) 真北の隣地境界線までの水平方向の最小距離を示す。

❶　日影規制（p. 145参照）が適用される場合は，この制限はない。

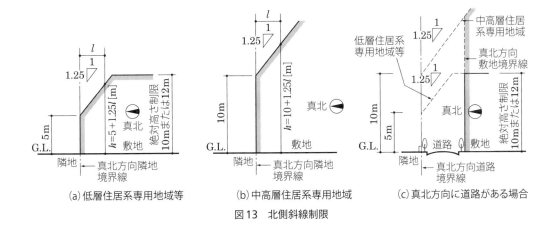

(a) 低層住居系専用地域等　　(b) 中高層住居系専用地域　　(c) 真北方向に道路がある場合

図13　北側斜線制限

6 北側斜線制限の緩和

次の場合には，北側斜線制限が緩和される。

（a）建築物の敷地の北側に水面，線路敷などがある場合　建築物の敷地の北側に水面・線路敷などがある場合，その幅の$\frac{1}{2}$だけ隣地境界線が外側にあるものとして，北側斜線制限が適用される。ただし，公園・広場の場合には日照を必要とするので，緩和は適用されない。また，建築物の敷地の北側の道路の反対側に水面・線路敷などがある場合は，その幅の$\frac{1}{2}$だけ隣地境界線が外側にあるものとして，北側斜線制限が適用される（図14）（令135条の4　1項一号）。

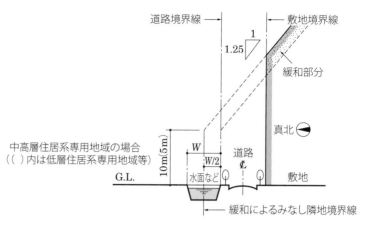

図14 北側斜線制限の緩和

図中のラベル:
- 道路境界線
- 敷地境界線
- 1.25 / 1
- 緩和部分
- 真北
- 中高層住居系専用地域の場合（（ ）内は低層住居系専用地域等）
- 10m(5m)
- W
- W/2
- 道路℄
- 敷地
- G.L.
- 水面など
- 緩和によるみなし隣地境界線

（b）敷地の地盤面が隣地の地盤面より低い場合　建築物の敷地の地盤面が，隣接敷地より1m以上低い場合，地盤面の高低差から1m引いたものの$\frac{1}{2}$だけ，該当する敷地の地盤面が高いところにあるものとして斜線制限が適用される（令135条の4　1項二号）。

例題3　図15のような第二種低層住居専用地域内の敷地で，建築物におけるA点で建築することのできる高さの最高限度を求めよ。ただし，都市計画において定められる建築物の高さの限度を10mとし，道路斜線の適用距離を20mとする。また，敷地，隣地および道路の相互間の高低差はないとする[1]。

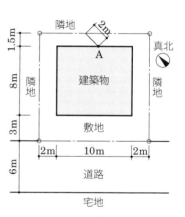

図中のラベル:
- 隣地
- 2m
- 1.5m
- 真北
- 8m
- 隣地
- A
- 建築物
- 隣地
- 3m
- 敷地
- 6m
- 2m
- 10m
- 2m
- 道路
- 宅地

図15　例題3

解答…　建築物におけるA点には，前面道路からの道路斜線制限と北側隣地からの斜線制限の適用を受ける。したがって，道路斜線制限と北側斜線制限によるA点の高さの最高限度を求め，都市計画において定められる建築物の高さの限度10mと比較する。

道路斜線制限によるA点の高さの最高限度は，

$$(3 + 6 + 3 + 8) \times 1.25 = 25\,\text{m}$$

北側斜線制限におけるA点の高さの最高限度は，

$$5 + (2 \times 1.25) = 7.5\,\text{m} < 10\,\text{m} < 25\,\text{m}$$

したがって，建築物におけるA点の高さの最高限度は，7.5m。

❶　図に示されているものを除き，地域・地区等および特定行政庁による指定の条件はないものとし，日影による中高層の建築物の高さの制限および天空率に関する規定は考慮しないものとする。

問2 例題3の敷地で，北側隣地の地盤面が建築物の地盤面よりも2m高い場合，建築物におけるA点で建築することのできる高さの最高限度を求めよ。

例題4 図16のような二つの道路に接している商業地域内の敷地で，a－a′とb－b′部分について，建築することができる範囲を断面図に示せ。ただし，道路の斜線制限の適用距離を30mとし，敷地，隣地および道路の相互間の高低差はないものとする❶。

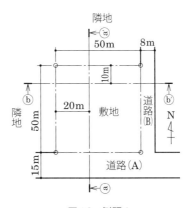

図16　例題4

❶　図に示されているものを除き，地域・地区等および特定行政庁による指定の条件はないものとし，日影による中高層の建築物の高さの制限および天空率に関する規定は考慮しないものとする。

解答…

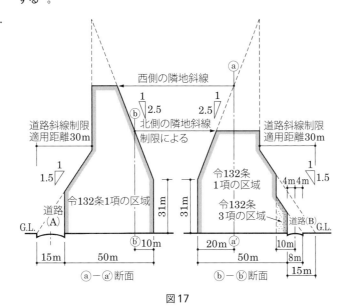

図17

a－a′では，道路(A)からの斜線制限と北側の隣地斜線制限の規制を受けると同時に，西側の隣地斜線制限の規制を受ける。

b－b′では，道路(B)の中心から10mまでは，道路(B)の斜線制限が適用される(令132条3項)。他の部分は道路(A)による斜線制限の規制を受ける(令132条1項)。また，a－a′と同じように，西側と北側の隣地斜線制限の規制を受ける。

7 天空率による 高さ制限の特定

これまでの道路斜線制限，隣地斜線制限および北側斜線制限のいずれかの規定により建築物の各部分の高さが制限される場合に，天空率による基準に適合する建築物については，これらの斜線制限は適用しない（図18）（法56条7項，令135条の5〜令135条の11）。

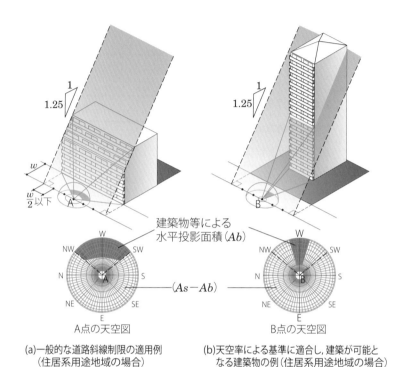

建築物等による
水平投影面積（*Ab*）

(*As* − *Ab*)

A点の天空図 B点の天空図

(a)一般的な道路斜線制限の適用例
（住居系用途地域の場合）

(b)天空率による基準に適合し，建築が可能と
なる建築物の例（住居系用途地域の場合）

図18　天空率による道路斜線制限の特例

❶　法56条1項〜6項による高さ制限。

これは，建築物が敷地周囲に及ぼす天空率への影響を，一般的な斜線制限❶による天空率への影響と比較して，天空率が低下しない範囲内（斜線制限と同程度の採光・通風等を有する建築物）であれば，一般的な斜線制限は適用しないものとするものである。

天空率（*Rs*）は，天空を水平面に正投射した場合の，全天（*As*）に対する空の見える部分（*As* − *Ab*）の割合で表され，次式のように定義されている。

●天空率

$$Rs = \frac{As - Ab}{As}$$

As：地上のある位置における水平面より上の想定半球の水平投影面積（天空図全体）
Ab：建築物とその敷地の地盤を*As*の想定半球に投影した水平投影面積（天空図の影の部分）

4 日影による中高層の建築物の高さの制限

　日照にかかわる紛争を防ぐために，中高層の建築物が周辺の土地に落とす日影が一定時間以上にならないように，規制が設けられている。これを一般に，日影規制という(法56条の2)。この規制は，全国一律に適用されるのではなく，地方の気候・風土などをふまえて各地方公共団体が，条例で対象区域や規制値を選択するものである。

1 対象区域

　日影規制の対象区域は，住居系用途地域と，住宅と住宅以外の用途がかなりの程度混在する近隣商業地域・準工業地域と用途地域の指定のない区域について，地方公共団体がその全部または一部について条例で指定する❶。高層住居誘導地区❷・商業地域・工業地域および工業専用地域には建築基準法の日影規制は適用されない。ただし，建築物❸が日影規制を受けない区域に建てられる場合であっても，その日影を日影規制を受ける区域に落とす場合は，日影規制が適用される。

2 対象建築物

　一般に高さが10mを超える建築物が規制対象となり，低層住居系専用地域等では，軒高7mを超える建築物または地階を除く階数が3以上の建築物が規制対象となる❹。

3 測定の条件

　(a) 基準となる日と時間帯　年間を通じて最も日照条件の悪い冬至日(12月22日ころ)を基準日としている。測定時間帯は，真太陽時❺による午前8時から午後4時までの8時間である。ただし，北海道は太陽高度が低いので，午前9時から午後3時までの6時間で測定するこ

❶ p.145表4
用途地域・区域参照。
❷ p.119参照。
❸ 高さが10mを超える建築物(法56条の2　4項)。

❹ p.145表4　対象建築物参照。

❺ 測定地点での太陽南中時を正午とする時刻法。実際の太陽の動きと合致しているため，有効な日照時間を測定するのに適している。

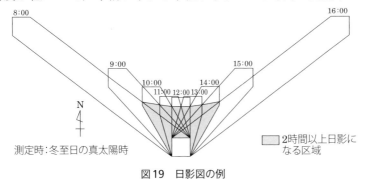

図19　日影図の例

とになっている。測定は，図19のような日影図をかいて行う。

（b）測定する水平面の高さ　　日影を測定するのは地表面ではなく，対象建築物の平均地盤面からの高さで，窓の位置を考慮して低層住居系専用地域等では1.5m，その他の用途地域では4mまたは6.5m❶となっている（図20）。

5

（c）日影時間の測定範囲　　日影時間の測定範囲は，敷地境界線から隣地敷地内に水平距離で5mを超え10m以内の部分と，10mを超える部分の二つであり，それぞれの測定範囲に対する日影時間の制限が定められている（図21）。

❶ 地方公共団体の条例で定める。

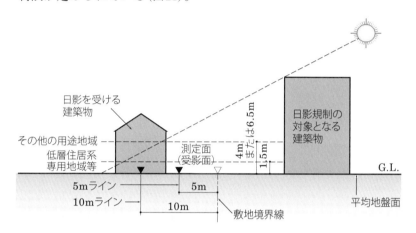

図20　日影規制の測定水平面

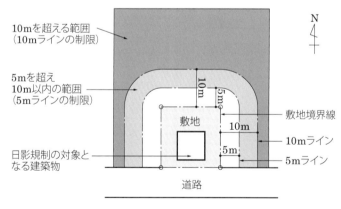

図21　日影規制の測定範囲

4　日影時間の限度

日影時間の限度は，前述の測定条件をもとに，法別表4（表4）の日影時間の限度の欄に掲載された時間のうちから，地方公共団体がその地方の気候・風土，土地利用の状況を考慮しながら，対象区域（p. 143参

10

表4 日影規制

敷地条件 / 用途地域・区域	対象建築物	測定水平面	日影時間の限度		
				5mを超え10m以内（5mライン）	10mを超える（10mライン）
第一種低層住居専用地域 第二種低層住居専用地域 田園住居地域	軒高7mを超えまたは地上3階建以上	1.5m	(1)	3時間	2時間
			(2)	4時間	2.5時間
第一種中高層住居専用地域 第二種中高層住居専用地域	高さ10mを超える	4mまたは6.5m	(3)	5時間	3時間
第一種住居地域 第二種住居地域 準住居地域 近隣商業地域 準工業地域	高さ10mを超える	4mまたは6.5m	(1)	4時間	2.5時間
			(2)	5時間	3時間
指定のない区域	軒高7mを超えまたは地上3階建以上	1.5m	(1)	3時間	2時間
			(2)	4時間	2.5時間
	高さ10mを超える	4m	(3)	5時間	3時間

※ 北海道においては5mラインで上記の規制時間より－1時間，10mラインで上記の規制時間より－0.5時間で換算する。

照)の用途地域または区域の種類に応じて選択し❶，条例で指定する。

5 日影規制の制限緩和

次の場合には，日影規制の制限が緩和される。

（a）道路などに接する場合　建築物の敷地が道路・水面・線路敷などに接する場合には，日影規制の5mライン，10mラインが緩和される。たとえば，接する道路の幅が10m以下のときは，その幅の$\frac{1}{2}$の位置に敷地境界線があるものとみなされ，道路の幅が10mを超えるときは，道路の反対側の境界線から道路側に5m戻った位置に敷地境界線があるものとみなして適用される（令135条の12　3項一号）。

（b）敷地の地盤面が隣地の地盤面より低い場合　隣地斜線・北側斜線の場合と同様に，建築物の敷地が日影の生じる隣接する敷地の地盤面より1m以上低い場合には，その建築物の敷地の平均地盤面は，その高低差から1mを引いたものの$\frac{1}{2}$だけ高い位置にあるものとみなして適用される（令135条の12　3項二号）。

❶　表4の用途地域または区域のそれぞれに定められた(1)～(3)（または(1)，(2)）の日影時間の限度を選ぶ。

コラム
column

高度地区

これまで学んだ各種の高さの制限のほかに，次のような高度地区を市区町村が都市計画決定している場合には，これに適合させなければならない（法58条）。

表5

高度地区の種類	概要
斜線制限型 図22（a），（b）および（c）	住宅地において，その北側にある敷地への日照の影響を軽減するため，敷地の真北方向の敷地境界線からの距離に応じて建築物の各部分の高さを定め，北側斜線制限（p.139）や日影規制（p.145）を補完する。
最低高さを定める絶対高さ制限型 図22（d）	都市のシンボルとする街路沿線において，建築物の高度利用がはかられた景観を整える。
最高高さを定める絶対高さ制限型 図22（e）	駅周辺の高密度な繁華街において，その後ろに隣接する低密度の住宅地との間での高さをめぐる紛争を防ぐ。
	特色ある沿道市街地において，建ち並ぶ建築物の高さを突出させないようにする。
	都市のシンボルである城郭の周辺において，城郭を隠さないようにする。
	都市のシンボルである山なみを眺望点から隠さないようにする。
	都市全域において，市街地を遠望した場合の各建築物がつくり出すスカイライン※を整える。たとえば，建築物の高さを鉄道駅の周辺では高くする一方，鉄道駅から離れた土地では低くするなどを行う。

※　建築物の屋根や丘陵などの地形がつくる天空との境界線。

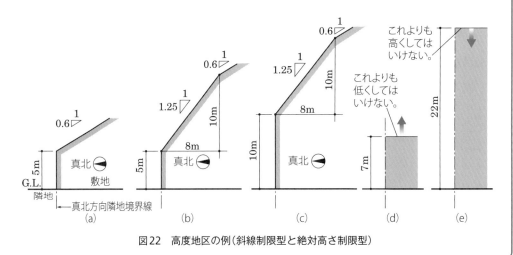

図22　高度地区の例（斜線制限型と絶対高さ制限型）

6節 良好なまちづくり

　この節では，地区や敷地の特性に応じて集団規定を修整する制度や，地域や地区における景観の形成，緑地保全，屋外広告物の整序など，集団規定を補う良好なまちづくりのための制度について学ぶ。

1 地区計画

　人々が徒歩で到達できるくらいの範囲の**地区❶**や**街区❷**の環境を良好なものに形成し，維持するための制度が**地区計画制度**である。地区計画は，地区に住む人々が利用する道路・公園・広場といった身近な地区施設の配置や規模とともに，建築物の形態・用途・敷地規模などについての事項を総合的な計画として定め，これをもとに地区での開発行為や建築を規制することにより，よりよいまちをつくり，保護することを目的としている。これまでに学んだ建築規制が全国向けの標準的な規制なのに対して，地区計画では，市町村がその地区の特性に応じて，住民の意見をじゅうぶんに取り入れながら，きめ細かな計画規制を定めることができる(都計法12条の5)。

❶ 計画の対象とするために区分された土地。
❷ 道路によって周囲を区画された一まとまりの土地。

1 地区計画の対象区域

　地区計画は，良好な環境の地区を整備・保全するために，都市計画区域内で必要に応じて定められる(都計法12条の5)。このうち用途地域の定められている地域内では，必要に応じて，どこでも，地区計画の策定が可能である。

　一方，用途地域が定められていない地域内では，次のいずれかに該当する地域に定められる。

① 住宅市街地の開発，およびその他の建築物や敷地の整備に関する事業の区域。

② 無秩序な開発により，不良な街区の環境が形成されるおそれがある区域。

③ 良好な居住環境，その他すぐれた街区の環境が形成されている区域。

2 地区計画の内容

　地区計画では，方針とそれをもとにした地区整備計画が定められる。

方針においては，地区計画の種類・名称・位置・区域・面積のほか，地区計画の目標，地区の整備・開発・保全の方針が示される。

　地区整備計画においては，

①　地区施設(地区の居住者が主として利用する道路・公園・緑地・広場など)の配置や規模についての事項

②　建築物の用途の制限，建ぺい率・容積率の限度，壁面の位置の制限，形態または意匠の制限，高さの限度，敷地面積または建築面積の最低限度，垣またはさくの構造の制限などについての事項

③　樹林地・草地などの保全に関する事項

④　農地の土地の形質の変更等の制限に関する事項

などについて，必要な事項を選択して定めることができる。

　地区整備計画が定められている区域では，次の行為を行おうとする者は，確認申請の前に市町村長に届け出なければならない。

①　土地の区画形質の変更

②　建築物の建築・工作物の建設

③　建築物などの用途の変更

④　建築物などの形態または色彩その他の意匠の変更

⑤　木竹の伐採

　これらの行為が，地区計画に定められている内容と適合しない場合は，市町村長は届け出た者に対して，設計の変更，その他必要な措置を取ることを勧告することができる。これを**届出・勧告制度**という(都計法58条の2，都計令38条の4)。

　さらに，市町村は，地区整備計画で定められている建築物の敷地・構造，建築設備または用途に関する事項については，建築基準法に基づく条例(地区計画建築条例)として定めることができる(法68条の2，令136条の2の5)。これら地区計画建築条例に定めた事項は，建築基準関係規定❶となり建築確認を通じて適合することが義務づけられる。

❶　p. 164参照。

2　さまざまな地区計画

　地区計画は，多様な地区の特性や目標に応じて定められる。集団規定の特別な使い方をするもの(表1)や，他の法律にその根拠をもつもの(表2)がある。

表1　地区計画の特別な使い方

	種類	概要
①	用途緩和型（法68条の2 5項）	地区の特性にふさわしい土地利用の増進等のため，用途地域に定める用途制限を緩和できる。
②	再開発等促進区❶，開発整備促進区❷あるいは沿道再開発等促進区❸（法68条の3 1項〜8項，都計法12条の5 3項，4項，12条の12，幹線道路の沿道の整備に関する法律9条3項，5項）	再開発等促進区あるいは開発整備促進区を，適正な配置および規模の道路等の整備とともに定める。なお，再開発等促進区内では容積率制限，建ぺい率制限，絶対高さ制限または斜線制限を，また，開発整備促進区内では用途制限を適用しないことができる。このほか，沿道再開発等促進区内でも再開発等促進区内と同様の制限緩和ができる。
③	誘導容積型（法68条の4，都計法12条の6）	容積率制限を，道路等の整備の状況に応じて定める地区計画。なお，道路等の整備の過程であっても整備後の容積率制限を適用することを特定行政庁が認めることができる。
④	容積適正配分型（法68条の5，法68条の5の2，都計法12条の7）	容積率制限を，用途地域別に定められた制限とは異なる値で定める地区計画。たとえば，高度利用をはかるべき区域には高く定める一方，伝統的建造物の立地や樹林地の保存や保全をはかるべき区域には低く定める。なお，容積率制限を用途地域に定める制限値よりも高く定める区域では，容積率の最低限度，敷地面積の最低限度および道路に面する壁面の位置の制限も地区整備計画および地区計画建築条例に定める。
⑤	高度利用および都市機能更新型（法68条の5の3，都計法12条の8）	容積率制限，建ぺい率制限および建築面積の最低限度を，道路に接して壁面の位置の制限を課すことで，有効な空間を確保する地区計画。なお，道路斜線制限を建築計画の内容と周辺の状況によっては適用しないことを特定行政庁が認めて許可することができる。
⑥	用途別容積型（法68条の5の4，都計法12条の9）	容積率制限の全部または一部を，住宅の用途に供する建築物と，その他の建築物とに分けて定める地区計画。なお，前者の容積率制限は用途地域に定める容積率制限の1.5倍以下の値を上限とし，後者のそれは用途地域に定める数値の範囲内で適切な値以下を上限と定める。
⑦	まちなみ誘導型（法68条の5の5，都計法12条の10）	建築物の高さ，配列および形態を整ったまちなみの形成と適切な幅員の道路の確保を目的として，壁面位置制限や高さ制限等を定める地区計画。なお，斜線制限や道路幅員による容積率制限を適用しないことを特定行政庁が認めることができる。

❶　工場跡地などで，一体的かつ総合的な市街地の再開発または開発整備を実施すべき区域。
❷　劇場，店舗，飲食店などからなる特定大規模集客施設を整備し，一体的かつ総合的な市街地の開発整備を実施すべき区域。
❸　沿道整備道路に接続する区域での再開発または開発整備を実施する区域。

表2　さまざまな地区計画制度

	種類	概要
ⓐ	防災街区整備地区計画（法68条の2，密集市街地における防災街区の整備の促進に関する法律32条，都計法12条の4　1項二号）	密集市街地において，防災機能の確保ならびに土地の合理的かつ健全な利用をはかるため，地区防災施設や，建築物の特定地区防災施設にかかわる間口率，建築物の構造に関する防火上必要な制限ほかを定める地区計画。なお，p.149表1の①③④⑥⑦の特例を適用することができる。
ⓑ	沿道地区計画（法68条の2，幹線道路の沿道の整備に関する法律9条，都計法12条の4　1項四号）	幹線道路の沿道において，道路交通騒音により生ずる障害の防止と適切かつ合理的な土地利用の促進をはかるため，沿道地区施設の配置および規模，建築物の沿道整備道路にかかわる間口率，建築物の構造に関する防音上または遮音上必要な制限ほかを定める地区計画。なお，p.149表1の①から⑦までの特例を適用することができる。
ⓒ	集落地区計画（法68条の2，集落地域整備法5条，都計法12条の4　1項五号）	営農条件と調和のとれた良好な居住環境の確保と適正な土地利用をはかるため，集落地区施設の配置および規模，建築物等の用途の制限ほかを定める地区計画。
ⓓ	歴史的風致維持向上地区計画（法68条の2，地域における歴史的風致の維持及び向上に関する法律31条，都計法12条の4　1項三号）	歴史的風致の維持および向上と土地の合理的かつ健全な利用を図るため，地区施設の配置及び規模，その歴史的風致にふさわしい用途の制限ほかを定める地区計画。なお，p.149表1の①⑦の特例を適用することができる。なお，用途制限については，地区整備計画に定める土地利用に関する基本方針に適合，かつ，歴史的風致の維持および向上をはかる上でやむを得ない，と認めればただし書き許可が得られる。
ⓔ	建築物の緑化率の最低限度を定める地区計画（都市緑地法39条1項，41条）	地区整備計画に定めた建築物の緑化率の最低限度を，建築物の新築・増築および当該新築・増築をした建築物の維持保全に関する制限として条例に定めたものは，建築基準関係規定とみなす。

3　総合設計・特定街区・総合的設計

1　総合設計

総合設計制度は，広い敷地の中に一般の人々に開放された広場や歩道などの**公開空地**を設けたりした場合，市街地の環境改善に対する貢献の度合いを総合的に評価して容積率や高さの制限を緩和する制度である（法59条の2）。この場合には特定行政庁の許可が必要である。なお，特定行政庁の定める一定の土地の区域内で，住宅に供し，一定の空地面積を有する建築物にあっては建築確認の手続きで容積率が緩和される（法52条8項）。

図1　総合設計制度の表示の例

▎2 特定街区

特定街区制度は，都市の環境改善に貢献する街区程度の広がりの建築計画について，建築基準法の一般的な形態制限についてはその適用を除外して，その制限内容を都市計画として別に定め，建築の自由度を増す制度である(都計法8条1項四号，9条20項，法60条)。

この制度は，容積率・斜線制限などの密度形態規制の緩和を受ける点で，総合設計制度(法59条の2)や一団地の総合的設計と似ているが，特定街区は開発に関与する権利者全員の合意を得て，地方公共団体が都市計画として決定する点が大きな違いである。

▎3 一団地の総合的設計

建築物の敷地または建築物の敷地以外の土地で2以上のものが一団地を形成している場合で，当該一団地内に建築される1または2以上の建築物が，全体としての安全確保や環境の保護などが実現されているかどうかを，特定行政庁が認定できることになっている(法86条1項)。これを一般に，**一団地認定**の制度という。

一団地の認定を受けると，いままで学んできた，①敷地と道路の制限，②容積率の制限，③建ぺい率の制限，④道路あるいは隣地からの斜線制限，⑤日影規制，などが，すべての建築物を同一敷地内にあるものとみなして適用される。たとえば，中層の集合住宅団地を計画する場合，建築物一棟ごとに敷地を区切って道路に接するよりも，建築物と建築物の間に，採光，通風，防火などに配慮して，緑地を設け，通路を配置するなどして，集合的に配置させることにより，土地を一体的に有効に利用でき，よりよい居住環境を形成することができる。

図2　一団地認定を受けた団地(神奈川　アーバンドエル瀬谷)

4 連担建築物設計制度

複数の敷地により構成された一かたまりの土地を一つの敷地とみなして，複数の建築物の位置や構造を安全上，防火上および衛生上支障がないように総合的に設計する場合に，前項の制度と同様に制限の緩和を受けることができる制度である。すでに建築物が存在する場合も，これを含めて，同一敷地内にあるものとみなす点が前項の制度と異なる（法86条2項）。これを**連担建築物設計制度**という。

4 建築協定

❶ 建築協定を締結することができうる区域などを市町村は条例にあらかじめ定めておく（法69条）。
❷ 10年が多い。
❸ 特定行政庁が認可した後に効力が発生する。

　建築協定は，市町村の区域の一部**❶**において，建築物の敷地の規模，建築物の位置（道路境界線・敷地境界線からの外壁面の後退距離），構造，用途，形態，意匠または建築設備についての有効期間**❷**，協定違反があった場合の措置ほかを全員合意で定めた協定**❸**であり，特定行政庁の認可を得て効力を発する。

　この制度は，住宅地としての環境または商店街としての利便を高度に維持するなどを目的に，建築基準法で一律に定められている基準より，きめ細かく，きびしい基準を設定することができる（法69条〜法77条）。定められた内容は，新しくその地区の土地や建築物の所有者等になった者にも適用される。

図3　建築協定を結んだ住宅地

　また，民間の住宅地開発業者が都市郊外の住宅地開発を行い，そこに建築協定を1社で結ぶことができる（1人協定）。1人協定は3年以内に複数の土地所有者が存在したときから効力を生じ，開発地を購入した新規住民はこの建築協定に従うことになる。

5 都市景観の整備と屋外広告物の規制

1 景観法

　急速に都市化が進み，効率性や経済性を重視した開発の結果，乱雑な都市景観やまちなみが混乱した住宅地が各地に出現した。これに対し，美

しいまちなみ，良好な景観に対する近年の国民的関心の高まりを背景に，景観法が制定された。

（a）景観計画区域　　景観行政団体（市町村❶または都道府県）は景観計画を定め，景観計画区域においては，次の良好な景観の形成をはかる基準が定められ，建築行為の届出を通じて，同基準を満たさない建築計画へは設計の変更など必要な措置をとることを勧告❷できる。

① 建築物または工作物の形態意匠の制限❸

② 高さの最高限度または最低限度

③ 壁面の位置の制限

④ 敷地面積の最低限度

また，同団体は景観計画区域内の良好な景観の形成に重要な景観重要建造物や景観重要樹木を指定し，現状を変更することが制限される。景観重要建造物については，国土交通大臣の承認を得て，建築部の外観に影響を及ぼす制限を適用せず，または緩和する条例を定めることができる（法85条の2）。

（b）景観地区内での建築制限　　市町村は，都市計画区域あるいは準都市計画区域❹において，必要に応じて，次の①～④を景観地区の都市計画決定することができる（景観法第61条）。

① 建築物の形態意匠の制限

② 建築物の高さの最高限度または最低限度

③ 壁面の位置の制限

④ 敷地面積の最低限度

①に適合するという認定を市町村長から得た後でないと建築物の建築等の工事はできない（景観法63条）一方，②から④までの適合は建築確認において審査される（法68条1～4項）。なお，②の最高限度，③および④に適合し，かつ，その敷地内に有効な空地が確保されていることなどにより，特定行政庁が交通上・安全上・防火上および衛生上支障がないと認める建築物には，各種の斜線制限（法56条）の規定が適用されない（法68条5項）。

▌**2　屋外広告物法**

良好な景観の形成や風致の維持，危害の防止などをはかるために，屋外広告物を設置しようとする者は許可を要する。許可に当たっては，屋外

❶　東京都の特別区を含む。

❷　変更命令を発することも条例に定めることで可能である（景観法17条）。

❸　たとえば，建築物の屋根や壁面等の色彩・形状・素材などに関する基準。

❹　都市計画区域および準都市計画区域外の景観計画区域においては準景観地区を市町村は定めることができる。準景観地区内での良好な景観を保全するために必要な規制は条例で定める（景観法75条，法68条の9　2項）。

広告物が設置できる地域や物件，屋外広告物の表示や形状，設置の方法，維持の方法などについて，景観計画がある場合にはそれに合わせた基準を，地方公共団体の条例で定める。

6 緑地の保全とその他関連ある制度

1 都市緑地法

都市の緑地の保全と緑化の推進をはかるため，都市計画に定めた緑地保全地域❶や特別緑地保全地区❷では，開発が強く抑制される。一方，都市計画に定められた緑化地域では，緑化率❸の最低限度以上とする。

2 風致地区

都市の風致❹を維持するため，風致地区の都市計画決定がなされた地区では，建築物の建築，宅地の造成などについて地方公共団体の定める条例で必要な規制を行う（都計法58条）。

3 歴史まちづくり法❺

城・神社・仏閣などの歴史的価値の高い建築物，町家や武家屋敷などの歴史的なまちなみ，祭礼行事など地域固有の環境（歴史的風致）を維持・向上させるため，重点地区の位置などについて市町村が策定する計画を国が認定し，歴史的風致形成建造物の指定，歴史的風致維持向上地区計画❻の策定などを行う。

4 都市再生特別措置法

社会経済情勢の変化に対応した都市機能の高度化や都市の居住環境の向上をはかるための措置を定めた法律である。急速な情報化，国際化，少子高齢化等を迎え，住居や，医療・福祉・商業など都市の生活を支える機能の立地を適正化し，地域交通の再編との連携を進めていくことが重要であることから，同法の改正により，立地適正化計画の制度が導入された。これにより，基本的な方針，都市機能誘導区域や居住誘導区域などが定められ，さまざまな支援措置によって，コンパクトなまちづくりが進められる。

❶ 里地・里山など都市近郊の比較的大規模な緑地において，比較的緩やかな規制により，一定の土地利用との調和をはかりながら保全する制度。
❷ 都市における良好な自然的環境となる緑地において，建築行為などの制限などにより保全する制度。
❸ 敷地内の植栽や花壇等の面積の敷地面積に対する割合。
❹ 自然の風景などの味わい。
❺ 地域における歴史的風致の維持及び向上に関する法律。
❻ p. 150参照。

● **1.** 図4のような敷地に建築された建築物の建築面積と延べ面積を求め，建築基準法上の敷地面積に基づいて，建ぺい率と容積率を求めよ。ただし，図に示されているものを除き，地域・地区等および特定行政庁による指定等の条件はないものとし，日影による中高層の建築物の高さの制限および天空率に関する規定は考慮しないものとする。

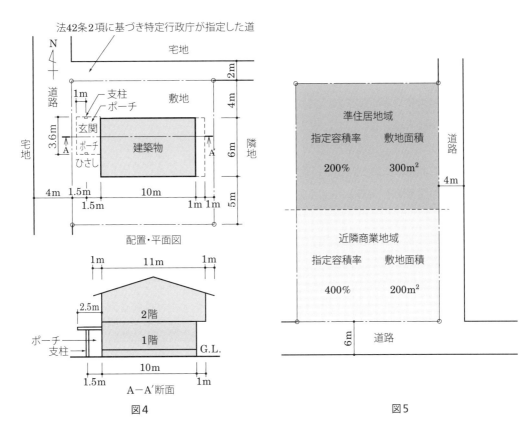

図4

図5

● **2.** 図5に示すような，指定容積率の異なる準住居地域と近隣商業地域の二つの地域にまたがる敷地に，建築することのできる建築物の延べ面積の最大値を求めよ。

● **3.** 図6に示すような専用住宅を建築する場合，建築基準法上で容積率制限における際の延べ面積を求めよ。ただし，自動車車庫等の用途に供する部分はないものとする。

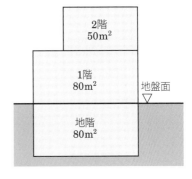

図6

● **4.** 図7に示すような第二種低層住居専用地域内の敷地で，建築物におけるA点の建築基準法上，建築することのできる高さの最高限度を求めよ。ただし，都市計画において定められる建築物の高さの限度を12mとし，敷地，隣地および道路の相互間の高低差はないものとする。また，図に示されているものを除き，地域・地区等および特定行政庁による指定等の条件はないものとし，日影による中高層の建築物の高さの制限および天空率に関する規定は考慮しないものとする。

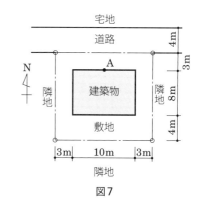

図7

● **5.** 次の建築物のうち，建築基準法上，原則として建築してはならないものはどれか。ただし，特定行政庁の許可はないものとし，用途地域以外の地域・地区等は考慮しないものとする。また，いずれの建築物も各階を当該用途に供するものとする。

(a) 第一種中高層住居専用地域内の公立大学

(b) 第二種低層住居専用地域内の神社

(c) 準住居地域内の客席の床面積の合計が200 m²の演芸場

● **6.** 図8のような敷地において，建築基準法上，新築することができる建築物の延べ面積の最大のものは，次のうちのどれか。ただし，建築物には，住宅および自動車の車庫等の用途に供する部分はないものとする。また，図に記載されているものを除き，地域，地区および特定行政庁の指定はないものとする。

(a) 640 m²

(b) 520 m²

(c) 512 m²

(d) 600 m²

(e) 560 m²

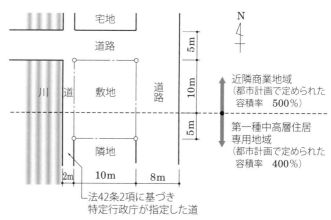

図8

第 4 章

手続き
などの規定

Introduction

　建築確認を受けずに工事をしたり，確認の内容と異なる工事をすると，「建築基準法令の規定」に適合しない建築物になり，特定行政庁から，違反建築物として工事停止命令や除却命令を受ける場合がある。

　建築確認を受け，その内容に沿って工事を行うことは，安全で環境にも調和した建築物とするための最低の条件である。

　この章では，建築物の設計から除却までに行わなければならない手続きなどについて学ぶ。

◎─工事停止命令を受けた建築物の例

1節 手続きのあらまし

この節では，建築にかかわる手続きの概要について学ぶ。

1 手続きなどの流れ

建築物の設計から工事の実施，完成，使用，そして除却にいたるまでに，建築主やその代理人が建築基準法に基づいて行わなければならない主要な手続きなどの流れの例を，図1に示す。

このなかでとくに重要なものは，次の事項である。

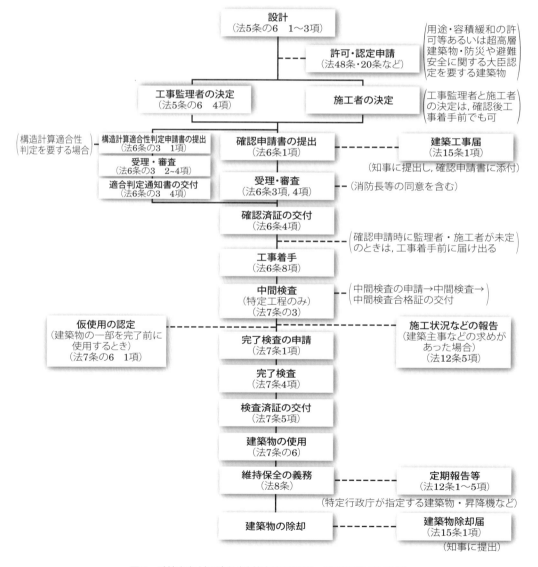

図1　手続きなどの流れ（建築主事の確認・検査を受ける場合）

① 建築士法❶で定められた資格者による設計と工事監理。

② 工事に着手する前の建築主事または指定確認検査機関❷に対する確認の申請と，建築主事などからの確認済証の取得❸。

③ 建築物の使用開始前の建築主事などによる中間検査および完了検査，検査済証の取得❹。

なお，建築物省エネ法に基づく特定建築物の新築等を行おうとする時は，建築物エネルギー消費性能適合性判定を受け，適合判定通知書を建築主事等に提出しなければならない❺。

❶ p. 183参照。

❷ p. 160参照。

❸ p. 163〜166参照。

❹ p. 170参照。

❺ p. 193参照。

2 手続きなどを行う者と提出先

各手続きの種類，手続きなどを行う者，提出先，関連する資格などについては，表1に示すとおりである。

表1 手続きなどを行う者と提出先

手続きなどの内容	手続きなどを行う者	提出先	備考
設計	設計者	—	確認申請書に記入
工事監理者の決定	建築主	—	・設計者と工事監理者は，小規模なものを除き，それぞれの建築物の規模に応じて，一級・二級または木造建築士の資格が必要。
施工者の決定	建築主	—	
確認申請書の提出	建築主	建築主事など	
受理・審査	建築主事など	—	
確認済証の交付	建築主事など	建築主	・一定規模以上の高度な専門的能力を必要とする建築物の設計には，構造設計一級建築士，または設備設計一級建築士の関与が必要。
構造計算適合性判定申請書の提出	建築主	都道府県知事など	
受理・審査	都道府県知事など	—	・「建築主事など」とあるのは，「指定確認検査機関」の場合もあることを示す。
結果の通知書の交付	都道府県知事など	建築主	
計画通知	国の機関の長等	建築主事	・「都道府県知事など」とあるのは，「指定構造計算適合性判定機関」の場合もあることを示す。
建築工事届	建築主	都道府県知事	
中間検査の申請	建築主	建築主事など	
中間検査	建築主事など	—	
中間検査合格証交付	建築主事など	建築主	
施工状況などの報告	建築主・設計者・工事監理者・施工者，敷地の所有者など	特定行政庁・建築主事・建築監視員	
仮使用の申請	建築主	特定行政庁，建築主事，指定確認検査機関	
仮使用の認定の通知	特定行政庁，建築主事，指定確認検査機関	建築主	
完了検査の申請	建築主	建築主事など	
完了検査	建築主事など	—	
検査済証の交付	建築主事など	建築主	
維持保全	所有者・管理者・占有者	—	
定期報告	所有者（所有者と管理者が異なるときは管理者）	特定行政庁	調査・検査・点検を行うのは，一級建築士，二級建築士，または国土交通大臣が定める資格をもつ者
定期点検	国の機関の長等	—	
建築物除却届	除却工事の施工者	都道府県知事	

2_節 手続きに関する機関 ……………●

❶ 特定の役割をもった
組織または人をいう。

建築基準法に定められた各種の手続きは，建築物の着工前・工事中・使用中・その他の段階や状況において，その目的に応じて，さまざまな機関❶に対して行われる。

この節では，これらの手続きに関係する機関について学ぶ。

5

1 建築主事

❷ 法5条参照。

❸ 法77条の58参照。

　建築主事は，国土交通大臣または指定建築基準適合判定資格者検定機関が行う**建築基準適合判定資格者検定**❷に合格して登録を受けた者❸で，市町村または都道府県の職員のうちから，市町村長または都道府県知事により任命され，建築などに関する確認・検査などを行う担当者である（法4条6項など）。

10

　建築主事は，都道府県と，政令で指定される人口25万人以上の市（政令指定都市）には必ず置かれ（法4条1項，5項），それ以外の市町村も，建築主事を置くことができる（法4条2項，法97条の2，法97条の3）。

15

2 指定確認検査機関

❹ 法77条の24参照。

　指定確認検査機関は，建築基準適合判定資格者の登録を受けた者から選任した確認検査員❹をおいて，建築主事と同様，建築確認・中間検査および完了検査を行う民間の機関である。2以上の都道府県で確認などの業務を行う機関は国土交通大臣が，1の都道府県のみで業務を行う機関は当該都道府県知事が，それぞれ指定する（法6条の2，法7条の2，法7条の4，法77条の18）。

20

3 指定構造計算適合性判定機関

❺ 2以上の都道府県で
構造計算適合性判定の業
務を行う機関は国土交通
大臣の，1の都道府県の
みで業務を行う機関は当
該都道府県知事の指定を
受ける。

❻ p. 167参照。

　指定構造計算適合性判定機関❺は，構造計算適合判定資格者の登録を受けた者から選任した構造計算適合性判定員をおいて，建築主からの申請に応じて，複雑で重要な一定の構造計算（特定構造計算基準）を採用する建築物の構造計算適合性判定❻を行う（法18条の2，法77条の35の2～77条の35の9）。

25

4 　特定行政庁

　特定行政庁とは，建築主事を置く市町村の場合はその長を，それ以外の場合は都道府県知事をいう。特定行政庁は，違反建築物に対する各種の命令を行ったり，建築基準法で定められる制限に適合しない場合でも，条件に応じてその建築を許すこと（許可・認定）などを行う権限をもっている（法2条三十五号，法9条，法48条など）。図1に，特定行政庁の位置づけと役割を示す。

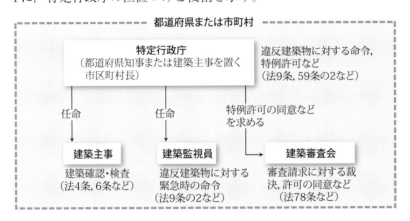

図1　特定行政庁の位置づけと役割

5 　建築審査会

　建築主事を置く市町村[❶]（一部を除く）および都道府県には，法律・経済・建築・都市計画・公衆衛生または行政の各分野の学識経験者のうちから任命された5人以上の委員で構成され，次のような役割をもった建築審査会が置かれる（法78条〜83条）。
①　特定行政庁が許可などを行おうとする場合に，それに先立ち内容を審議し同意を行う（法44条2項など）。
②　審査請求に対する裁決を行う（法94条，p.178参照）。
③　特定行政庁の諮問に応じた調査審議や関係行政機関に対する建議を行う。

❶　東京都の特別区を含む。

6 　国土交通大臣

　一般的な基準とは異なる特別な構造方法や建築材料を用いる場合などには，申請に基づき，国土交通大臣がそれらを審査し認定を行う（法20条，38条など）。また，特定行政庁や都道府県知事に対し，

法に基づき指導，助言等を行う（法14条〜17条など）。

指定機関等の種類と内容

指定確認検査機関および指定構造計算適合性判定機関のほか，次のような機関が国土交通大臣から指定または承認される場合がある。

指定建築基準適合判定資格者検定機関　「建築基準適合判定資格者」の検定事務を行う（法5条の2，法77条の2）。

指定構造計算適合判定資格者検定機関　「構造計算適合判定資格者」の検定事務を行う（法5条の5，法77条の17の2）。

指定認定機関　「型式適合認定」，「型式部材等製造者の認証」「外国型式部材等製造者の認証」などの事務を行う（法68条の24，法77条の36〜39）。

指定性能評価機関　構造方法または建築材料の認定のための審査に必要な「性能評価」を行う（法68条の25，法77条の56）。

承認性能評価機関　外国の事業者が申請する上記の「性能評価」を行う（法68条の25，法77条の57）。

3節 着工前の手続き

この節では，建築物を着工する前の手続きについて学ぶ。

1 建築物の設計と工事監理

　建築物を建築するには，着工前に**設計図書❶**を作成し，これについて建築主事などによる確認を受ける必要がある。また，工事は，その設計図書の内容どおりに行われることを確認するために，工事監理者を定めて行わなければならない。

　建築物の建築に関する**設計❷**や**工事監理❸**を行うには，専門的な知識や技能が必要となるので，建築主は，これらの業務を一定の資格をもった者に行わせなければならない。ただし，2階建以下で，延べ面積が100 m²以下の木造建築物のような小規模な建築物の建築や，小規模な増改築などについては，その必要はない（士法3条の3，法5条の6）。

　建築物の設計や工事監理などに関する専門的な知識や技能をもった者の資格や業務などについては，**建築士法❹**で定められている。

2 建築確認・構造計算適合性判定

　一定の用途・構造・階数・規模の建築物を建築（新築・増築・改築・移転）する場合や，大規模の修繕，大規模の模様替をする場合❺には，建築主は，工事に着手する前に，建築主事または指定確認検査機関に確認申請書を提出して，その計画が建築基準法などの規定❻に適合するものであることについての確認を受けなければならない（法6条，法6条の2）。また，確認後の一定の計画変更や，用途を変更する場合にも確認を受ける必要がある（法6条，法87条，令137条の18）。ただし，防火地域・準防火地域以外にある建築物で10 m²以内の増築・改築・移転を行う場合には，確認を必要としない（法6条2項）。複雑で重要な構造計算（**特定構造計算基準❼**）による建築物については，原則として，構造計算適合性判定を受けなければならない（法6条の3）。

❶　建築物の建築工事のために必要な図面（現寸図その他これに類するものを除く）および仕様書（法2条十二号，士法2条6項）。

❷　その者の責任で設計図書（建築工事に必要な図面と仕様書）を作成することをいう（士法2条6項）。

❸　工事を設計図書と照合して，設計図書のとおり実施されているかいないかを確認することをいう（士法2条8項）。

❹　p. 183参照。

❺　法2条十四号，十五号，p. 29参照。

❻　法6条1項。p. 164参照。

❼　p. 167参照。

コラム

column C

建築確認で審査される
建築基準関係規定

建築主事などが建築確認の際，審査する法令の規定は，建築基準法に基づくもの（建築基準法令の規定）のほか，建築基準法と同様の目的をもつ具体的な技術基準で，裁量性の少ない他の法令の規定も含まれ，令9条に具体的に定められている（法6条1項）。

表1　令9条に定められた建築基準関係規定

	条文	内容
①	消防法9条	地方ごとの火災予防条例
	消防法9条の2	住宅用防災機器の設置
	消防法15条	映写室の構造
	消防法17条	消防用設備等
②	屋外広告物法3〜5条	地方ごとの条例，設置場所・形状等
③	港湾法40条1項	分区内の規制
④	高圧ガス保安法24条	家庭用設備の設置等
⑤	ガス事業法162条	基準適合義務
⑥	駐車場法20条	地方ごとの条例，駐車場の付置義務
⑦	水道法16条	給水装置の構造および材質
⑧	下水道法10条1項及び3項，25条の2並びに30条1項	排水設備の設置等
⑨	宅地造成等規制法8条1項及び12条1項	宅地造成に関する工事の許可など
⑩	流通業務市街地の整備に関する法律5条1項	流通業務地区内の規制
⑪	液化石油ガスの保安の確保及び取引の適正化に関する法律38条の2	基準適合義務
⑫	都市計画法29条1項及び2項，35条の2　1項，41条2項，42条，43条1項	開発許可関係など
	都市計画法53条1項，2項	都市計画施設内の建築許可
⑬	特定空港周辺航空機騒音対策特別措置法5条1項〜3項	防音構造，用途規制
⑭	自転車の安全利用の促進及び自転車等の駐車対策の総合的推進に関する法律5条4項	地方ごとの条例，駐車施設の設置義務づけ
⑮	浄化槽法3条の2　1項	浄化槽による屎尿処理など
⑯	特定都市河川浸水被害対策法8条	地方ごとの条例，排水設備の技術基準

これらの規定のほか，バリアフリー法（p. 190参照）14条の「一定規模以上の特別特定建築物は建築物移動等円滑化基準に適合させなければならないとする規定」，都市緑地法41条による緑化地域内の「緑化率の制限」，および建築物省エネ法11条「一定規模以上の非住宅建築物の特定建築物は建築物エネルギー消費性能基準に適合させなければならないとする規定」も「建築基準関係規定」とみなされ，建築主事などの確認の対象となる。

1 確認を必要とする建築物

確認を受けることが必要な建築物は次のようなものである。

❶ p. 95表5，表6参照。

① 映画館・ホテル・百貨店・自動車車庫など法別表1❶に規定される用途の特殊建築物で，その用途に使う部分の床面積の合計が$200\,\mathrm{m}^2$を超えるもの（法6条1項一号）。

② 木造の建築物で，3以上の階数❶があり，または延べ面積が 500m²，高さが13mまたは軒の高さが9mを超えるもの（法6条1項二号）。

❶ 令2条1項八号。
p. 33参照。

③ 木造以外の建築物で，2以上の階数があり，または，延べ面積が200m²を超えるもの（法6条1項三号）。

④ 上記以外で，都市計画区域内もしくは準都市計画区域内（いずれも都道府県知事指定の区域を除く），準景観地区内（市町村長が指定する区域を除く），または，都道府県知事が関係市町村の意見を聞いて指定する区域内における建築物（法6条1項四号）。

これらをまとめると，表2のようになる。

表2 確認申請の必要な建築物

地 域	建築物の用途または構造		規 模	工事種別
全 国	特殊建築物	① 劇場・映画館・演芸場・観覧場・公会堂・集会場・病院・診療所(病室のあるもの)・ホテル・旅館・下宿・共同住宅・寄宿舎・学校・体育館・百貨店・マーケット・展示場・キャバレー・遊技場・倉庫・自動車車庫・自動車修理工場など[1]	左の用途に用いる部分の床面積の合計が200m²を超えるもの(増築後に200m²を超える場合を含む)	新築・増築・改築・移転，大規模の修繕，大規模の模様替，用途変更(類似の用途(令137条の18)間のものは除く)
	大規模建築物	② 木造	階数が3以上か，または延べ面積が500m²，高さが13m，軒の高さが9mを超えるもの	新築・増築・改築・移転，大規模の修繕，大規模の模様替
		③ 木造以外の構造	階数が2以上か，または延べ面積が200m²を超えるもの	
都市計画区域，準都市計画区域，準景観地区または都道府県知事が指定する区域内	④ 上記以外のすべての建築物[2]			新築・増築・改築・移転

注 1) 法別表1，(1)～(6)に掲げる建築物，p. 95表5，表6参照。
2) 防火地域・準防火地域以外で10m²以内の建築物の増築・改築・移転を除く。

▌2 確認申請書

建築物の確認申請書は，指定された様式（図1に示したものは，様式の一部である第一面と，第二面～第六面の概要）に必要事項を記入したものと，計画が建築基準関係規定❷に適合していることを審査することに必要な図面などで構成される（規則1条の3）。

❷ p. 164参照。

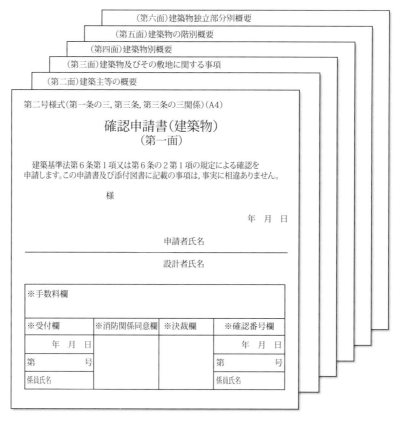

（第六面）建築物独立部分別概要

（第五面）建築物の階別概要

（第四面）建築物別概要

（第三面）建築物及びその敷地に関する事項

（第二面）建築主等の概要

第二号様式(第一条の三,第三条,第三条の三関係)(A4)

確認申請書(建築物)
(第一面)

建築基準法第6条第1項又は第6条の2第1項の規定による確認を
申請します。この申請書及び添付図書に記載の事項は,事実に相違ありません。

　　　　　　　　　　　　　様

　　　　　　　　　　　　　　　　　　　　　　年　月　日

　　　　　　　　　　　申請者氏名
　　　　　　　　　────────────────
　　　　　　　　　　　設計者氏名

※手数料欄			
※受付欄	※消防関係同意欄	※決裁欄	※確認番号欄
年　月　日			年　月　日
第　　　　号			第　　　　号
係員氏名			係員氏名

図1　確認申請書の様式

▎3　確認申請書の審査

（a）確認申請書の受理　建築主事などは，確認申請書が提出された場合，その建築物の設計が，建築士法3条から3条の3に定める資格をもつ者(p. 183，表2)によらない場合，または一定の建築物で，構造設計一級建築士もしくは設備設計一級建築士の設計または法適合確認❶によらない場合は，その申請書を受理することができない(法6条3項，法6条の2　1項)。

❶　p. 185参照。

（b）確認審査の内容と審査方法　確認申請を受けた建築主事などは，建築計画が建築基準関係規定に適合するかどうかを審査し，適合すると認めた場合には確認済証を交付する(法6条4項，法6条の2 1項)。申請書に添付する図書と各図書に記載すべき事項は規則に，審査の方法を示す指針は告示にそれぞれ詳細に定められている。また，建築計画が**構造計算適合性判定**を要するものであるときは，建築主から適合判定通知書またはその写しの提出を受けた場合に限り，確認を行う(法6条5項，法6条の2　3項)。

5

10

15

（c）審査期間　建築主事によって確認申請書の内容の審査が行われる期間は，原則として，表2（p. 165）に示した①，②および③に該当する建築物の場合は35日以内，④に該当する建築物の場合は7日以内である（法6条4項）。指定確認検査機関の場合は，法定期間の定めはない（法6条の2）。

（d）不適合通知など　建築主事などは，計画が建築基準関係規定●に適合しない場合，または提出された申請書の記載によっては，建築基準関係規定に適合するかどうかを決定できない正当な理由がある場合には，その旨およびその理由を（建築主事の場合は(c)に示した審査期間内に）文書で申請者に通知する（法6条7項，法6条の24項）。なお，適合するかどうかを決定することができないことを通知された後の期間は，(c)の審査期間に含まれない。

（e）構造計算適合性判定　特定構造計算基準❷を用いて構造計算を行う計画の場合，建築主は，原則として❸，都道府県知事または指定構造計算適合性判定機関に構造計算適合性判定の申請を行い，その結果として交付された適合判定通知書またはその写しを建築主事などに提出することとされている（法6条の3　1項，7項，法18条の2）。都道府県知事または指定構造計算適合性判定機関は，計画が特定構造計算基準に適合するかどうかを判定し，申請を受理した日から14日以内（35日の範囲内で延長する場合がある）に結果の通知書を交付する（法6条の3　4項）。指定構造計算適合性判定機関においては，構造計算適合判定資格者検定に合格し，国土交通大臣の登録を受けた構造計算適合性判定員が判定を実施する（法77条の35の9，77条の66　1項）。

（f）消防長などの同意　建築主事などは，建築確認をする場合には，この建築物の所在地を管轄する消防長または消防署長の同意を得なければならない。ただし，防火地域と準防火地域以外の区域内における住宅などについては同意ではなく，通知すればよい（法93条）。

（g）確認済証の交付　以上の審査の結果，建築主事などは計画がp. 164のコラムに示す建築基準関係規定に適合していることを確認したときは，確認済証を交付する（法6条4項，法6条の2　1項）。

（h）確認の特例　建築確認事務の簡素化・合理化の観点から，国土交通大臣が，あらかじめ一定の技術的基準に適合すると認定し

●　p. 164参照。

❷　ルート2の構造計算（許容応力度等計算），ルート3の構造計算（保有水平耐力計算），限界耐力計算など，および大臣認定プログラムによる構造計算（p. 79参照）。

❸　特定構造計算基準のうち許容応力度等計算を行い，かつ，構造計算に関する高度の専門的知識などを有する建築主事が確認審査を行うなどの条件を満たした場合は，構造計算適合性判定を受けなくてもよい。

た建築材料や構造方法を用いた建築物（**型式適合認定**，法68条の10）や，表2（p. 165）の④に該当する建築物で，建築士が設計を行ったものについては，構造強度など，建築基準法の規定の一部（令10条）については審査を行わず，確認申請書にもこれらに関する図書などの添付を必要としないという特例が設けられている（法6条の4）。

4 その他

木造住宅に必要となる軸組算定表については，付録3，4にその一例をあげる。

建築物のほか，高さが2mを超える擁壁❶や高さが4mを超える広告塔などの一定の工作物を築造する場合にも，確認申請が必要になる（法88条，令138条）。

❶ 都市計画法による開発許可や宅地造成等規制法による許可を受けた擁壁は除く。

4節 工事中の手続き

工事が開始されてから完了し，建築物が使用できるようになるまでにも，各種の手続きが必要である。この節では，関係する手続きのおもなものについて学ぶ。

1 施工状況などの報告，検査

5

特定行政庁，建築主事または建築監視員は，建築物・敷地の所有者・管理者，建築主，設計者，建築材料等の製造者，工事監理者，施工者，指定確認検査機関などに，建築材料等の受取り・引渡し，建築物の工事の計画・施工，建築物に関する調査の状況などに関する報告を求めることができる（法12条5項）。この規定に基づき，建築主・施工者などは，打ち込まれたコンクリートの強度の試験結果などについて，建築主事などに報告することを求められることがある。また，建築主事などは，必要に応じて，建築物などへの立入り検査などを行うことができる（法12条7項）。国土交通大臣も，同様の報告を求めたり，検査を行うことがある（法15条の2）。

10

15

2 完了検査・中間検査

建築確認の対象となった建築物の工事が完了した場合は，建築主事などの検査を受けなければならない（図1，p.159表1参照）。この完了検査が終了して検査済証が交付されるまでは，原則として，その建築物は使用することができない。

20

また，一定の建築物については，工事の途中で建築主事などの中間検査を受けなければならない。

25

図1　検査風景

1 完了検査の申請

確認を受けた建築物の工事が完了した場合には，建築主は，工事が完了した

日から4日以内に，建築主事などに検査を申請しなければならない（法7条1〜3項，法7条の2　1項）。

2　検査および検査済証

完了検査の申請を受理した建築主事または引き受けた指定確認検査機関は，受理または引き受けた日❶から7日以内に検査❷を行う（法7条4項，法7条の2　4項）。検査の結果，建築物や敷地が，建築基準関係規定❸に適合していれば，検査済証を交付する（法7条5項，法7条の2　5項）。

3　仮使用

確認の対象となる建築物やその部分は，原則として，検査済証の交付を受けなければ使用することはできない（法7条の6）。ただし，完了検査の申請が受理などされた日から7日が経過した場合，または特定行政庁などが仮使用を認定したとき❹には，仮に，その建築物やその部分を使用することができる（法7条の6　1項ただし書き）。

4　中間検査

下記のコラムに示すような特定工程の工事が終わったときは，建築主事などに中間検査❺の申請をして検査を受けなければならない。一定の特定工程では，中間検査合格証の交付を受けなければ，その後の工事を続行することができない（法7条の3，法7条の4）。

❶　工事の完了の日のほうが遅い場合はその日。
❷　完了検査とよばれる。検査の方法を示す指針は，告示に定められている。
❸　p. 164参照。

❹　完了検査の申請前の仮使用の認定は特定行政庁が行うが，告示で定める一定の基準に適合する場合には，建築主事または指定確認検査機関が行うことができる。
❺　中間検査制度は，1995年（平成7年）の兵庫県南部地震による阪神・淡路大震災を契機に定められた。
❻　(1)は全国一律であるが，(2)は地方によって内容が異なる。

コラム column　特定工程

工事完了後では目視できない構造耐力上重要な部分などで，工事中に検査することが必要な工程を，「特定工程」として，次のように定めている❻。

(1)階数3以上の共同住宅における2階の床およびこれを支持するはりの配筋工事の工程（法7条の3　1項一号，令11条）

(2)特定行政庁が，区域，期間または建築物の構造・用途・規模を限って指定する工程（法7条の3　1項二号）

【上記(2)の特定行政庁が指定する工程の例】

①　区域　　　○○市の区域
②　施行（期間）　　　○○年○月○○日から
③　対象建築物　　　地上3階建以上の建築物
④　中間検査を行う工程（特定工程）
・木造は屋根工事　　・鉄骨造や鉄骨鉄筋コンクリート造は1階の鉄骨建て方工事
・鉄筋コンクリート造は2階のはりと床の配筋工事
・その他の構造は，2階の床工事　　・延べ面積が10 000m^{2}を超える建築物は基礎の配筋工事
⑤　適用の除外
・法68条の20（認証型式部材等）　　・法85条（仮設建築物）

3 工事現場に関する手続きなど

1 工事現場における確認の表示その他

確認の対象となる建築物などの工事の施工者は，その工事現場の見やすいところに，指定された様式によって，建築主・設計者・施工者などの氏名や名称，確認を受けたという表示をしなければならない(図2)。また，施工者は，工事に関する設計図書を，工事現場に備えておかなければならない(法89条)。

建築基準法による確認済	
確認年月日番号	年 月 日 第 号
確認済証交付者	
建築主又は築造主氏名	
設 計 者 氏 名	
工 事 監 理 者 氏 名	
工 事 施 工 者 氏 名	
工事現場管理者氏名	
建築確認に係るその他の事項	

図2 建築確認の表示例

2 工事現場の危害の防止

工事の施工者は，その工事の施工にともなう地盤の崩落，建築物などの倒壊等による危害を防止するために，仮囲い・防護ネットなどによる落下物の危害防止その他の必要な対策を行わなければならない(図3)(法90条，令136条の2の20〜136条の8)。

図3 工事現場の落下防止策

5節 使用中の手続き

工事が完了して，建築物の使用が開始されたあとでも，その建築物を適法な状態に維持し，安全や衛生が確保されなければならない。この節では，維持保全の義務と，定期報告の手続きについて学ぶ。

1 維持保全の義務

建築基準法の諸規定は，建築物の建築などの工事が行われるときだけに守ればよいのではなく，工事の完了後の使用中においても，建築物をつねに安全で適法な状態に維持することは，建築物の所有者・管理者または占有者の義務といえる。また，特殊建築物❶などの所有者または管理者は，必要に応じて，その建築物の定期的な点検や修繕を行う基準などを定めた，維持保全に関する準則または計画❷を作成して，その建築物の敷地・構造・建築設備をつねに適法な状態に維持するため，必要な措置を取らなければならない（法8条）。

2 定期報告

次の①・②に示す建築物（特定建築物）のうち，①でとくに重要なものとして政令で定めるもの❸，および①・②で特定行政庁が指定するものについては，その所有者（所有者と管理者が異なる場合は管理者）は，敷地や構造・設備の状況について，一級建築士・二級建築士または建築物調査員❹に定期に調査を行わせ，その結果を特定行政庁に報告しなければならない（法12条1項）。

①法別表1（い）欄の特殊建築物で，その用途部分の床面積合計が200 m^{2}を超えるもの

②法別表1（い）の階数3以上の特殊建築物で当該用途の床面積が100 m^{2}を超え200 m^{2}以下のもの，階数5以上で延べ面積が1000 m^{2}を超える事務所など（令16条2項，令14条の2）

また，次の③・④に示す建築設備および防火設備（特定建築設備等）のうち，政令で定めるもの❺および特定行政庁が指定するものについては，その所有者（所有者と管理者が異なる場合は管理者）は，建

❶ 法別表第1の特殊建築物で一定の規模を超えるものなど（令13条の3）。

❷ 従うべき指針。
昭和60年建設省告示606号。

❸ たとえば，劇場については，3階以上の階または地階にあるもの，客席の床面積が200 m^{2}以上のもの，主階が1階に無いもの。火災時において避難上著しい支障が生ずる恐れの少ないものについては，除外規定がある（令16条1項）。

❹ 国土交通大臣により，特定建築物調査員資格者証または昇降機等検査員資格者証の交付を受けた者（規則6条の5 1項）。

❺ ③の昇降機については，政令の技術基準の適用を受けるエレベーター，エスカレーターおよび小荷物専用昇降機。使用頻度の少ないものなどについて除外規定がある。④については，①の特殊建築物に設ける防火設備。避難上著しい支障の恐れが少ないものなどについて除外規定がある（令16条3項）。

図1　定期報告における検査の例

築設備等の状況について，一級建築士・二級建築士または建築設備
等検査員❶に定期に検査(図1)を行わせ，その結果を特定行政庁に
報告しなければならない(法12条3項，令16条3項)。

　③エレベーター・エスカレーターなどの昇降機

5　　④特定建築物に設けられる建築設備や防火戸などの防火設備

　これらを総称して，**定期報告**とよんでいる。

3　定期点検(公共建築物の維持保全)

　上述の定期報告と同様の特定建築物や特定建築設備等が，国，都
道府県または建築主事を置く市町村が所有・管理するものである場

10　合には，その「国の機関の長等」は，その建築物などの損傷・腐食
などの劣化の状況を，定期報告と同様に建築物調査員や建築設備等
検査員に定期的に点検させなければならない(法12条2項，4項)。

4　工事中における安全上の措置等の計画の届出

　物品販売業を営む店舗，病院，劇場，地下工作物内の建築物で，

15　一定の規模を超えるもの❷にかかわる新築の工事，またはこれらの
建築物にかかわる避難施設等に関する工事❸の施工中に，当該建築
物を使用する場合には，あらかじめ安全上・防火上または避難上の
措置に関する計画❹を作成し，特定行政庁に届け出なければならな
い(法90条の3)。

❶　国土交通大臣により，
建築設備検査員資格者証，
防火設備検査員資格者証，
または昇降機等検査員資
格者証の交付を受けた者
(規則6条の5　2項)。

❷　令147条の2で定め
る建築物。

❸　法7条の6　1項。廊
下・階段・出入口その他
の避難施設，消火栓，ス
プリンクラーその他の消
火設備，排煙設備，非常
用照明装置，非常用昇降
機，防火区画で一定のも
のの工事(令13条参照)。

❹　規則11条の2。

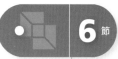

6節 違反建築物などに対する措置

建築基準法令の規定に適合しない建築物やその敷地の所有者などは，特定行政庁から是正のために必要な措置をとる命令を受けることがある。この節では，これらの措置などについて学ぶ。

1 是正の命令など

特定行政庁は，違反建築物の建築主や敷地の所有者，あるいは違反建築物の管理者・占有者および工事の請負人や現場管理者などに対して，工事の施工の停止や，違反建築物の取り壊し・改修・使用禁止や使用の制限など，違反の是正のために必要な措置を命じることができる[1](法9条1項)。これらの命令は，事前通知や公聴会など手続きに時間がかかるので，違反があきらかで緊急を要するような場合には，特定行政庁が任命した建築監視員も，使用禁止・制限と工事施工の停止を命じることができる(法9条の2)。

[1] 第4章中扉参照。

建築基準法による命令の公告
建築物の所在地　〇〇〇〇〇〇〇〇〇〇
命令を受けた者の
氏　　名　〇〇〇〇　〇〇〇〇
この建築物は、建築基準法に違反しているので、
同法九条に基づき工事停止命令を命じたものである。
〇〇年〇〇月〇〇日
〇〇市長　〇〇〇〇
(注意)
一、この標識は、建築基準法第九条第十三項の
規定に基づき設置したものである。
二、この標識を損壊したものは、公文書毀棄罪
で罰せられることがある。
三、水道
電気の供給を保留するよう電気事業者に通知した。
ガス
水道
ガス

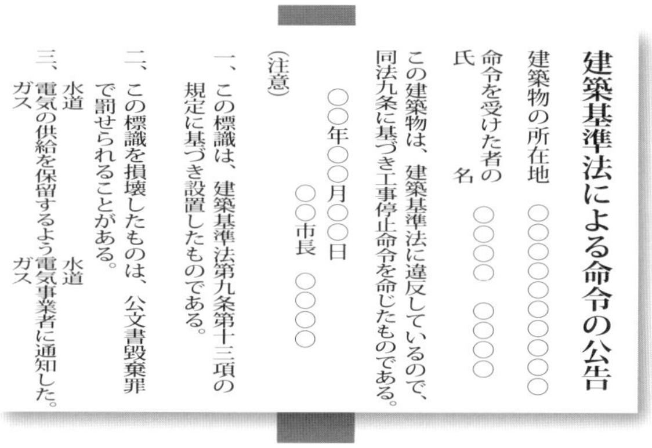

図1　工事停止命令の掲示の例

2 違反建築物の設計者などに対する措置

特定行政庁は，前項1の是正の命令を行った場合には，その違反建築物の設計者・工事監理者・工事の請負人などについて，それぞれを監督する国土交通大臣や都道府県知事に通知する(法9条の3　1項)。この通知を受けた国土交通大臣や都道府県知事は，その通知にかかわる者について，建築士法・建設業法などに基づく免許や許可の取り消し，業務の停止などの処分，その他の必要な措置をとり，その結果を特定行政庁に通知しなければならない(法9条の3　2項)。

3 危険な建築物などに対する措置

　特定行政庁は，法3条2項の規定[1]により建築基準法令の規定の適用を受けず，その結果違反建築物ではないが，著しく危険・有害であるか，または公益上支障があると認める建築物については，その建築物や敷地の所有者・管理者または占有者に対し，除却，使用制限その他の必要な措置を取るように命令することができる（法10条，法11条）。　また，特定行政庁は，損傷や腐食などの劣化が生じ，放置すると危険・有害となるおそれがある建築物については，維持保全に関する指導・助言をすることができ（法9条の4），著しく危険・有害となるおそれのある建築物については，除却や使用制限など必要な措置をとることを勧告し，正当な理由なく勧告に従わないときは，勧告にかかわる措置をとることを命令することができる（法10条）。

❶　p. 177参照。

4 行政代執行法による違反建築物などの措置

　特定行政庁は，前記 **1**（法9条1項）および **3**（法10条）の違反建築物等について，当該建築物の所有者等が必要な措置を履行しないときは，行政代執行法[2]の定めるところに従い，みずから所有者等がなすべき行為を行うことができる（法9条12項，法10条4項）。

❷　行政上の強制執行の要件と手続きを定めた法律。

　たとえば，法律に基づき行政庁により命じられた行為について，義務者（所有者等）が履行しない場合，行政代執行法により，行政庁みずからまたは第三者に除却させることができる。代執行に要した費用は義務者から徴収する。

7節 その他の制度

前節までに学んできた手続きに加えて，建築基準法には，適用の除外などに関する各種の制度が定められている。この節では，これらの諸制度について学ぶ。

1 適用の除外

❶ 建築基準法ならびにこれに基づく命令および条例の規定（法3条，6条）。

建築基準法令の規定❶は，すべての建築物に適用されることが原則であるが，この原則を当てはめることが社会的にみて必ずしも合理的でない場合がある。この場合には，建築基準法令の規定を適用しないこととされている（法3条）。

例としては，次のようなものがある。

① 文化財保護法に基づき国宝・重要文化財などに指定され，または仮指定されている建築物（図1）（法3条1項一号）。

図1　重要文化財（奈良　東大寺二月堂）

② 旧重要美術品等の保存に関する法律の規定によって重要美術品等として認定された建築物（法3条1項二号）。

③ 文化財保護法に基づく条例，その他の条例により，現状変更の規制や保存の措置がされ，特定行政庁が建築審査会の同意を得て指定した保存建築物（法3条1項三号）。

④ ①，②および③であったものの原形の再現が，建築審査会の同意を得て特定行政庁により認められたもの（法3条1項四号）。

その他，建築基準法令の制定や改正の時点ですでに存在した建築

物，または工事中の建築物で，それ以前の建築基準法令の規定には適合していたが，新しい規定には適合しない状態となった建築物❶は，新しい規定の制定や改正ののちに一定範囲を超える増築・改築・移転・大規模の修繕などを行う場合には，原則として，これらの部分と併せて既存の不適格部分も新しい規定に適合させなければならない（法3条3項，法86条の7）。なお，一度に全体を現行の建築基準法令の規定に適合させることが困難な場合は，あらかじめ全体計画について特定行政庁の認定を受けることで，工期を分けて必要な改修を順次行うことができる（法86条の8）。

❶ いわゆる既得権のある建築物。既存不適格建築物という（法3条2項）。

2 制限の緩和

1 簡易な構造の建築物に対する制限の緩和

壁のない開放的な自動車車庫，テント構造のスポーツ練習場などの簡易な構造の建築物で，用途や規模が特定のものについては，その特徴に応じて，屋根の不燃化，防火壁の設置，耐火構造，内装制限などの規定の適用が除外される（法84条の2，令136条の9，令136条の10）。

2 仮設建築物などに対する制限の緩和

建築基準法令の規定の一部は，一時的に短期間使用する次の①〜③のような建築物には適用されない（法85条，令147条）。

① 災害があった場合に建築する応急的な仮設建築物など。

② 工事現場の工事用の仮設事務所（図2）や下小屋など。

③ サーカスなどの仮設興行場，博覧会建築物，仮設店舗など。

①は3か月以内は手続き不要，3か月を超え，2年以内は特定行政

図2 工事現場の工事用仮設事務所の例

庁の許可が必要となる。②は工事施工に必要な期間であれば，許可・確認とも不要。③は博覧会などは原則1年以内，仮設店舗などは工事のために必要と認められる期間で，それぞれ許可と確認が必要となる。建築物の用途を一時的に変更して①・③の用途の建築物として使用するときにも，同様の制限の緩和が適用される（法87条の3）。

3 景観上または文化財として重要な建築物に対する緩和

景観重要建造物❶として指定された建築物で良好な景観保全のために保存すべきもの，または伝統的建造物群保存地区❷内の建築物で現状変更の規制や保存のための措置が必要なものについては，市町村は国土交通大臣の承認を得て，条例で，建築基準法による制限の一部を緩和することができる（法85条の2，法85条の3）。

3 不服申立て

建築基準法令に基づく特定行政庁の命令や許可など，建築主事などの確認，不適合通知などの**処分**❸またはこれにかかわる**不作為**❹に対して不服がある者は，建築主事を置く市区町村または都道府県の建築審査会に対して，そのことについて審理し裁決を行うことを求めることができる。これを**審査請求**という（法94条1項）❺。審査請求を受理した建築審査会は，原則として，1か月以内に裁決をしなければならない（法94条2項）。裁決には，

① 請求を認めるもの（認容）

② 請求内容に理由がないとして退けるもの（棄却）

③ 請求が不適法であるなどとして内容を審理せずに退けるもの（却下）

がある。建築審査会の裁決に不服がある者（審査請求人など）は，国土交通大臣に対して不服の申立て（再審査請求）をすることができる（法95条）。

4 罰則

建築基準法令に適合して建築物の工事を行うことは，関係者の当然の義務である。法令の規定に違反した場合には，その内容に応じ，当該関係者の場合は3年以下の懲役または300万円以下の罰金に，法人の場合は1億円以下の罰金に処される（法7章）。

● **1.** 建築物の設計から完成までで，建築主がしなければならない各手続きとその手続きの提出先をあげよ。

● **2.** 手続きに関係する機関をあげ，それぞれのおもな役割について調べよ。

● **3.** 築造する際，確認申請が必要なおもな工作物を，令138条を参照して調べよ。

● **4.** 建築基準法上，全国どこの区域でも，確認申請を必要とするものはどれか。

(a) 木造2階建，延べ面積150m^{2}の住宅の新築。

(b) 鉄骨造2階建，延べ面積150m^{2}の住宅の新築。

(c) 鉄筋コンクリート造平家建，延べ面積300m^{2}の住宅の新築。

(d) 木造2階建，延べ面積500m^{2}の事務所の改築。

(e) 木造平家建，延べ面積250m^{2}の住宅を飲食店に用途変更。

(f) 鉄筋コンクリート造平家建，延べ面積200m^{2}の住宅を病室のある診療所に用途変更。

(g) 木造3階建，延べ面積300m^2（店舗部分150m^2）の併用住宅の新築。

(h) 鉄筋コンクリート造平家建，延べ面積300m^2（店舗部分100m^2）の併用住宅の新築。

(i) 木造2階建，延べ面積150m^{2}の住宅に20m^{2}を増築。

(j) 鉄骨造3階建，延べ面積400m^{2}の共同住宅の1階部分に10m^{2}を増築。

第 5 章

各種の関係法規

Introduction

　建築計画を実現させるためには，建築確認申請に直接か
かわらない法律に関する知識も必要となる。建築計画は，
建築基準法令に加えて，これらの関係法規をもとに，各分
野の担当者間で情報交換や調整を行いながらまとめていく。

　この章では，建築企画段階の立地条件の調査から，建築
設計や工事に関する資格と業務，良好な建築を促進する制
度，建築物の取引や権利関係，特定の建築物の基準などに
関する関係法規のあらましについて学ぶ。

1節 設計と工事の段階にかかわる法規 ·········●

この節では，設計と工事の段階にかかわる法規と工事中の安全・衛生管理，環境の保護にかかわる法規について学ぶ。

　建築物の設計と工事の段階にかかわる法規には，大きく分類して2種類ある。その一つは，建築基準法をはじめとした建築物そのものを対象とする法規であり，もう一つは建築士法を中心にした，建築にたずさわる技術者や専門家の資格などに関する法規である。両者は車の両輪のように助け合って建築物の質の確保・向上をめざしている。 ⁵

　建築にかかわる多種多様な職種は，専門化・分化の傾向にあり，それにともなって，公的な資格も増加している。表1に示すような資格を有する多様な分野の技術者や専門家の参加のもとに，建築はなりたっている。 ¹⁰

　この中で，とくに建築の設計と工事監理の業務において中心的な役割を担うのが**建築士**であり，その資格制度を定めたものが**建築士法**である。これらのほかにも，法令に基づかない民間資格として，インテリアプランナー・再開発プランナーなどがある。 ¹⁵

表1　建築関連資格制度一覧表（国家資格）

分野	国家資格名	分野	国家資格名
建築物の設計など	建築士(一級，二級，木造) 構造設計一級建築士 建築基準適合判定資格者 特定建築物調査員	施工	施工管理技士(建築施工管理，建設機械施工，土木施工管理，電気工事施工管理，管工事施工管理，造園施工管理／一級，二級) 技能士(多数の職種あり／特級，一級，二級，三級または単一等級)
建築設備	設備設計一級建築士 建築設備士 建築設備検査員 防火設備検査員 昇降機等検査員 建築物環境衛生管理技術者 消防設備士 消防設備点検資格者(一種，二種) 浄化槽設備士 浄化槽管理士 電気主任技術者(一種，二種，三種) 電気工事士(一種，二種)	その他	技術士・技術士補 測量士・測量士補 土地家屋調査士 宅地建物取引士 不動産鑑定士 土地区画整理士 マンション管理士 管理業務主任者

1 建築士法（設計と工事監理）

1 建築士法の目的

建築士法は，建築物の設計・工事監理などを行う技術者の資格を定めて，その業務の適正をはかり，それによって建築物の質の向上に寄与させることを目的としている（士法1条）。ここでいう建築物の質とは，建築基準法などの建築法規で守るべき事項に関するものだけではなく，建築主や使用者にとっての使いやすさや住み心地のよさ，また，周辺地域の環境との良好な関係なども含まれる。さらに建築士は，つねに品位を保持し，業務に関する法令および実務に精通して，建築物の質の向上に寄与するように，公正かつ誠実に業務を行わなければならないとされている（士法2条の2）。したがって，建築士に期待される役割はきわめて重要である。

2 建築士の区分

建築物の構造・規模・用途によっては，専門の技術をもっていない者が設計や工事監理を行うと，安全な建築物が建てられない場合がある。そのため建築士法では，**一級建築士・二級建築士**および**木造建築士**の資格を定め，これらの建築士でなければ設計または工事監理を行えない建築物の構造・規模などを表2のように定めている（士法3条～3条の3）。

表2 建築士の区分と業務

構造 / 延べ面積 A [m²]	木造 高さ13m以下かつ軒高9m以下			木造 高さ13mまたは軒高9mを超えるもの	鉄筋コンクリート造，鉄骨造など 高さ13m以下かつ軒高9m以下		鉄筋コンクリート造，鉄骨造など 高さ13mまたは軒高9mを超えるもの
	階数1	階数2	階数3以上		階数2以下	階数3以上	
$A \leq 30$	建築士でなくても可				建築士でなくても可		
$30 < A \leq 100$						一，二級建築士でなければ不可	
$100 < A \leq 300$	一，二級，木造建築士でなければ不可				一，二級建築士でなければ不可		
$300 < A \leq 500$	一，二級建築士でなければ不可						
$500 < A \leq 1000$	※				一級建築士でなければ不可		
$1000 < A$							

※ 学校・病院・劇場・映画館・観覧場・公会堂・集会場（オーディトリアムを有しないものを除く）または百貨店の用途に供する建築物で500m²を超えるものは，一級建築士でなければ設計・工事監理を行うことができない。

表3　高度な専門能力を要するとされる建築物

構造設計一級建築士の設計 または法適合確認を要する建築物	設備設計一級建築士の設計 または法適合確認を要する建築物
一級建築士でなければ設計または工事監理を行えない構造・規模の建築物のうち，高度な構造計算（保有水平耐力計算，限界耐力計算および時刻歴応答解析など）をしなければならない建築物（法20条一号または二号の建築物） ・鉄筋コンクリート造……高さ＞20m ・鉄骨造………………地上階数≧4 ・木造…………………高さ＞13mまたは 　　　　　　　　　　　　軒高＞9m の建築物など	・階数≧3　かつ 　延べ面積＞5000m² の建築物

　また，一級建築士のうち，技術上の高度な専門能力が必要とされる一定規模以上の建築物（表3）の構造設計と設備設計に関与すべき者として，**構造設計一級建築士**と**設備設計一級建築士**の資格が設けられている。これらの一級建築士は，一級建築士として5年以上構造設計または設備設計の業務に従事した後，登録講習機関が行う講習の課程（修了考査を含む）を修了した一級建築士，または国土交通大臣がこれらの者と同等以上の知識と技能を有すると認める一級建築士で，国土交通大臣から構造設計一級建築士証または設備設計一級建築士証の交付を受けた者である（士法10条の2～10条の38）。

▌3　建築士の業務

　建築士の業務には，建築物の設計・工事監理およびその他業務❶がある。建築士はそれらの業務を誠実に行い，法規に定められた基準に適合するように設計し，設計の委託者に設計内容を説明するようにつとめなければならない。また，工事監理を行う場合には，設計図書どおりに工事が施工されていないときは，ただちに工事施工者に対して，その旨を指摘し，当該工事を設計図書のとおりに実施するように求め，当該工事施工者が従わないときは，そのことを建築主に報告することが義務づけられている（士法18条）。

　建築士が設計を行った場合は，その設計図書に一級建築士・二級建築士あるいは木造建築士であるということを表示し，記名をしなければならない。

　構造または設備に関する設計について高度な専門能力が必要とされる表3の建築物の構造設計または設備設計については，それぞれ構造設計一級建築士または設備設計一級建築士がみずから設計するか，または，ほかの一般の一級建築士が設計した構造設計または設

❶　士法21条により，設計・工事監理のほか，次のような業務を行うことができると定められている。
・建築工事契約に関する事務
・建築工事の指導監督
・建築物に関する調査・鑑定
・建築に関する法令・条例に基づく手続きの代理

備設計が法令の基準に適合することを確認（**法適合確認**）しなければならない（士法20条の2，20条の3）。

また，建築士が大規模な建築物などの建築設備の設計・工事監理をする場合で，**建築設備士❶**の意見を聞いたときは，設計図書などで，そのことをあきらかにするように定められている（士法20条）。

■ 4 建築士の要件

一級建築士の資格をとるためには，国土交通大臣の行う建築士試験に，二級建築士と木造建築士の場合は，都道府県知事の行う建築士試験にそれぞれ合格し，建築に関する実務経験を一定期間以上有することで，免許を受ける❷。免許を受けてはじめて建築士になる（士法4条）。

❶ 一定の受験資格を有し，試験に合格し登録された専門家で，建築士に対して，建築設備の設計・工事監理に関するアドバイスを行うことができる。

❷ 一級建築士の場合は国土交通大臣，二級建築士と木造建築士の場合は都道府県知事から免許を受ける。
免許は，それぞれの建築士名簿に登録することによって行われる。

表4　建築士の受験資格及び免許登録要件

一級建築士　（士法4条，14条）

条件\区分	受験資格（学歴または資格）		免許登録要件（建築実務[3]の経験年数）
	最終卒業学歴[1]または資格	指定履修科目[2]	
(1)	大学（旧制大学を含む）	建築設計製図／建築計画／建築環境工学／建築設備／構造力学／建築一般構造／建築材料／建築生産／建築法規	2年以上
(2)	3年制短期大学（夜間部を除く）		3年以上
(3)	2年制短期大学		4年以上
(4)	高等専門学校（旧制を含む）		4年以上
(5)	二級建築士		4年以上
(6)	国土交通大臣が(1)〜(5)と同等以上の知識・技能を有すると認める者[4]		

注　1）区分(1)〜(4)の学校は，学校教育法，旧大学令，旧専門学校令によるもの。
　　2）履修すべき科目と単位数（個々の単位数と総単位数）が定められている（令和元年国土交通省告示751号，752号）。平成21年度入学生から適用，それ以前の者は建築学科卒などとする改正前の規定による。
　　3）建築物の設計・工事監理，建築工事の指導監督，建築一式工事・大工工事・建築設備の設置工事の施工技術管理，建築確認審査などの実務経験年数による（士法施行規則1条の2，令和元年国土交通省告示745号〜748号）。
　　4）建築設備士（士法20条5項，士法施行規則17条の18）などがある（令和元年国土交通省告示748号，752号）。

二級建築士・木造建築士　（士法4条，15条）

条件\区分	受験資格（学歴または資格）		免許登録要件（建築実務[3]の経験年数）
	最終卒業学歴[1]または資格	指定履修科目[2]	
(1)	大学（旧制大学，短期大学を含む）または高等専門学校（旧制専門学校を含む）	建築設計製図／建築計画・建築環境工学または建築設備／構造力学・建築一般構造または建築材料／建築生産／建築法規	0年
(2)	高等学校，中等教育学校（旧制中等学校を含む）		2年以上
(3)	建築に関する学歴無し（不問）		7年以上
(4)	都道府県知事が(1)または(2)と同等以上の知識・技能を有すると認める者		

注　1）区分(1)，(2)の学校は，学校教育法，旧大学令，旧専門学校令によるもの。
　　2）履修すべき科目と単位数（個々の単位数と総単位数）が定められている（令和元年国土交通省告示753号）。平成21年度入学生から適用，それ以前の者は建築学科卒などとする改正前の規定による。
　　3）建築物の設計・工事監理，建築工事の指導監督，建築一式工事・大工工事・建築設備の設置工事の施工技術管理，建築確認審査などの実務経験年数による（士法施行規則1条の2，令和元年国土交通省告示749号，750号）。

建築士の種別によって行うことのできる業務の範囲が異なるため，その受験資格も異なっている（表4）（士法14条，15条）。

(a) 一級建築士証の例　　　　　(b) 二級建築士証の例

図1　建築士免許証の例

■5　建築士事務所

　建築士が設計・工事監理などの業務を職業としようとする場合は，一級建築士事務所・二級建築士事務所あるいは木造建築士事務所を定めて，5その所在地の都道府県知事の登録を受けなければならない。建築士でない者が，建築士を使用して建築士事務所を開設することもできる。これらの登録は5年間有効であり，継続する場合は更新する必要がある（士法23条）。建築士事務所に所属する建築士は，3年ごとの定期講習を受講しなければならない（士法22条の2，士法施行規則17条の36，17条の37）。

事務所の名称	
登　　　録	一級 二級　建築士事務所 木造 （都道府県）知事登録　第　　　号
開　設　者	氏名
管 理 建 築 士	一級 二級　建築士　氏名 木造
登録の有効期間	年　月　日から　　　年　月　日まで

図2　建築士事務所標識の例

　各級の建築士事務所は，それぞれ各級の専任の建築士（**管理建築士**）が管理する（士法24条）。管理建築士は，建築士として3年以上，設計などの業務に従事した後，登録講習機関❶が行う講習を修了した者がなることができる（士法24条）。

❶　士法10条の2 1項一号参照。

　建築士事務所の開設者は，設計・工事監理契約の締結に先立ち，建築主に重要事項（作成する設計図書の種類，工事監理時の工事と設計図書との照合方法など）などを書いた書面を交付し，管理建築士などにその内容を説明させる（士法24条の7）。さらに契約を締結したときは，これらの事項に加え，設計・工事監理の種類，内容等を含め

た書面を交付しなければならない(士法24条の8)。また，一定の業務に関する帳簿および設計図書・工事監理報告書を，帳簿の閉鎖の翌日および図書を作成した日から，少なくとも15年間は保存しなければならない(士法24条の4，士法施行規則21条)。

2 建設業法(建築工事の施工)

▌1 建設業法の目的

良質な建築物を実現するためには，施工が適正に行われなければならない。そのためには建築工事の完成を請け負う建設業を営む者の資質と，請負契約が重要である。建設業法は，建設業を営む者の資質を向上させ，請負契約を適正なものにすることによって，発注者(建築主など)を保護し，また，建設業を健全に発展させることを目的とした法律である(業法1条)。

▌2 建設業の区分と許可・技術者の設置

工事の金額や建築物などの規模が軽微な工事❶を除いて，建設業を営むためには，国土交通大臣または都道府県知事の許可を受けなければならない。建設業には**一般建設業**と**特定建設業**の2種類があり，一定金額以上の下請契約を締結して施工する場合は，特定建設業の許可を受ける必要がある(業法3条)。

　建設業の許可にあたっては，役員などが一定期間以上の建設業の経営に関する経験を有すること，役員または使用人が請負契約に関して不正や不誠実な行為をするおそれがあきらかな者でないこと，法人または個人として，請負契約を履行することができる財政的基盤や金銭的信用を有しないことがあきらかな者でない

❶ 業令1条の2

表5　建設業の種類

建設業
土木工事業
建築工事業
大工工事業
左官工事業
とび・土工工事業
石工事業
屋根工事業
電気工事業
管工事業
タイル・れんが・ブロック工事業
鋼構造物工事業
鉄筋工事業
舗装工事業
しゅんせつ工事業
板金工事業
ガラス工事業
塗装工事業
防水工事業
内装仕上工事業
機械器具設置工事業
熱絶縁工事業
電気通信工事業
造園工事業
さく井工事業
建具工事業
水道施設工事業
消防施設工事業
清掃施設工事業
解体工事業

※　**太字**は，業令5条の2で規定された指定建設業の業種。

ことなどの条件が定められている(業法7条一号，三号，四号)。

　また，建設業者の技術的基盤を確保するために，営業所ごとに，許可を受けようとする建設業にかかわる建設工事に関して，一定の学歴や実務経験をもつ者などを専任で置くことになっている(業法7条二号)。営業所ごとに置く専任技術者については，特定建設業の許可を受ける場合には，よりきびしい資格要件が定められ，表5で示すような29種類ある建設業のなかの**指定建設業**(表5内太字)とよばれる建築工事業などの7業種については，施工技術の総合性などを考え，さらにきびしい資格要件が定められている(業法15条)。

　さらに，建設業者が請け負った建設工事を施工するときは，その工事現場における施工の技術上の管理を行うために**主任技術者**を置くこと，特定建設業の場合には，主任技術者に代えて**監理技術者**を置くこと，公共性のある施設などの重要な建設工事においては，主任技術者または監理技術者は，工事現場ごとに原則として専任の者でなければならないことなどがそれぞれ定められている(業法26条，業令27条)。

3　適正な請負契約など

　建設工事の請負契約の当事者は，対等な立場における合意に基づいて公正な契約を結び，それを誠実に履行すること，請負契約の締結に当たっては，工事内容，請負代金の額，工事着手の時期および工事完成の時期などを書面に記し，署名または記名押印をして相互に交付すること(業法18条，19条)，注文者から求めがあった場合に見積書を交付しなければならないこと(業法20条)などが定められている。その他重要な事項として，請負契約に関する紛争の処理(業法3章の2)，建設業者の監督(業法5章)などについても規定がある。

4　工事の安全管理と衛生管理

　建築工事では，事故が発生して作業者が危険にさらされる可能性が高いので，**労働安全衛生法**や同法施行令，同法施行規則に基づいて**安全管理者**を定め，工事現場での安全管理を進めなければならない。

　また，同様に作業者の健康面についても**衛生管理者**を定めて，衛生管理を進めなければならない。

5 環境の保護

　建築工事では，工事にともなって発生する騒音・振動などにより，環境をそこなうことがあるので，**騒音規制法・振動規制法**などによって，建設作業の使用機材・作業範囲・作業日時などが規制される場合がある。

　また，工事にともなって発生する産業廃棄物や資材のリサイクルについては次のような法律がある。

　廃棄物の処理及び清掃に関する法律（**廃棄物処理法**）では，一般廃棄物と産業廃棄物の分別や処理施設設置の許可制などが定められている。

　建設工事に係る資材の再資源化等に関する法律（**建設リサイクル法**）では，建設工事現場におけるコンクリート塊や廃木材など（**特定建設資材廃棄物**）の分別と再資源化，解体工事業者の登録制などを定めている。

2節 良好な建築を促進する法規 ········●

> この節では，より安全で快適な建築物を促進するための制度として定められ
> た，建築物のバリアフリー化や，既存建築物の耐震改修に一定の基準と優遇措
> 置を定めた法律，建築物の省エネルギー化の推進のための法律，住宅の品質を
> 確保するための性能表示のルール化と瑕疵担保責任などを定めた法律，良好な
> 景観を形成するために定められた法律について学ぶ。

5

1 バリアフリー法❶

❶ 「高齢者，障害者等
の移動等の円滑化の促進
に関する法律」の通称。
平成18年に通称「ハー
トビル法」「交通バリア
フリー法」を統合して制
定された。

高齢者や障害者など日常生活または社会生活に身体の機能上の制
限を受ける者が，自立して日常生活や社会参加がしやすくなるよう，
建築物や交通関係施設の移動と利用の利便性と安全性の向上を促進　10
する制度を定めた法律である。

不特定多数の人が利用する劇場・病院・集会場・物品販売店・旅
館・体育館・博物館・飲食店などや，老人ホームなどの主として高
齢者・障害者が利用する建築物（**特別特定建築物**）で，一定規模以上の
ものを建築しようとする建築主などは，建築物の出入口・廊下・階　15
段・エレベーター・便所・駐車場および敷地内の通路など（**建築物特
定施設**）のバリアフリー化をしなければならない❷。この基準適合義

❷ 建築物移動等円滑化
基準への適合義務（バリ
アフリー法14条）。
p. 164参照。

表1　バリアフリー法に基づく特別特定建築物および特定建築物

特定建築物	特別特定建築物
病院，診療所／劇場，観覧場，映画館，演芸場／集会場，公会堂／展示場／ホテル，旅館／老人福祉センター，児童厚生施設，身体障害者福祉センターなど／博物館，美術館，図書館／公衆浴場／郵便局，理髪店，クリーニング取次店，質屋，貸衣装屋，銀行など／車両の停車場，船舶・航空機の発着場（旅客の乗降・待合い用）／公衆便所／公共用歩廊	
卸売市場，百貨店・マーケットなどの店舗	同左（卸売市場を除く）
老人ホーム，保育所，福祉ホームなど	同左（保育所を除き，おもに高齢者，障害者等が利用するもの）
自動車の停留・駐車施設	同左（一般公共用）
学校	特別支援学校，公立小中学校等
体育館，水泳場，ボーリング場などの運動施設・遊技場	体育館・水泳場（一般公共用），ボーリング場，遊技場
飲食店，キャバレー，料理店，ナイトクラブ，ダンスホールなど	飲食店
事務所／共同住宅，寄宿舎，下宿／自動車教習所／学習塾，華道教室，囲碁教室など／工場	―

務の規定は，建築基準関係規定とみなされ，建築確認の対象となる。

　所管行政庁[●]は，特別特定建築物の適合義務に違反した者に必要な措置をとることを命令することができる（バリアフリー法15条）。

　特別特定建築物以外であっても，多数の人が利用する**特定建築物**（工場・事務所・共同住宅など）の建築主は，建築物特定施設の形状や仕上げなどを，高齢者なども円滑に利用できるように建築物移動等円滑化基準に適合させる努力をしなければならない[❷]。

　また，特定建築物の建築などをする者は，適切な資金計画と建築物移動等円滑化誘導基準[❸]に適合した特定建築物の建築と維持保全の計画をつくり，所管行政庁の認定を受けると，建築確認申請や容積率の特例，建築資金の補助や税制の特例，低利の融資などを受けることができる（バリアフリー法17〜24条）。

2　耐震改修促進法[❹]

　耐震改修促進法は，既存建築物の耐震診断や耐震改修を促進する制度を定めた法律で，建築物の用途や規模などの種類に応じて適用すべき対策を規定している。

　国土交通大臣は，耐震診断および耐震改修の促進をはかるための基本方針を定め，都道府県は，耐震改修促進計画を定めることとされている[❺]。

　建築基準法の耐震関係規定に適合しない既存不適格建築物[❻]のうち，表2（次ページ）の特定既存不適格建築物に対して，その区分に応じ，表3に示す所有者の義務や，所管行政庁が講ずべき対策が定められている。

　耐震改修をしようとする者は，その計画を所管行政庁に申請し，所管行政庁は，その計画が次の①〜③の基準に適合する場合は，それを認定することができる[❼]。

① 耐震関係規定などに適合すること。

② 資金計画が適切であること。

③ 耐震関係以外の法令の規定に適合しないときは，改修工事後も適合しないことがやむをえないと認められること。

　この計画認定を受けた建築物には，建築基準法の確認申請などの手続きや耐火建築物関係，容積率・建ぺい率関係の制限などが一部

[●]　建築主事を置く行政庁の長。建築基準法の特定行政庁と同じ。

[❷]　建築物移動等円滑化基準への適合努力義務（バリアフリー法16条）。
[❸]　建築物移動等円滑化基準を超える基準（バリアフリー法17条）。

[❹]　建築物の耐震改修の促進に関する法律。

[❺]　市町村も耐震改修促進計画を定めることができる。耐震改修促進法4条〜6条。
[❻]　法3条2項の適用を受ける建築物（p. 177参照）。

[❼]　耐震改修促進法17条〜21条。

緩和されたり，資金の貸付けの特例が受けられるなどの特典が与えられる。

建築物の所有者は，その建築物が地震に対する安全性に関する基準に適合している旨の認定を所管行政庁に申請し，認定を受けたときはその旨を広告などに表示することができる❶。

また，耐震診断が行われた区分所有マンションなどの管理者などは，その建築物が耐震改修を行う必要がある旨の認定を所管行政庁に申請し，認定を受けることにより，改修の実施に必要な管理組合の議決要件の緩和などを受けることができる❷。

❶ 耐震改修促進法22条〜24条。

❷ 耐震改修促進法25条〜27条。

表2　耐震改修促進法に基づく特定既存不適格建築物

用途		規模（階数および床面積の合計）など		
		指導・助言の対象	指示の対象	耐震診断の義務づけの対象
学校	小中学校など	階数2以上かつ1000m²以上	階数2以上かつ1500m²以上	階数2以上かつ3000m²以上
	上記以外	階数3以上かつ1000m²以上		
体育館（一般公共用）		1000m²以上	2000m²以上	5000m²以上
運動施設，病院，劇場，展示場，百貨店，ホテルなど		階数3以上かつ1000m²以上	階数3以上かつ2000m²以上	階数3以上かつ5000m²以上
卸売市場，共同賃貸住宅，事務所など				
老人ホームなど		階数2以上かつ1000m²以上	階数2以上かつ2000m²以上	階数2以上かつ5000m²以上
幼稚園，保育所		階数2以上かつ500m²以上	階数2以上かつ750m²以上	階数2以上かつ1500m²以上
博物館，飲食店，自動車車庫，保健所など		階数3以上かつ1000m²以上	階数3以上かつ2000m²以上	階数3以上かつ5000m²以上
工場				
危険物の貯蔵場・処理場		一定の数量以上の危険物を貯蔵・処理するもの	500m²以上	5000m²以上（敷地境界線から一定距離以内のもの）
避難路沿道建築物		耐震改修促進計画で指定された避難路の沿道建築物（高さが前面道路幅員の$\frac{1}{2}$かつ6mを超えるもの）		耐震改修促進計画で指定された重要な避難路（緊急輸送道路等）の沿道建築物
防災拠点である建築物				耐震改修促進計画で指定された防災拠点

表3　特定既存不適格建築物の区分と適用される対策

特定既存不適格建築物の区分	所有者の義務	所管行政庁の措置	耐震改修促進法の根拠規定
指導・助言の対象	耐震診断を行い，その結果，必要な場合，耐震改修を行うよう努める	耐震診断・改修についての指導・助言，報告の要求など	14条，15条
指示の対象		耐震診断・改修についての指導・助言。必要な場合，指示・公表・報告の要求など	15条
耐震診断の義務づけの対象	耐震診断の所定の期限までの実施と報告 耐震診断の結果，必要な場合，耐震改修を行うよう努める	耐震診断の報告の公表。必要な場合，報告・是正の命令 耐震改修についての指導・助言。必要な場合，指示・報告の要求など	7条〜13条，附則3条

※　表2の特定既存不適格建築物に該当しない既存不適格建築物の所有者も，耐震診断および必要に応じた耐震改修に努めなければならない（耐震改修促進法16条）。

3 建築物省エネ法[1]

オイルショックなどの社会的な背景のもとに，1979年に省エネ法[2]が制定され，工場・運輸・建築物など各分野の省エネルギー対策が進められてきた。その後，その内容は，地球温暖化の防止など地球規模の環境問題への対応のために段階的に充実・強化されていたが，2015年に新たに建築物省エネ法が制定され，2017年からは，同法に基づき，より強化された建築物の省エネルギー対策が実施されることとなった。

建築物省エネ法では，表4のように，対象建築物の規模などに応じて，適用される対策と基準が定められている。

特定建築物[3]を建築しようとする建築主は，その建築物を建築物エネルギー消費性能基準（省エネ基準，図1参照）に適合させなければならず[4]，また，工事着手前に建築物エネルギー消費性能確保計画（省エネ性能確保計画）について，所管行政庁[5]または登録建築物エネルギー消費性能判定機関（登録省エネ判定機関）による建築物エネルギー消費性能適合性判定を受けなければならない[6]。この基準適合義務の規定は，建築基準関係規定とみなされ，建築確認の対象となる[7]。

中規模以上の建築物[8]を建築しようとする建築主は，その建築物

[1] 「建築物のエネルギー消費性能の向上に関する法律」の通称。

[2] 「エネルギーの使用の合理化等に関する法律」の通称。

[3] 非住宅部分の床面積の合計が300 m²以上である建築物。

[4] 建築物省エネ法第11条。

[5] 建築基準法の特定行政庁と同じ。

[6] 建築物省エネ法第12条，15条。

[7] 省エネ性能確保計画が省エネ基準に適合する旨の適合判定通知書が提出されないと確認済証を交付することができない。

[8] 床面積の合計が300 m²以上である特定建築物以外の建築物。

[9] p. 194参照。

表4　建築物省エネ法に基づく各種制度と対象建築物・建築行為，適用基準の比較

制度	対象建築物・建築行為	申請者	申請先	適用基準
適合義務・適合性判定	特定建築物の新築，特定建築物の増改築（非住宅の増改築部分が300 m²以上）	建築主	所管行政庁または登録省エネ判定機関	省エネ基準（基準適合する旨の適合判定通知書がなければ確認済証が交付されない）
届出	300 m²以上の新築・増改築（適合義務対象を除く）	建築主	所管行政庁	省エネ基準（必要と認めるときは，所管行政庁が指示）
認定表示（基準適合認定）	現に存する建築物＊用途・規模限定なし	所有者	所管行政庁が認定	省エネ基準（基準適合で認定）
性能向上計画認定（誘導基準認定）	新築，増改築，修繕・模様替え，設備の設置・改修＊用途・規模限定なし	建築主等	所管行政庁が認定	誘導基準（誘導基準適合で認定）
住宅トップランナー制度	目標年度以降の各年度において，供給する住宅（全住戸の平均で目標達成）	住宅を供給する事業者※	申請不要（国土交通大臣が報告徴収）	住宅トップランナー基準[9]（必要と認めるときは国土交通大臣が勧告できる）

※　年間で，建売戸建住宅150戸以上，注文戸建住宅300戸以上，または賃貸アパート1000戸以上を供給する事業者。

のエネルギー消費性能の確保のための計画を所管行政庁に届け出なければならない❶。所管行政庁は，その計画が省エネ基準に適合しないときは，必要に応じ，指示等を行うことができる。

$300\,\mathrm{m}^2$ 未満の建築物については，建築士は，新築等に係る設計を行うさい，省エネ基準への適合性について評価を行うとともに，建築主に対し，その評価の結果について説明をしなければならない。

エネルギー消費性能の向上に資する建築物の新築や増改築，空気調和設備等の設置・改修などの計画(建築物エネルギー消費性能向上計画)が一定の誘導基準に適合している場合，所管行政庁の認定を受けること，および容積率の特例❷を受けることができる❸。

省エネ基準に適合している建築物については，所管行政庁の認定を受けてその旨を表示することができる❹。

以上のほか，国などの関係機関の責務，住宅事業建築主基準(住宅トップランナー基準)❺，既存建築物の扱いなどについて定められている。

❶ 建築物省エネ法第19条。

❷ 省エネ性能向上のための設備の通常の床面積を超える部分を，延べ面積の10% を上限として不算入。
❸ 建築物省エネ法第35条。
❹ 建築物省エネ法第36条。
❺ 建売戸建住宅のエネルギー消費性能の向上を誘導するための基準。

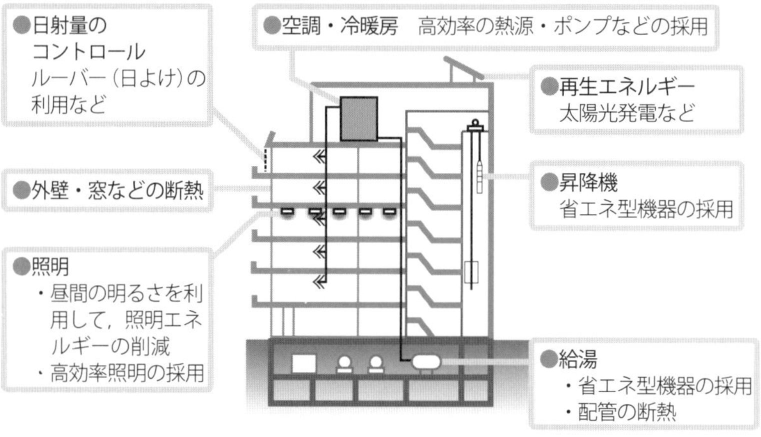

●日射量のコントロール
ルーバー（日よけ）の利用など

●空調・冷暖房　高効率の熱源・ポンプなどの採用

●再生エネルギー
太陽光発電など

●外壁・窓などの断熱

●昇降機
省エネ型機器の採用

●照明
・昼間の明るさを利用して，照明エネルギーの削減
・高効率照明の採用

●給湯
・省エネ型機器の採用
・配管の断熱

建築物エネルギー消費性能（省エネ性能）：建築物に設ける空調（暖冷房）・換気・照明・給湯・昇降機（エレベータ）において，標準的な使用条件のもとで使用されるエネルギー消費量をもとに表される建築物の性能

建築物エネルギー消費性能基準（省エネ基準）の概要：
設計値（設計一次エネルギー消費量）≦基準値（基準一次エネルギー消費量）
「一次エネルギー消費量」＝ 空調エネルギー消費量※＋ 換気エネルギー消費量 ＋ 照明エネルギー消費量 ＋ 給湯エネルギー消費量 ＋ 昇降機エネルギー消費量 ＋ その他エネルギー消費量（OA 機器等）－太陽光発電設備等による創エネ量

※外壁，窓等の断熱化により削減可能

図1　建築物の省エネルギー対策のイメージ

1 住宅品質確保法[1]

欠陥住宅対策と良質な住宅供給をはかる目的で制定された法律で, 住宅性能表示制度と新築住宅の契約に関する瑕疵[2]担保責任などを定めている。

(a) 住宅の性能表示と紛争の処理体制 国は, 住宅性能表示の共通ルールとして, 日本住宅性能表示基準(構造耐力, 遮音性, 防火・耐火性, 省エネルギー性などの基準)と, 性能の評価・検査の標準(評価方法基準)を定める(品確法3条, 3条の2)。住宅性能表示は任意の制度で, 利用するかどうかは住宅供給者や取得者の選択による。住宅性能評価は, 登録住宅性能評価機関が行う(品確法5条)。

住宅性能評価を受けた住宅の売買等をめぐる住宅供給者と取得者の紛争に対しては, 第三者的な立場の弁護士や建築士などで構成する指定住宅紛争処理機関が, あっせん・調停・仲裁を行う(品確法66条, 67条)。

(b) 新築住宅の請負・売買契約における瑕疵担保責任 すべての新築住宅の請負や売買契約の際, 請負人および売主には, 住宅の構造耐力上主要な部分または雨水の浸入を防止する部分として政令[3]で定める部分(図2)について, 完成引き渡しから10年間の瑕疵担保責任[4]が義務づけられる(品確法94条, 95条)。ただし, 瑕疵であっても構造耐力または雨水の浸入に影響のないものは除かれる。

[1] 住宅の品質確保の促進等に関する法律。本書では, 以下「品確法」という。

[2] きず, 欠点の意味。欠陥と同じ。

[3] 品確法施行令5条。

[4] 住宅に欠陥があった場合に, 売主・請負人などが一定条件のもとに契約解除や修理などの責任を負うこと。この10年の期間は20年以内に延長することはできるが, 短縮することはできない。一般原則を定めている民法の特則として定められたもの。

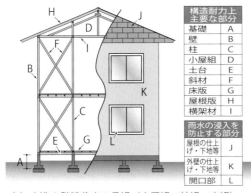

(a) 木造2階建住宅の骨組 (小屋組・軸組・床組) などの構成例

構造耐力上 主要な部分	
基礎	A
壁	B
柱	C
小屋組	D
土台	E
斜材	F
床版	G
屋根版	H
横架材	I

雨水の浸入を 防止する部分	
屋根の仕上げ・下地等	J
外壁の仕上げ・下地等	K
開口部	L

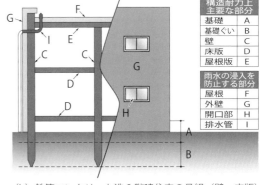

(b) 鉄筋コンクリート造2階建住宅の骨組 (壁・床版) などの構成例

構造耐力上 主要な部分	
基礎	A
基礎ぐい	B
壁	C
床版	D
屋根版	E

雨水の浸入を 防止する部分	
屋根	F
外壁	G
開口部	H
排水管	I

図2 瑕疵担保責任の対象となる建築物の部分

2 住宅瑕疵担保履行法❶

住宅品質確保法で定められた瑕疵担保責任をより確実に履行できるように定められた法律で，新築住宅の請負人や売主に対し，発注者または買主に新築住宅を引き渡す際に，住宅瑕疵担保責任保険への加入❷または保証金を法務局などに供託❸することを義務づけている。また，この保険に加入している新築住宅の請負人や売主と発注者や買主との間に紛争があった場合に，調停などを行う指定住宅紛争処理機関を設けている。

3 長期優良住宅法❹

長期にわたり住宅を使用することにより，解体による廃棄物が抑制され，環境への負荷を減らすことが可能になる。また，住宅の建替えに対する国民の経済的な負担が軽減される。

建築主などは，住宅を長期にわたり良好な状態で使用するために，構造部分の劣化対策・耐震性・容易な維持管理などの性能を備え❺，かつ良好な景観に配慮した居住環境や，一定の住戸面積❻のある住宅の建築計画および維持保全計画を策定して，所管行政庁の認定を受けることができる❼。この計画の認定を受けた住宅については，認定を受けた計画に基づき，建築および維持保全❽を行うこととなる。

3節 その他の法規

この節では，これまでに学んだ法規以外で，建築にかかわりのある敷地条件にかかわる法規，取引・登記に関する法規，所有・利用・管理に関する法規などについて学ぶ。

1 敷地条件にかかわる法規

建築物を建てる際に最初に検討しなければならないのは，建築物が建築される予定の敷地に関するさまざまな条件である。敷地条件にかかわる法規には，建築基準法や都市計画法以外に，以下のようなさまざまな法規がある。

① **国土利用計画法**　土地利用と土地取引に関して定めた法規。

② **都市再開発法・土地区画整理法**　都市再開発法は市街地再開発事業について，土地区画整理法は土地区画整理事業について，それぞれ定めた法規。建築する敷地が事業区域に当たる場合は，事業の計画に即した建築となるように，制限や誘導が行われる。

③ **宅地造成等規制法**　宅地造成にともなうがけ崩れなどの災害を防止するために，工事などの規制を定めた法規。宅地造成工事規制区域内の宅地造成工事❶は，都道府県知事の許可が必要になる。

❶　高さ2mを超える切土や高さ1mを超える盛土などの工事でがけを生ずるもの。都市計画法による開発許可を受けたものは除く。

2 取引・登記に関する法規

建築物や土地は一般の商品に比べて，その価格がきわめて高く，所有権などについての複雑な制度があるので，建築物や土地の取引に際しては，関係する者に特に公正な経済活動を行うことが求められる。あやまちや不正があると，社会的・経済的に大きな混乱を引き起こすからである。

宅地建物取引業法では，宅地建物取引業の事業所に，不動産取引に関する重要事項の説明などを行う専任の宅地建物取引士を置くことを定め，**不動産鑑定士法**は不動産の鑑定評価を行う不動産鑑定士と不動産鑑定業について定めている。

不動産の登記のための土地と家屋の調査・測量・申請手続き・審

査請求の手続きに関しては，**土地家屋調査士法**に，登記などに関する手続きの代行については，**司法書士法**に定められている。

3 所有・利用・管理に関する法規

　都市圏などにある分譲の集合住宅の多くは，個々の世帯が所有する専有部分と，躯体や廊下やエレベーターなどの共用部分に分かれるいわゆる区分所有になっている。

　建築物の区分所有等に関する法律(区分所有法)では，所有と管理に関する事項や，区分所有者間の調整に必要な事項を管理規約に定めることができるとしており，所定の手続きに従って定められた管理規約は，いわば法律と同等の効力をもつことも定められている。日常の維持管理や計画修繕に際しての責任分担などについては，管理規約に基づいて区分所有者や居住者間でよく協議し，円滑に進めることが必要である。

　マンションの管理の適正化の推進に関する法律では，マンション管理士の資格，マンション管理業者の登録制度などを定め，**マンションの建替えの円滑化等に関する法律**では，マンション建替組合の設立，権利変換手続きなどを定めている。

　また，百貨店や事務所，学校など，一定の用途と規模の特定建築物では，不特定多数の人が利用するので，**建築物における衛生的環境の確保に関する法律**(ビル衛生管理法)に基づいて，建築物環境衛生管理技術者(ビル管理技術者)を置き，清掃や設備の管理などを適正に行わなければならない。

4 その他

　民法では，建築物は敷地境界線から50cm以上離す(民法234条)，隣地境界線から1m未満のところにある窓などには目隠しを設ける(民法235条)など，近隣の建築物とのかかわりについて定めている。また，民法では，請負契約や売買契約などの契約に関する規定，これらの契約にともなう一般的な瑕疵担保責任などの規定もある。

　住宅宿泊事業法は，健全な民泊サービスの普及を図るために，関連する事業者が守るべき一定のルールを定めている。民泊となる住宅には，同規模のホテル・旅館などと同様に，非常用照明器具の設

置などの義務が適用される。

　なお，特定の用途の建築物に関しては，以下のような法律に，構造やその使用方法などに関しての規定がある。

児童福祉法：保育所・児童養護施設・障害児入所施設など

老人福祉法：老人短期入所施設・養護老人ホーム・特別養護老人ホーム・老人福祉センター・老人介護支援センターなど

学校教育法：幼稚園・特別支援学校・小学校・中学校・高等学校・中等教育学校・高等専門学校・大学・専修学校・各種学校など

医療法：病院・診療所・助産所など

旅館業法：旅館・ホテル・簡易宿所・下宿など

興行場法：映画館，劇場，音楽・スポーツの興行施設など

高齢者の居住の安定確保に関する法律(高齢者住まい法)：高齢者居住安定確保計画，サービス付高齢者向け住宅の登録など

Practice 練習問題

● **1.** 　二級建築士の資格をとるために必要な事項をあげよ。

● **2.** 　建築士法上，次の項目のうちで正しいのはどれか。

　(a) 延べ面積700m^{2}の2階建(軒高8m)木造小学校を，二級建築士が設計した。

　(b) 延べ面積300m^{2}の2階建(軒高6m)鉄筋コンクリート造の病院は，一級建築士でなければ設計できない。

　(c) 延べ面積100m^{2}の2階建(軒高7m)木造の商店を，建築士の資格のない者が設計した。

　(d) 延べ面積150m^{2}の3階建(軒高10m)木造住宅は，一級建築士でなければ設計できない。

　(e) 延べ面積100m^{2}の3階建(軒高9m)木造住宅を，木造建築士が工事監理した。

● **3.** 　建築士が行うことのできる業務の内容をあげよ。

● **4.** 　二級建築士が設計・工事監理をすることができる建築物の範囲をまとめよ。

● **5.** 　敷地にかかわる法規をあげよ。

● **6.** 　建設業法上，政令で定める軽微な建築工事として，建設業の許可を受けずに営業してよい工事を調べよ。

● **7.** 　民法では，建築物築造による距離保存で，建築物を境界線から何cm以上離さなければならないとされているか。

● **8.** 　バリアフリー法の正式な法律の名称を調べ，バリアフリー法により適用を受ける建築物の施設をあげよ。

用途地域と形態規定

用途地域	絶対高さ制限	道路斜線制限	隣地斜線制限	北側斜線制限	日影規制	高度地区
第一種低層住居専用地域	10m または12m	1.25A[1]	—	5m + 1.25A	対象建築物	都市計画によって定める
第二種低層住居専用地域						
田園住居地域						
第一種中高層住居専用地域	—		20m + 1.25A (31m + 2.5A)[2]	10m + 1.25A (日影規制がない場合)		
第二種中高層住居専用地域						
第一種住居地域	—			—		
第二種住居地域						
準住居地域						
近隣商業地域	—	1.5A	31m + 2.5A	—	—	
商業地域						
準工業地域					対象建築物	
工業地域	—				—	
工業専用地域						
指定のない地区	—	1.25A または 1.5A[2]	20m + 1.25A または 31m + 2.5A[2]	—	対象建築物	—

注　1）Aはそれぞれ「前面道路の反対側の境界からの水平距離」「隣地境界線までの水平距離」「北側境界線までの水平距離」
　　2）特定行政庁が都市計画審議会の議を経て指定する。

絶対高さ制限の緩和

緩和	条件	備考1	備考2
10mと定められた高さの限度は，12mとする	その敷地内に政令で定める空地を有し，かつ，その敷地面積が政令で定める規模以上である建築物であって，特定行政庁が低層住宅に係る良好な住居の環境を害するおそれがないと認めるもの	左記の空地は，法53条の規定により建ぺい率の最高限度が定められている場合においては，当該空地の面積の敷地面積に対する割合が1から当該最高限度を減じた数値に$\frac{1}{10}$を加えた数値以上であるものとする	法53条の規定により建ぺい率の最高限度が定められていない場合においては，当該空地の面積の敷地面積に対する割合が$\frac{1}{10}$以上であるものとする
		左記の敷地面積は，1500m^{2}とする	特定行政庁は，街区の形状，宅地の規模その他土地の状況によりこれによることが不適当であると認める場合においては，規則で，750m^{2}以上，1500m^{2}未満の範囲内で，その規模を別に定めることができる
適用しない	その敷地の周囲に広い公園，広場，道路その他の空地を有する建築物であって，低層住宅に係る良好な住居の環境を害するおそれがないもの	特定行政庁が許可したもの	建築審査会の同意を得なければならない
	学校その他の建築物であって，その用途によつてやむを得ないもの		

※　法55条
　　令130条の10より

建設業法

建設業の許可（業法　3条）

許可の要不要	工事内容・条件	許可の種類
許可不要	建築一式工事　　　請負代金の額　1500万円未満	―
	建築一式工事以外　請負代金の額　500万円未満	
	木造住宅工事の延べ面積　150 m² 未満	
許可必要	発注者から直接請負う1件の建設工事につき，下請け代金の額4000万円（建築工事業の場合は，6000万円）以上	特定建設業の許可
	上記以外	一般建設業の許可

建設業許可の申請先

営業の条件	申請先
2以上の都道府県の区域内に営業所を設けて営業しようとする場合	国土交通省
一の都道府県の区域内にのみ営業所を設けて営業を使用とする場合	都道府県知事

主任技術者および監理技術者の設置等（業法　26条）

技術者の種類	設置の条件
主任技術者	請負った建設工事を施工するときは，必ず設置しなければならない。
監理技術者	発注者から直接建設工事を請負った特定建設工事業者は，当該建設工事を施工するために締結した下請契約の請負代金が，4000万円（建築工事業の場合は6000万円）以上。

労働安全衛生法

安全衛生管理体制（下請け業者なしの場合）

選任すべき管理者の区分	選任すべき条件
総括安全衛生管理者（労働安全衛生法10条）	労働者数が常時100人以上（労働安全衛生法施行令2条）
安全管理者（労働安全衛生法11条）	労働者数が常時50人以上（労働安全衛生法施行令3条，4条，5条）
衛生管理者（労働安全衛生法12条）	
産業医（労働安全衛生法13条）	

安全衛生管理体制（下請け業者ありの場合）

選任すべき管理者の区分	選任すべき条件
統括安全衛生責任者（労働安全衛生法15条）	労働者数が元請・下請を合わせて常時50人以上（ずい道，一定の橋梁，圧気工法による作業を行う仕事にあっては30人以上）（労働安全衛生法施行令7条）
元方安全衛生管理者（労働安全衛生法15条の2）	統括安全衛生責任者の選任を必要とする事業場
安全衛生責任者（労働安全衛生法16条）	
安全管理者（労働安全衛生法11条）	労働者数が常時50人以上（労働安全衛生法施行令3条，4条，5条）
衛生管理者（労働安全衛生法12条）	
産業医（労働安全衛生法13条）	

建築基準法施行令第46条第4項に基づく軸組計算書の例

1．建築物の床面積

2階	m²	1階	m²

2．床面積に乗ずる数値 (cm/m²)（軟弱地盤地域では表に掲げる数値を1.5倍にする）

建　物　の　種　類	平家建	2階建の1階	2階建の2階
屋根を瓦などの重い材でふいたもの	15	33	21
屋根を金属板石板等軽い材でふいたもの	11	29	15

3．見　付　面　積 (乗ずる数値0.50m/m²)

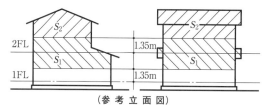

（参考立面図）

階別	方	向	見付面積
2階 平家	梁間	S₂	m²
	桁行		m²
1階	梁間	S₁	m²
	桁行		m²

2階・平家 行に: S_2、1階行に: S_1

4．壁および軸組の種類による倍率

	軸　組　の　種　類	倍　　率
(一)	土塗壁または木ずりその他これに類するものを柱および間柱の片面に打ち付けた壁を設けた軸組	0.5
(二)	木ずりその他これに類するものを柱および間柱の両面に打ち付けた壁を設けた軸組	1.0
	厚さ1.5cm以上で幅9cm以上の木材または径9mm以上の鉄筋の筋かいを入れた軸組	
(三)	厚さ3cm以上で幅9cm以上の木材またはこれと同等以上の耐力を有する筋かいを入れた軸組	1.5
(四)	厚さ4.5cm以上で幅9cm以上の木材またはこれと同等以上の耐力を有する筋かいを入れた軸組	2
(五)	9cm角以上の木材の筋かいを入れた軸組	3
(六)	(二)から(四)までに掲げる筋かいをたすき掛けに入れた軸組	(二)から(四)までのそれぞれの数値の2倍
(七)	(五)に掲げる筋かいをたすき掛けに入れた軸組	5

(八)	その他国土交通大臣が(一)から(七)までに掲げる軸組と同等以上の耐力を有するものと認めて定める軸組（昭和56年建設省告示1100号）	0.5から5までの範囲内において国土交通大臣が定める軸組

昭和56年建設省告示第1100号による耐力面材とその倍率の組み合わせのみを抜粋したもの。材料ごとに指定されているJIS規格，JAS規格，くぎ打ちの方法などの詳細は告示を確認のこと。

上段：(1)～(13)は大壁仕様,倍率片面のみ示す
中段：(14)～(16)は真壁仕様,( )内倍率は貫方式を示す
下段：面材等の組合せの倍率を示す

耐力面材の種類	厚　さ(mm)	倍率	耐力面材の種類	厚　さ(mm)	倍率
(1)せっこうボード	12以上	0.9	(7)ハ　ー　ド　ボ　ー　ド	5以上	2.0
(2)シージングボード	12以上	1.0	(8)硬質木片セメント板	12以上	
(3)ラ　ス　シ　ー　ト	鉄板⑦0.4以上 ラス⑦0.6 〃		(9)炭酸マグネシウム板	12以上	
(4)構造用せっこうボードB種	12以上	1.2	(10)構　造　用　合　板 化粧ばり構造用合板	5以上*	2.5
(5)構造用せっこうボードA種	12以上	1.7	(11)パーティクルボード	12以上	
(6)パルプセメント板	8以上	1.5	(12)構　造　用　パ　ネ　ル	日本農林規格に規定するもの	
(13)胴　　　　　　　縁（胴縁の上の材料は(1)～(12)の材料のみ）				15×45以上	0.5
(14)せっこうボード	12以上	1.0 (0.5)	(16)構　造　用　合　板 化粧ばり構造用合板	7.5以上	2.5 (2.0)
(15)せっこうラスボード（せっこうプラスターを厚さ15mm以上塗る）				9以上	1.5 (1.0)
(1)～(16)中の面材二つの併用			それぞれの数値の和		
(1)～(16)中の面材一つと(一)の壁または(二)～(六)に示す筋かいとの併用			それぞれの数値の和,ただし5以下とする		
(1)～(16)中の面材一つ，(一)の壁および(二)～(六)に示す筋かいとの併用			同　　　　　上		
(1)～(16)中の面材二つと(二)～(六)に示す筋かいとの併用			同　　　　　上		

(九)	(一)または(二)に掲げる壁と(二)から(六)までに掲げる筋かいを使用した軸組	(一)または(二)のそれぞれの数値と(二)から(六)までのそれぞれの数値との和が5を超えるときは，5とする

＊屋外壁等の場合は，耐候措置を講ずるかまたは厚さは7.5mm以上とする。

軸 組 計 算 表		*No.*　　　棟		申請者名	
軸 組 計 算 方 向		桁 行 方 向 （　　面）		妻 側 方 向 （　　面）	

二階建の二階部分または平家建

面積	見付面積 m² (S₂)	（妻側受風面）				（桁側受風面）			

必要壁長		面　積 m²	1m²当り必要壁長 m/m²	必要壁長 m	面　積 m²	1m²当り必要壁長 m/m²	必要壁長 m
	㋑見付面積による		0.50			0.50	
	㋺床面積による		0.11　0.15 0.15　0.21				

有効壁長		壁　長 m	軸組の種類	倍率	有効壁長 m	壁　長 m	軸組の種類	倍率	有効壁長 m
	外　　壁								
	内　　壁								
	合　　計	桁方向	㋑または㋺		m≦	m	妻方向	㋑または㋺		m≦	m

二階建の一階部分

面積	見付面積 m² (S₁)	（妻側受風面）				（桁側受風面）			

必要壁長		面　積 m²	1m²当り必要壁長 m/m²	必要壁長 m	面　積 m²	1m²当り必要壁長 m/m²	必要壁長 m
	㋩見付面積による		0.50			0.50	
	㋥床面積による		0.29 0.33				

有効壁長		壁　長 m	軸組の種類	倍率	有効壁長 m	壁　長 m	軸組の種類	倍率	有効壁長 m
	外　　壁								
	内　　壁								
	合　　計	桁方向	㋑＋㋩または㋥	m≦	m	妻方向	㋑＋㋩または㋥	m≦	m

平成12年建設省告示1352号に基づく軸組基準

平面バランス計算表

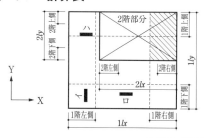

注1．ハッチ部分はY方向右側のΣA_2となる。

注2．②は床面積に乗ずる数値（前記）

注3．軸倍率，軸長は伏図に記入

注4．小屋物置は水平投影床面積の$\frac{1}{8}$以下は含まず。またその部分の床面積は$a = \frac{h}{2.1} \times A$（ただし内法高平均2.1m以上は$h = 2.1$mとする。）

注5．イは1階の軸倍率Y方向左側，ロはX方向下側，ハは$\frac{ly}{4}$で含む②は15とする。

		X 方 向（桁行）			Y 方 向（妻側）		
二階建の二階部分または平家	各方向の側端部分	上　側	$\frac{2ly}{4}=$	下　側	左　側	$\frac{2lx}{4}=$	右　側
	側端部$\frac{2l}{4}$の床面積S	m²		m²	m²		m²
	側端部$\frac{2l}{4}$の小屋置場a	m²		m²	m²		m²
	合計床面積ΣA_2	m²		m²	m²		m²
	必要壁量$L_n = ② \times \Sigma A_2$	m		m	m		m
	軸倍率×軸長×個所数　$\alpha_1 \times l_1 \times n$　$\alpha_2 \times l_2 \times n$　$\alpha_3 \times l_3 \times n$　⋮　⋮　⋮						
	存在壁量L_D（合計）	m		m	m		m
	壁量充足率$\frac{L_D}{L_n}$						
	判　定（壁率比）	≧0.5			≧0.5		
二階建の一階部分	各方向の側端部分	上　側	$\frac{1ly}{4}=$	下　側	左　側	$\frac{1lx}{4}=$	右　側
	側端部$\frac{1l}{4}$の床面積S	m²		m²	m²		m²
	側端部$\frac{1l}{4}$の中2階面積a	m²		m²	m²		m²
	合計$A_1 + \Sigma A_2 = \Sigma A_1$	m²		m²	m²		m²
	必要壁量$L_n = ② \times \Sigma A_1$	m		m	m		m
	軸倍率×軸長×個所数　$\alpha_1 \times l_1 \times n$　$\alpha_2 \times l_2 \times n$　$\alpha_3 \times l_3 \times n$　⋮　⋮　⋮						
	存在壁量L_D（合計）	m		m	m		m
	壁量充足率$\frac{L_D}{L_n}$						
	判　定（壁率比）	≧0.5			≧0.5		

＊判定は各方向で壁量充足率の小さい方を大きい方で除した値が0.5以上か，壁量充足率が1.0を超える場合を可とする。

問題の解答

第1章 建築法規のあらまし

練習問題（p. 35, 36）　2. (a)（エ），(b)（ウ），(c)（イ），(d)（ア）

6. (a)床→屋根，(b)門や塀であれば→建築物に付属する門や塀であれば，(c)屋根が必要である→屋根の有無は関係ない，(d)含まれない→含まれる，(e)含まれる→含まれない，(f)含まれる→含まれない，(g)含まれる→含まれない，(h)含まれる→含まれない，(i)含まれない→含まれる，(j)構造耐力上主要な部分→主要構造部

7. (b)，(c)　　**8.** (e)

第2章 個々の建築物にかかわる規定

問1.（p. 41）　　21.42 m^2

練習問題（p. 54, p. 55）　1. (a)$\frac{1}{5}$，(b)$\frac{1}{7}$，(c)$\frac{1}{7}$，(d)$\frac{1}{5}$，(e)$\frac{1}{10}$，(f)$\frac{1}{7}$，(g)$\frac{1}{10}$，(h)$\frac{1}{10}$

2. (a)6 m^2，(b)1.25 m^2，(c)1.5 m^2，(d)5 m^2

3. 1.4 m　　**8.** (b)，(e)，(f)，(g)，(h)

問1.（p. 63）　　10 cm（張り間方向，けた行方向とも市販の規格材のもの10.5 cm角を使用する）

問2.（p. 66）　　2.5倍，4.0倍

問3.（p. 69）　　張り間方向1 317.75 cm，けた行方向1 105.65 cm，（判定）張り間方向，けた行方向ともに，必要軸組長さを満足している

練習問題（p. 84）　9. 1階10.8 cm，2階10.0 cm，横架材相互間の垂直距離336 cm

10. 片側筋かいで両面木ずり壁2.0倍，片側筋かいで片面木ずり・片面構造用鋼材4.0倍，張り間方向16.2 m，けた行方向10.8 m

11. 1階　張り間方向3 528 cm　けた行方向2 886.84 cm，2階　張り間方向1 962 cm　けた行方向1 837.08 cm

12. (b)，(d)，(e)，(f)　理由　略

問1.（p. 101）　　25 m

練習問題（p. 108）　13. (a)，(c)，(e)

16. (a)，(b)，(c)，(d)，(g)　理由　略

第3章 良好な都市環境をつくるための規定

問1.（p. 126）　　630 m^2

問2.（p. 129）　　4 320 m^2

問1.（p. 136）　　1.6 m

問2.（p. 141）　　8 m

練習問題（p. 155）　1. 建築面積71.4 m^2，延べ面積126 m^2，敷地面積210 m^2，建ぺい率34％，容積率60％　　**2.** 1 320 m^2

3. 140 m^2　　**4.** 12 m　　**6.** (c)

第4章 手続きなどの規定

練習問題（p. 179）　4. (b)，(c)，(e)，(g)，(h)

第5章 各種の関係法規

練習問題（p. 199）　2. (c)，(d)　　**7.** 50 cm

　建築基準法とこれに関連する建築士法，都市計画法等の法令は，時代の要請に対応して，しばしば改正されている。以下，それらの改正の経緯を，(1)耐震基準，(2)防火基準，(3)集団規定，(4)その他の規定・関係法令の4つの区分ごとに，そのきっかけとなったできごとや背景とともに整理して年表形式で示すこととする。なお，令和4年(2022年)公布の建築物省エネ法，建築基準法等の改正については，巻末(p. 221)を参照されたい。

(1)　地震被害と耐震基準の変遷(表1)

　建築基準法の単体規定のうち，地震に対する安全性を確保するための耐震基準は，1923年(大正12年)に発生した関東大震災の翌年に，当時の市街地建築物法施行規則の大幅な改正により本格的に導入され，1950年(昭和25年)制定の建築基準法に引き継がれた。その後も，1980年の「新耐震設計法」の導入に見られるように，大地震による被害を教訓として，その時々の技術の進歩を反映しながら，同様の被害の再発の防止を図るための改正が繰り返しなされている。

(2)　大きな被害を出した火災と防火基準の主な改正(表2)

　建築物の防火基準は，市街地大火による被害の軽減を起源としているが，1932年(昭和7年)に発生した白木屋百貨店火災により，避難安全を重視する特殊建築物規則が作成された。1950年制定の建築基準法に引き継がれてからも，煙による人的被害への対応として1969年に竪穴区画の導入，1970年に排煙設備の義務化が行われるなど，大きな火災被害が発生するたびに規制強化が繰り返し行われている。一方，1998年には性能基準が導入され，また，木材利用促進の観点から木造建築物に対する規制緩和も進められている。

(3)　社会の動きと集団規定の変遷(表3)

　集団規定は，社会ニーズの変化に伴い，用途地域の細分化などの都市計画制度の見直しとともに改正されてきた。高度利用・規制緩和の声を受け，戦後の防火技術の開発に応じて建ぺい率制限が緩和され，高層化技術の開発に対応して絶対高さ制限に替わり容積率制限が採用されるなどの見直しも行われた。その後も，都心居住，防災，景観・まちなみ，都市再生，少子高齢化などの多様なニーズに対応して，各種の規定や，認定や許可制度について，互いに関連しつつ，改正が積み重ねられてきている。

(4)　建築基準法のその他の規定と建築関連主要法令の変遷(表4)

　(1)および(2)で示した耐震基準と防火基準以外の単体規定についても，これまでに数多くの改正がなされている。また，建築確認，完了・中間検査などの手続きやその他の執行のための様々な規定については，違反建築物の発生防止のための規制強化などがなされる一方で，規制緩和の要請に対応した見直しも数次にわたって行われている。

　さらに，建築物や市街地の安全性向上，良質な住宅・建築物の整備の促進，環境問題への対応など，様々な社会ニーズに対応して，建築物に関連する数多くの関連法規が制定・改正されている。

年月	地震名・規模	被害の概要等		年	耐震基準の変遷その他
1891. 10	濃尾地震 M8.0	愛知，岐阜に大被害，全壊14万余，半壊8万余，死者7千余 ・木造，石造，れんが造建築物に大被害	耐震設計の義務づけのない時代	1880年頃 1886年	欧米からのれんが造，石造建築物が建てられはじめる 「日本建築学会」設立(当初の名称は「造家学会」)
				1900年頃	鉄骨造(S造)，鉄筋コンクリート造(RC造)の導入
				1916年 1919年	「家屋耐震構造論」発表(佐野利器)―震度法の提案など 「市街地建築物法」公布―1920年施行
1923. 9	関東地震 M7.9	関東大震災。神奈川・東京中心に大被害，全半壊21万2千余，焼失21万2千余，死者10万5千余 ・地震後に多数の火災発生。死者の大半は火災による ・石造，れんが造，木造に大被害，S造，RC造にも被害		1920年 1924年	「物法施行規則」公布，構造計算規定では鉛直荷重のみが定められる 物法施行規則大改正，地震力規定導入(水平震度0.1)，耐震規定強化
1944. 12 1945. 1 1946. 12 1948. 6	東南海地震 M7.9 三河地震 M6.8 南海地震 M8.0 福井地震 M7.1	静岡，愛知，三重に被害，全壊17599，半壊36520，流失3129，死者・不明1223 愛知南部に被害，全壊7221，半壊16555，死者2306 中部以西各地に被害，全壊11591，半壊23487，流失1451，焼失2598，死者1330 ・終戦前後に地震被害が頻発した 福井平野に大被害，倒壊36184，半壊11816，焼失3851，死者3769	応力度設計法による許容設計震度0.1の時代	1930年頃 1944年 1947年	柔剛論争起こり，耐震構造研究活発化 「臨時日本標準規格」(戦時規格)(水平震度0.15) 「日本建築規格3001」(水平震度0.2，許容応力度を長期・短期の2種に)のちに建築基準法に採用される
			設計震度0.2，長期・短期応力度設計法の研究が並列する時代と高層建築物の動的設計法	1950年 1950年代 1959年	建築基準法制定，施行令に構造規定が定められる(水平震度0.2) ・木造建築物の壁量規定の制定，日本建築規格3001の採用など 高層建築技術の開発(強震記録とコンピュータの進歩) 建築基準法施行令改正 ・木造の壁量規定の強化等
1964. 6 1968. 5	新潟地震 M7.5 十勝沖地震 M7.9	新潟，秋田，山形に被害，全壊1960，半壊6640，死者26 ・砂質地盤の液状化現象によるRC共同住宅の転倒などがある 東北，北海道南部に被害，全壊673，半壊3004，死者52，RC短柱のせん断破壊 ・1970年の建築基準法施行令改正のきっかけに		1961年 1963年 1966年 1968年	建築基準法改正，特定街区制度により31mの高さ制限の緩和が可能 建築基準法改正，容積地区制度により31mの高さ制限の適用除外が可能(1964年施行) 地震保険制度創設 日本初の本格的超高層ビルである霞が関ビル完成
1971. 2 1978. 6	サンフェルナンド地震 M6.4 宮城県沖地震 M7.4	ロサンゼルス市に被害，道路橋の落下など，死者58，病院で多くの死者出る ・新耐震設計法の開発プロジェクト発足のきっかけに 宮城県中心に被害，全壊1183，半壊5574，死者28 ・新耐震設計法に基づく建築基準法令の耐震規定の改正のきっかけに ・ブロック塀倒壊による死者多数	柱・梁のせん断耐力を強化し中低層建築物にじん性確保の考え方を導入した時代	1970年 〃 年 1972年	建築基準法改正，31mの高さ制限廃止(容積率制限に変更)(1971年施行) 建築基準法施行令改正 ・RC造柱の帯筋間隔規定の強化，木造の壁量規定の強化等(1971年施行) 「新耐震設計法の開発」プロジェクト開始(1977年まで)

1983. 5	日本海中部地震 M7.7	秋田に津波で死者，全壊934，半壊2115，流失52，死者104	新耐震設計法と保有水平耐力設計法からなる新耐震設計の時代 許容応力設計法	1980年	建築基準法施行令の耐震規定改正(通称：新耐震設計法。1981年施行) ・新耐震設計法プロジェクトに基づく耐震基準の改正 ・保有水平耐力計算などの二次設計，層間変形角制限等の導入 ・地震力規定に動的配慮が加えられる ・その他の耐震規定の改正(ブロック塀の規定強化，軟弱地盤区域の設定，木造の壁量規定の強化等)	
1993. 7	北海道南西沖地震 M7.8	奥尻島で津波，火災による被害，全壊601，半壊408，死者202，不明28				
1995. 1	兵庫県南部地震 M7.3	阪神・淡路大震災。倒壊構造物多数，全壊104906，半壊144274，全焼7132，死者・行方不明6434 ・ピロティ方式の建築物，木造建築物の倒壊等 ・新耐震設計法による建築物の被害は少なく，それ以前の既存不適格建築物の耐震改修促進が課題に		1995年	建築物の耐震改修の促進に関する法律(耐震改修促進法)制定 ・耐震改修時の構造規定以外の遡及適用緩和等	
				〃 年	ピロティ方式の基準強化(告示改正)	
				1998年	建築基準法改正(1999年・2000年施行)	
				1999年	建築基準法改正1年目施行分 ・中間検査制度，建築確認の民間開放	
2003. 9	十勝沖地震 M8.0	石油タンクがスロッシングによる火災，空港天井落下，全壊104，半壊345， ・長周期地震動が注目された	新耐震設計法の並立と性能規定化・限界耐力計算の導入の時代	2000年	建築基準法改正2年目施行分，施行令改正 ・限界耐力計算導入，木造耐震規定の強化等	
				〃 年	免震建築物の基準制定(告示)	
				〃 年	性能表示制度の創設 ・耐震等級	
2004. 10	新潟県中越地震 M6.8	死者68，土砂災害，高速交通寸断，道路被害，全壊3175，半壊13810		2004年	建築基準法改正(2005年施行) ・耐震規定の遡及適用の緩和措置	
2005. 3	福岡県西方沖地震 M最大7.0	死者1，負傷者1204，全壊144，半壊353 ・外装材の脱落被害が注目された		2005年	エネルギー法の基準制定(告示)	
				〃 年	耐震改修促進法改正(2006年施行) ・耐震改修促進計画策定(耐震化率目標の設定)，指示に従わない場合の公表等	
				2005年	構造計算書偽装事件 ・認定構造計算プログラムを用いた偽装 ・民間確認検査機関が偽装を見落とし(建築主事の見落としとも相当数あり) ・偽装以外にも，不適切なモデル化等が多数発覚	
			偽装対策・構造計算基準の明確化の時代	2006年	建築基準法改正(2007年施行)	
2007. 7	新潟県中越沖地震 M6.8	死者15，負傷者2346，全壊1331，半壊5710		2007年	建築士法改正(2008年施行) 改正建築基準法施行 ・構造計算基準の大幅改正(不適切なモデル化の排除等)，構造計算適合性判定制度導入，確認審査等に関する指針制定，新たな構造計算プログラム認定制度の制定，罰則の強化等	
				〃 年	施行後に建築工事の着工が大幅に落ち込む	
				2008年	改正建築士法施行 ・構造設計一級建築士制度導入	
2011. 3	東北地方太平洋沖地震 Mw 9.0	東日本大震災。死者・行方不明者22303，負傷者6242，全壊122005，半壊283156(2021年3月1日現在) ・津波による甚大な被害 ・給湯器等の転倒，吊り天井の落下，エスカレーターの脱落等 ・新耐震以前の既存建築物に大きな被害	東日本大震災対応・構造規定の合理化推進の時代	2012年	建築基準法施行令改正 ・増改築時の耐震規定の遡及適用の緩和措置の拡大	
				2013年	電気給湯器等の転落防止規定の追加(告示改正)	
				〃 年	建築基準法施行令改正(2014年施行) ・特定天井の脱落防止規定の新設 ・エスカレーターの落下防止基準の新設	
				〃 年	耐震改修促進法改正 ・一定の建築物について耐震診断が義務化	
2016. 4	平成28年(2016年)熊本地震M7.3	死者273，全壊8667，半壊34719(2019年4月12日現在) ・震度7の前震後に再び震度7の本震 ・木造住宅に大きな被害		2014年	建築基準法改正(2015年施行) ・構造計算適合性判定の対象変更等	

2018. 6	大阪府北部を震源とする地震M6.1	死者6，全壊21，半壊483 ・ブロック塀等の倒壊で死者2名（2019年4月1日現在）		2018年	耐震改修促進法施行令改正 ・一定のブロック塀等について耐震診断が義務化（2019年施行）
				2022年	建築物省エネ法・建築基準法改正 ・木造建築物の構造関係規定の見直し等（2025年施行）

年	大きな被害を出した火災	年	防火基準の主な改正の内容
1923 1932	関東大震災（死者の9割は火災によるものと推定） 白木屋百貨店火災（耐火8階建 14人死亡） 深川 大富アパート火災（木造3階建 23人死亡）	1919 1936	市街地建築物法の制定 特殊建築物規則に百貨店，共同住宅などの防火基準を制定
1955 1958	1952年鳥取，1954年北海道岩内，1955年新潟，1956年魚津など各地で市街地大火が発生 横浜市 聖母の園養老院火災（木造2階建 99人死亡） 東京宝塚劇場火災（耐火5階建 3人死亡）	1950 1959	建築基準法の制定 デパート，工場など無窓空間の火災危険 耐火建築物または簡易耐火建築物としなければならない特殊建築物に防火規定の新設，主要構造部の耐火性能・防火区画・避難施設の強化，内装制限の新設
1966 1968 1969	川崎市 金井ビル火災（耐火6階建 12人死亡） 水上温泉 菊富士ホテル火災（耐火一部木造3階建 30人死亡） 浅草 国際劇場火災（耐火4階建 3人死亡） 磐梯熱海温泉 磐光ホテル火災（耐火4階建 30人死亡）	1960 1964 1969	（消防）防火管理者の義務付け 高層建築物に対する防火規制 高層区画の導入，高層建築に対する内装制限の強化，15階以上の階に特別避難階段の設置 頻発するビル火災への対応 竪穴区画の規定新設，防火戸の自閉機構の新基準，二方向避難の原則を明記，内装制限の強化，地下街の防火区画および避難施設に関する規制強化
1972 1973 1976	大阪市 千日デパート火災（耐火7階建 118人死亡） 熊本市 大洋デパート火災（耐火9階建 103人死亡） 酒田大火（焼損棟数1 774，焼損面積152 105 m²）	1970 1973 1974 1976	ビル火災の煙対策 特殊建築物等に対する排煙設備の設置義務，内装制限の強化，非常用照明装置，非常用の進入口，非常用エレベータ等の設置義務（1971年施行） 雑居ビル，複合ビルの防火対策 防火戸の閉鎖機構の基準強化（竪穴区画の常閉・煙感連動），2以上の直通階段の設置義務の拡大，内装制限の強化（1974年施行） （消防）特定防火対象物に対する消防用設備等の遡及適用 改装工事中の建築物への対応 増築等の場合の防災対策，工事中の建築物等に対する仮使用承認制度（1977年施行）
1980 1982 1987 1989	静岡駅前ゴールデン地下街ガス爆発火災（耐火 15人死亡） 川治プリンスホテル火災（簡易耐火4階建 45人死亡） ホテルニュージャパン火災（耐火10階建 33人死亡） 東村山市 特別養護老人ホーム松寿園火災（耐火3階建 17人死亡） スカイシティ南砂火災（耐火28階建）	1981 1987	防災計画評定制度の発足 木造建築物に関する規制の合理化 木造建築物に係る高さ制限の合理化，大断面木造建築物の燃えしろ設計の導入 （消防）社会福祉施設，病院等についてスプリンクラー設置基準の強化
1990 1995	尼崎市 スーパー長崎屋火災（耐火5階建 15人死亡） 阪神淡路大震災（出火件数285件，全焼建物約7000棟，火災による死者558人，大規模市街地火災）	1992 1998	準耐火構造，準耐火建築物の新設 木造3階建て共同住宅の規制見直し（1993年施行） 建築基準法の性能規定化 耐火性能・避難安全検証法の導入，防火材料・防耐火構造の見直し等（2000年施行）
2001 2008 2009	歌舞伎町 明星56ビル火災（耐火4階建 44人死亡） 大阪 個室ビデオ店キャッツなんば放火火災（耐火7階建 15人死亡） 渋川市 静養ホームたまゆら火災（木造平屋 10人死亡）	2002 2003 2005	小規模ビルの防火対策 2以上の直通階段の設置基準拡大（2003年施行） （消防）消防法の性能規定化 防火シャッター等の危害防止機構の設置
2010 2011 2012 2013 2015	札幌市 グループホームみらいとんでん火災（防火2階建 7人死亡） 東日本大震災（出火件数287件，津波による火災） 福山市 ホテルプリンス火災（木造一部耐火3階建 7人死亡） 長崎市 グループホームベルハウス東山手火災（準耐火4階建 4人死亡） 福岡市 阿部整形外科医院火災（耐火4階建 10人死亡） 川崎市 簡易宿泊所火災（木造3階建 10人死亡）	2014	大規模木造建築物の規模制限の緩和 特殊建築物の耐火要求（木3学）の規制見直し，3 000 m²を超える木造建築物の基準緩和（2015年施行）

2016	糸魚川市　大規模火災(全焼120棟，焼損面積約30 000 m²)		
2017	埼玉県　大規模倉庫火災(耐火4階建　焼損面積約45 000 m²)		
	北九州市　アパート(中村荘)火災(木造2階建　死者6人)		
2018	札幌市　共同住宅(そしあるハイム)火災(木造2階建　死者11人)	2018	木造建築物の高さ制限の見直し，防火床の新設，小規模建築物(3階建200 m²未満)の規制の合理化，防火・準防火地域における建築物の規制の合理化(2019年施行)
2019	京都市　アニメーションスタジオ放火火災(RC造3階建　死者36人)	2019	防火区画に関する規制の合理化，避難安全検証法の見直し(区画検証法の導入)(2020年施行)
	沖縄県　首里城火災(木造3階建等7棟全焼)		
2021	大阪北新地ビル放火火災(SRC造8階建　死者27人)	2020	主要構造部の構造方法等の見直し(避難時倒壊防止構造，火災時倒壊防止構造の導入)
2022	村上市　製菓工場火災(S造2階建　死者6人)	2022	3000 m²超の大規模木造建築物，階数に応じた耐火性能(30分刻み)の合理化，部分的な木造利用の合理化(2023年施行)
	北九州市　旦過市場火災(焼損面積　4月28棟　約2000 m²，8月39棟　約3300 m²)		
		2023	無窓居室に係る規制の合理化

年	集団規定の変遷	社会の動き
1950 1952 1957 1959	【住居，商業，準工業及び工業の4用途地域，住居，工業の2専用地区】 接道義務，道路内建築制限，私道の変更又は廃止の制限，壁面線の指定 絶対高さ制限を住居地域で20m，他地域で31m 道路斜線制限を住居地域で∠1.25以下かつ幅員×1.25＋8m以下，他地域では1.25に替えて1.5。なお，1959年に住居地域でも上記1.25は1.5に 防火地域，準防火地域，法22条区域 建ぺい率制限を，①住居・準工・工業地域内で（敷地面積−30m²）×60％，他の地域で×70％。②商業地域内かつ防火地域内で耐火建築物なら制限なし 空地地区制（住居地域内で，①建ぺい率20％〜50％，②延べ面積率20％〜60％，③外壁後退距離1m又は1.5m）の導入 他に，卸売市場等の許可，特別用途地区，高度地区，美観地区，建築協定 防火地域内又は準防火地域内の建ぺい率制限で30m²控除を廃止 商業地域内かつ準防火地域内で主要構造部が耐火構造なら建ぺい率80％ 集団規定を都市計画区域内で適用（法41条の2） 用途制限で規制する工業業種の変更 特別用途地区内での用途制限を用途地域での制限から緩和可（法49条2項） 用途地域，特別用途地区で敷地，構造又は建築設備を制限する条例（法50条） 建ぺい率制限での30m²控除を全廃	1950年　建築基準法 〜集団規定は1919年市街地 建築物法を概ね継承〜 戦災復興都市計画 戦災復興土地区画整理事業 都市の不燃化と高層化 建築防火技術の開発 高層建築技術の開発 大都市への人口産業集中 狭小敷地での建築活動，スプロール，公害問題，日照紛争
1961 1963 1969	商業地域で制限する自動車修理工場の規模を緩和 特定街区で絶対高さ規制を廃し，容積率制限100％〜600％を設定 空地地区制を廃し，容積地区制（容積率制限，隣地斜線制限）の導入（1964年施行） 高度利用地区の創設（法59条）	1963年　新住宅市街地開発法 1964年　東京オリンピック 1968年　霞が関ビル竣工 1968年　都市計画法（都市計画区域，区域区分，開発許可ほか） 1969年　都市再開発法
1970 (1971 年施 行) 1975 1976	【8種の用途地域】 位置指定道路の基準の創設（法42条1項5号，令144条の4） 容積地区制を廃し，用途地域に容積率制限，建ぺい率制限および次の制限を設定。①絶対高さ制限を，1住専で10m以下を除き，廃止。②道路斜線制限を住居系で∠1.25，以外で∠1.5。③隣地斜線制限を2住専，住居で20m＋∠1.25，近商〜無指定で31m＋∠2.5。④北側斜線制限を1住専で5m＋∠1.25，2住専で10m＋∠1.25。⑤外壁の後退距離を1住専で1m又は1.5m。 総合設計制度の創設（法59条の2） 　1983年に市街地住宅総合設計制度，1995年に都心居住型総合設計制度 伝統的建造物群保存地区での制限の一部を緩和する条例（法85条の3） 日影規制の導入（法56条の2） 2住専での容積率制限及び建ぺい率制限を強化するメニューの追加，2住専での店舗や事業所を1500m²以下かつ2階以下に制限（1997年施行）	1972年　列島改造ブーム 1972年　最高裁　日照権・通風権の認定 歴史的集落・街並み保存運動。 工場，大学等の郊外転出と事務所，大規模中高層住宅等の進出。 1973年　オイルショック 1974年　国土利用計画法 1975年　文化財保護法の改正。 北側斜線型の高度地区
1980 1985 1987 1988	地区計画，沿道整備計画の創設（法68条の2，法68条の7）（1981年施行） 中水道施設，発電施設等への容積率制限の特例許可準則（法52条4項） 　1999年に省資源，省エネ，防災等の施設，2006年にバリアフリー施設 特定街区（法60条）の指定標準の制定 1住専での絶対高さ制限を12m以下も可（法55条） 容積率制限で幅員15m以上道路に接続する道路沿線での緩和（法52条9項） 道路斜線制限で，①適用距離（法別表3（は）），②自ら後退で緩和（法56条1項一号），住居系用途地域内の隣地斜線制限で一定高さ超部分を自ら後退で緩和（同項二号） 再開発地区計画，集落地区計画の創設	規制緩和，民間活力の活用，国公有地の活用。 地価高騰・リゾートブーム 1989年　土地基本法

1990	住宅地高度利用地区計画，用途別容積型地区計画の創設 住居系用途地域内での共同住宅に附属する自動車車庫への特例許可の準則	1990年　不動産融資総量規制とバブルの崩壊
1992 (1993年施行)	【12種の用途地域】 幅員6m以上道路を接道義務とする区域の指定が可能 敷地面積の最低限度が1低専，2低専で可 　2002年に用途地域内で可（法53条の2） 商業地域での容積率制限で200％，300％も可 白地地域の建築形態規制の導入。2000年に値の多様化 都市計画区域外での一部の集団規定の導入が可（法68条の9）	1992年　都市計画法及び建築基準法の一部を改正する法律（都市計画マスタープランほか） 都心部での人口回復の動き 地方分権，市民参加
1994	住宅の地階居室の一定限度を容積率制限の床面積不算入（法52条3項，4項）	
1995	街並み誘導型地区計画の創設 壁面線指定ある場合の前面道路幅員による容積率制限を×0.6に緩和 住居系用途地域内の道路斜線制限で，①前面道路幅員12m以上での斜線勾配の緩和（法52条3項），②自ら後退しての起点の後退（同条4項）	1995年1月17日　阪神・淡路大震災 1997年　密集市街地における防災街区の整備の促進に関する法律（2003年に改正）
1997	高層住居誘導地区の創設（法57条の5） 防災街区整備地区計画の創設 共同住宅の共用の廊下・階段を容積率制限の床面積不算入（法52条6項）	1999年　地方分権一括法 大都市への人口集中の鎮静化 木造密集市街地，中心市街
1998 (1999年施行)	連担建築物設計制度の創設（法86条2項） 地区計画が，市街化調整区域や白地地域内の戸建住宅団地などで可 　なお，2005年にスプロール市街地でも可	地，郊外住宅地の問題，景観紛争や訴訟， 土地利用調整条例，景観条例，まちづくり条例などの制定の動き
2000	準都市計画区域の創設 特定用途制限地域の創設（法49条の2） 特例容積率適用区域の創設（2004年に改正） 壁面線指定等ある場合の建ぺい率制限の特例許可（法53条4項）	2000年　都市計画法及び建築基準法の一部を改正する法律
2002 (2003年施行)	都市再生特別地区の創設（法60条の2） 促進区，街並誘導型など各種の地区計画等の再編（法68条の3〜68条の6） 容積率制限で，①商業地域での1100％，1200％，1300％も可，②前面道路幅員による制限値の多様化，③空地等ある住宅の建築確認で緩和（法52条8項） 建ぺい率制限の値の多様化 道路斜線制限及び隣地斜線制限の勾配，立ち上り高さ，適用距離の多様化 天空率による各種斜線制限の代替が可（法56条7項） 日影規制の測定面高さ6.5mも可（法別表4（は））	2002年　都市再生特別措置法 2002年　都市計画提案制度 2004年　景観法 2004年　都市緑地法 大規模店舗が工場跡地や郊外に立地 人口減少・少子高齢社会
2003	特定防災街区整備地区の創設（法67条の2） 42条3項道路に接する敷地，構造，建築設備又は用途の制限付加する条例	絶対高さ制限型の高度地区
2004 (2005年施行)	景観地区，準景観地区の創設，美観地区の廃止 景観重要建造物への制限の一部を緩和する条例（法85条の2） 特例容積率適用地区の創設（法57条の2） 斜面地などでの平均地盤面を設定する条例（法52条5項） 卸売市場等の都市計画決定や許可が不要な新築等の範囲（法51条） 地区計画等での緑化率の最低限度（都市緑地法39条）	2006年　1994年ハートビル法をバリアフリー法に改正 2007年　地域における歴史的風致の維持及び向上に関する法律
2004 2006 2008	公共事業により生じた既存不適格建築物扱い（法86条の9）（2005年施行） 大規模集客施設を用途制限（法48条別表2（わ）ほか） 歴史的風致維持向上地区計画の創設	2008年　省エネ法の改正
2012	備蓄倉庫等の一定限度を容積率制限の床面積不算入（令2条1項四号） 幼保連携型認定こども園が工業地域にて建築可（法48条別表2（る））（2015年施行）	2011年3月11日東日本大震災 2012年　子ども・子育て支援法 持続可能な活力，次世代継承するインフラ・サービスの経営

2014	容積率制限で，①老人ホーム等の地階居室の一定限度を床面積不算入(法52条3項)(2015年施行)，②エレベータの昇降路を床面積不算入(法52条6項)	2014年　立地適正化計画制度(都市再生特別措置法の改正)
	特定用途誘導地区の創設(法60条の3)	
2015	「風俗営業等の規制及び業務の適正化等に関する法律」の改正に伴うダンスホール等に係る規制の見直し	
2017	都市計画法改正に伴う田園住居地域の創設(2018年施行)	2017年　住宅宿泊事業法の制定
2018	接道規制の適用除外に係る手続の合理化(法43条2項)	
	接道規制を条例で付加できる建築物の対象の拡大(法43条3項)	
	容積率制限で，①老人ホーム等の共用の廊下・階段部分を床面積不算入(法52条6項)，②宅配ボックスの一定限度を床面積不算入(令2条1項四号)	
	日影規制の適用除外に係る手続の合理化(法56条の2・1項)	
	用途規制の適用除外に係る手続きの合理化(法48条16項二号)(2019年施行)	
	建ぺい率制限で，①延焼防止性能を有する建築物の緩和(法53条3項)(2019年施行)，②前面道路から後退して壁面線の指定を行った場合等における緩和(法53条5項)(2019年施行)	
2022	外壁の断熱改修等の屋外に面する部分の工事により建ぺい率・容積率制限を超えることが建築物の構造上やむを得ない場合における特例許可の拡充(法52条，53条)(2023年施行)	2021年　地球温暖化対策計画の改定
	住宅及び老人ホーム等に設ける給湯設備の機械室等の容積率不算入に係る認定制度の創設(法52条6項3号)(2023年施行)	2022年　建築物省エネ法の改正
	屋根の断熱改修や省エネ設備の設置等の屋外に面する部分の工事により高さ制限を超えることが建築物の構造上やむを得ない場合における特例許可の拡充(法第55条，第58条)(2023年施行)	
	一団地の総合的設計制度・連担建築物設計制度における対象行為に大規模修繕・大規模模様替を追加(法86条)(2023年施行)	
2023	倉庫等の大規模庇等に係る建蔽率算定上の建築面積の算定方法の合理化(令2条1項2号)	

年	建築基準法令のその他の規定の改正	建築関連主要法令の制定・改正	背景，社会の動き等
1919	(市街地建築物法)	都市計画法(旧法)	
1923			関東大震災
1941			太平洋戦争(1941-45)
1948		消防法	
1949		建設業法 屋外広告物法	
1950	(建築基準法)	住宅金融公庫法 建築士法	
1951		公営住宅法	
1952		耐火建築促進法 宅地建物取引業法	
1954		土地区画整理法	神武景気(1954-56)
1955		日本住宅公団法	
1956			経済白書「もはや戦後ではない」
1957		駐車場法	
1958	[施行令改正]建築設備等の基準の整備(配管設備，昇降機，工事現場の危害防止の規定等)(1959年施行)		東京タワー竣工 岩戸景気(1958-61)
1959	執行体制の強化等(違反是正措置強化(工事施工停止命令等)，建築設備・工作物の手続き規定新設，定期検査・報告制度新設等)		
1961		防災建築街区促進法(耐火建築促進法廃止) 宅地造成等規制法	
1962		建物の区分所有等に関する法律(区分所有法)	全国総合開発計画(拠点開発方式)
1964			東京オリンピック
1965			いざなぎ景気(1965-70)
1968		騒音規制法 都市計画法	霞ヶ関ビル竣工
1969	[施行令改正]建築設備に関する規定の整備(屎尿浄化槽，冷暖房設備の風道等に関する基準)	都市再開発法(防災建築街区促進法廃止)	新全国総合開発計画(大規模開発プロジェクト方式)
1970	執行体制の強化等(特定行政庁の拡充，違反是正措置強化(建築監視員制度新設等)，確認申請関係図書の閲覧制度新設等)(1971年施行)	建築物における衛生的環境の確保に関する法律(ビル衛生管理法) 廃棄物の処理及び清掃に関する法律	大阪万国博覧会(EXPO70)開催
1971		建設業法改正[許可制度制定]	環境庁発足
1972		労働安全衛生法	沖縄日本復帰 札幌冬季オリンピック 日本列島改造論
1973		都市緑地保全法	第一次オイルショック
1974		国土利用計画法	狂乱物価
1977			第3次全国総合開発計画(定住圏構想)
1979		エネルギーの使用の合理化に関する法律(省エネ法)	第二次オイルショック
1983	確認・検査制度の合理化等(小規模木造建築物等(4号建築物)の単体規定関係の確認・検査の簡素化，型式住宅等の建築確認等の手続きの簡素化，定期報告制度の対象拡大等)(1984年施行)	浄化槽法 建築士法改正[木造建築士制度創設]	新行革大綱決定，臨時行政改革推進審議会設置
1985			筑波科学技術博覧会
1986			平成(バブル)景気(1986-91)

1987		建設業法改正［特定建設業許可基準，監理技術者制度］	第4次全国総合開発計画（多極分散型国土形成）
1988			東京ドーム（後楽園球場）竣工
1990			国際花と緑の博覧会
1991			バブル崩壊，景気減速傾向
1992	ニーズ等に応じた総則規定の整備（伝統的建築物等に関する規制除外の拡大，建築物の定義の見直し等）（1993年施行）		
1994		高齢者，身体障害者等が円滑に利用できる特定建築物の建築の促進に関する法律（ハートビル法）	
1995			阪神・淡路大震災地方分権推進法
1997		密集市街地における防災地区の整備の促進に関する法律	環境影響評価法地球温暖化防止京都会議
1998	確認・検査等の民間開放等（民間の指定確認検査機関による建築確認と完了検査の導入。中間検査の導入，図書の閲覧制度の拡充。）（1999年施行）（型式適合認定・型式部材等製造者認証・構造方法の認定の規定新設等）（2000年施行）単体規定の性能規定化等（住宅の居室の日照確保の規定廃止，居室の採光・地階の居室の規定緩和等）（2000年施行）		長野冬季オリンピック地球温暖化対策推進法
1999		住宅の品質確保の促進等に関する法律（住宅品質確保法）	
2000		建設工事に係る資材の再資源化等に関する法律（建設リサイクル法）マンションの管理の適正化の推進に関する法律	
2001		高齢者の居住の安定確保に関する法律（高齢者すまい法）	
2002	シックハウス対策の導入（衛生上の支障がある化学物質の発散について，使用材料の制限，換気設備の設置等の規定を新設）（2003年施行）	マンションの建替え等の円滑化に関する法律	日韓共催FIFAワールドカップ
2004	既存不適格建築物関係規定の整備（増築等を行う場合における段階的改修の許容等）（2005年施行）	景観法	
2005		独立行政法人住宅金融支援機構法	構造計算書偽装事件
2006	建築確認・検査の厳格化等（構造計算適合性判定の制度の創設等）（2007年施行）	高齢者，障害者等の移動等の円滑化の促進に関する法律（バリアフリー法）（ハートビル法廃止）建築士法改正［構造設計一級建築士新設等］	
2007		特定住宅瑕疵担保責任の履行の確保等に関する法律（住宅瑕疵担保履行法）	
2008		長期優良住宅の普及の促進に関する法律（長期優良住宅法）	
2011		津波防災地域づくりに関する法律	東日本大震災
2012		都市の低炭素化の促進に関する法律	東京スカイツリー竣工
2014	合理的かつ実効性の高い制度の構築（構造計算適合性判定制度の見直し）（2015年施行）（定期報告制度の強化等）（2016年施行）	建築士法改正（書面による契約の促進，管理建築士の責務明確化等）空家等対策の推進に関する特別措置法	
2015		建築物のエネルギー消費性能の向上に関する法律（建築物省エネ法）（省エネ法からの移行・強化）	
2017		住宅宿泊事業法	

2018	既存建築ストックの活用(建築確認対象範囲の見直し等)(2019年施行)	産業標準化法(工業標準化法改正) 建築士法改正(建築士試験の受験資格の見直し等)	
2019		建築物省エネ法改正(中規模のオフィスビル等の基準適合義務化等)	新国立競技場竣工
2020			新型コロナ感染症
2022	建築基準法改正(居室の採光制限の合理化(2023年施行)，既存不適格建築物の増築等の際の緩和規定の追加(2024年施行)，木造建築物の建築確認の区分の見直し(2025年施行))	建築士法改正(建築士の業務範囲の変更(2025年施行)) 建築物省エネ法改正(住宅トップランナー制度の拡充(2023年施行)，エネルギー消費性能の表示制度の強化等(2024年施行)，省エネ基準適合義務の対象拡大(2025年施行))	

注：法律名は，特記なき場合は法律の制定(公布)を示す。

令和4年(2022年)6月に，地球温暖化対策等の目標の実現のため，建築物の省エネ性能の一層の向上を図る対策の抜本的な強化や，木材利用の促進，既存建築ストックの長寿命化などを目的として，「脱炭素社会の実現に資するための建築物のエネルギー消費性能の向上に関する法律等の一部を改正する法律(令和4年法律第69号)」が公布されましたが，この内容は，本書には盛り込まれていません。

この法律による改正のうち，本書の記述に関連する主なものを，法令別かつ施行時期別に，本文の対応箇所とともに紹介します。改正全般についての詳しい情報や，関連する施行令，施行規則，大臣告示の改正などを含む最新の情報については，国土交通省のホームページで提供されています(https://www.mlit.go.jp/jutakukentiku/build/r4kaisei_shoenehou_kijunhou.html)(2023年6月　現在)。また，webで提供される「本書の関連データ」においても，本改正の内容などの情報を補遺として掲載しますので，併せてご参照ください。

I　建築物省エネ法改正(p.193〜194)

公布後1年以内施行(以下「2023年施行」)

・住宅トップランナー制度の拡充…「特定事業建築主」への分譲マンションの事業者の追加。

公布後2年以内施行(以下「2024年施行」)

・法の目的と名称の変更…法の目的に「再生可能エネルギー利用設備の設置の促進」を追加。法の名称が「建築物のエネルギー消費性能の向上等に関する法律」に変更。

・エネルギー消費性能の表示制度の強化…建築物の販売・賃貸を行う事業者によるエネルギー消費性能の表示の努力義務が強化。

・建築物再生可能エネルギー利用促進区域制度の創設…太陽光パネル等の再生可能エネルギー利用設備の設置の促進を図る区域を市町村が指定する制度が創設。

公布後3年以内施行(以下「2025年施行」)

・建築主の性能向上努力義務，建築士の説明努力義務の強化…延べ面積300 m^2 未満の建築(新築，増築及び改築)に係る建築主に，建築物のエネルギー消費性能の一層の向上を図る努力義務を，建築士には，設計を委託した建築主に対し，エネルギー消費性能の向上の説明の努力義務を適用。

・省エネ基準適合義務の対象拡大，適合性判定の手続き・審査の合理化…新築住宅・非住宅のすべてが省エネ基準への適合義務の対象となり，届出義務は廃止。対象件数の大幅な増加に伴い，適合性判定の手続き・審査を合理化。増改築の場合は，基準適合対象の増改築を行う部分のみに変更。

II　建築基準法改正

2023年施行

・居室の採光制限の合理化(p.38〜41)…住宅の居室の開口部の採光に有効な部分の床面積に対する割合の最小値(1/7)について1/5〜1/10(政令で定める割合)とすることを可能に。

・外壁等の工事による建蔽率の特例許可(p.125〜126)…建蔽率についても，下記の容積率と同様の内容を新たに規定。

・給湯設備等の容積率不算入に係る認定制度(p.129〜130)…住宅等に設ける高効率の給

湯設備等を設置する機械室等について，特定行政庁の認定により容積率緩和を可能に。

・外壁等の工事による容積率の特例許可（p.129～130）…外壁の断熱改修や日射遮蔽のための庇の設置を行う場合，特定行政庁の許可により容積率を緩和可能に。

・第一種低層住居専用地域等内と高度地区内の高さの特例許可（p.131～132，146）…第一種低層住居専用地域等内及び高度地区内において，屋根の断熱改修や省エネ設備の設置等を行う場合，高さの特例を認める許可制度を創設。

・一団地認定，連担建築物設計制度の対象行為の拡大（p.151～152）…一団地認定，連担建築物設計制度の対象に，大規模の修繕・模様替を追加。

2024年施行

・大規模建築物の部分的な木造化の促進（p.90）…耐火建築物の定義を改め，防火上・避難上支障がない範囲内で，部分的な木造化を可能に。

・防火規制上の別棟扱いの導入（p.95，97，118）…防火上分棟的に区画されたそれぞれの部分を別の建築物とみなすことを可能に（高層部分と区画された低層部分の木造化が可能に）。

※関連する施行令改正により，階数に応じて要求される耐火性能基準（p.96）を合理化。

・大規模建築物の木造化の促進（p.97）…延べ面積3000 m²超の建築物を対象に，壁，柱等の耐火構造化又は3000 m²毎の耐火構造体による区画を求める規定について，新たに技術基準を設け，構造部材の木材をそのまま見せる「あらわし」による設計等を可能に。

・防火壁の設置範囲の合理化（p.97）…他の部分と防火壁で区画された1000 m²超の耐火・準耐火構造部分における，防火壁の設置を免除。

・既存不適格建築物の増築等の際の緩和規定の追加（p.177）…防火規定等及び接道義務等について，建築物の長寿命化・省エネ化等に伴う一定の改修工事を遡及適用対象外に。また，分棟的に区画された建築物の防火規定等の遡及適用を当該分棟部分に，避難関係規定等の遡及適用を増築等部分に限定。さらに，安全性等の確保を前提に大規模の修繕・模様替の際に，接道義務・道路内建築制限を遡及適用の対象外に。

2025年施行

・木造建築物の建築確認の区分の見直し（p.164～165）…木造建築物の建築確認の区分を非木造と同じ「階数2以上又は延べ面積200 m²超」に。

・建築士の設計・工事監理による確認・検査の省略対象の見直し（p.167～168）…平家かつ延べ面積200 m²以下の建築物以外の建築物を省略対象から除外（構造規定等の審査が必要に）。

・小規模建築物の構造計算適合性判定の特例（p.167）…構造計算を要しない小規模な建築物で構造設計一級建築士の構造設計に基づくもの等について，確認審査を特定建築基準判定適合資格者がする場合，構造計算適合性判定を不要に。

・階高の高い木造建築物等の構造計算の合理化（p.163，183）…地階を除く階数3以下で，高さ16 m以下の木造建築物は，ルート2ではなくルート1（許容応力度計算）が可能に。二級建築士が設計・工事監理を行うことが可能に（建築士法改正）。

・構造計算が必要な木造建築物の規模の引き下げ(p.57)…構造計算が必要な木造建築物の規模を「階数3以上，延べ面積300 m^2超又は高さ16 m超」に。

※関連する施行令改正により，木造の構造方法の基準(p.61〜71)を大幅に見直し。

●本書の関連データが web サイトにございます。

https://www.jikkyo.co.jp で本書を検索してください。

提供データ：問題の解答，発行後の法令改正に関する補遺（随時更新）

■監修

一般財団法人日本建築防災協会常務理事
五條　渉

筑波大学教授
有田智一

株式会社日本建築住宅センター代表取締役専務
石﨑和志

東京理科大学教授
萩原一郎

■編修

国土交通省国土技術政策総合研究所室長
石井儀光

元東京都都市整備局市街地建築部
大熊久理子

一般財団法人住宅金融普及協会
小山由紀夫

荒川区管理部
佐久間浩一

東京都都市整備局市街地建築部
寺田祐宏

大阪府立西野田工科高等学校教諭
大西正宜

群馬県立館林商工高等学校教諭
根岸俊行

実教出版株式会社

■協力

愛媛県立八幡浜工業高等学校教頭
吉野内浩志

写真提供・協力──㈱アフロ，㈱アマナイメージズ，生田将人，㈱共同通信社，国土交通省資料「目で見るアスベスト建材 p.12」，国立国会図書館，消防博物館，㈹都市再生機構，能美防災，㈱日立ビルシステム，文化シヤッター㈱，㈲ミサオケンチクラボ（写真：生田将人）

表紙デザイン──難波邦夫
本文基本デザイン──難波邦夫

First Stageシリーズ

建築法規概論
四訂版

2016 年 9 月 25 日　　初版第 1 刷発行
2019 年 9 月 20 日　　改訂版第 1 刷発行
2021 年 9 月 15 日　　三訂版第 1 刷発行
2023 年 10 月 10 日　　四訂版第 1 刷発行

■

©著作者　五條　渉
　　　ほか 11 名（別記）

●発行者　実教出版株式会社
　　　代表者　小田良次
　　　東京都千代田区五番町 5

●印刷者　大日本法令印刷株式会社
　　　代表者　田中達弥
　　　長野市中御所 3 丁目 6 番地 25 号

■

●発行所　実教出版株式会社
　　　〒102-8377　東京都千代田区五番町 5
　　　電話〈営　　業〉(03)3238-7765
　　　　　〈企画開発〉(03)3238-7751
　　　　　〈総　　務〉(03)3238-7700
　　　　　https://www.jikkyo.co.jp

ISBN978-4-407-36395-1　C3052

構造強度規定

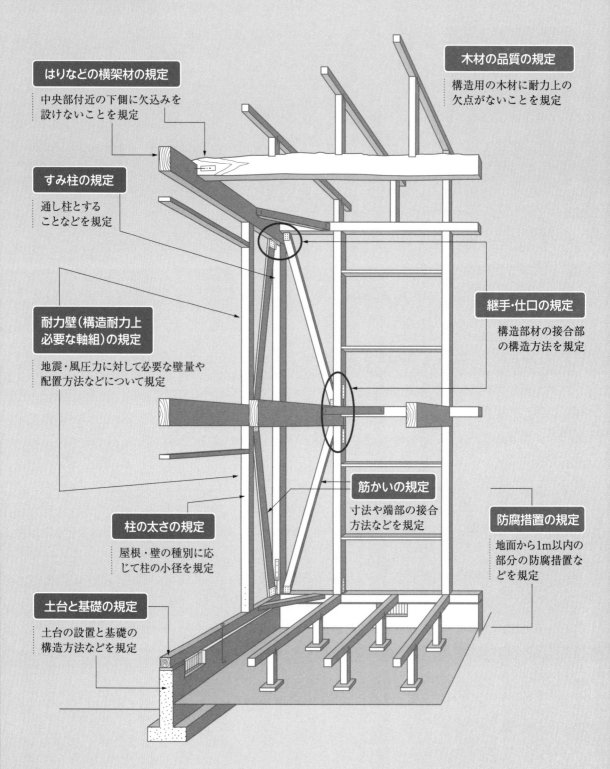

はりなどの横架材の規定

中央部付近の下側に欠込みを
設けないことを規定

すみ柱の規定

通し柱とする
ことなどを規定

木材の品質の規定

構造用の木材に耐力上の
欠点がないことを規定

**耐力壁（構造耐力上
必要な軸組）の規定**

地震・風圧力に対して必要な壁量や
配置方法などについて規定

継手・仕口の規定

構造部材の接合部
の構造方法を規定

柱の太さの規定

屋根・壁の種別に応
じて柱の小径を規定

筋かいの規定

寸法や端部の接合
方法などを規定

防腐措置の規定

地面から1m以内の
部分の防腐措置な
どを規定

土台と基礎の規定

土台の設置と基礎の
構造方法などを規定